सरदार पटेल
के
ऐतिहासिक
पत्र

सरदार पटेल के ऐतिहासिक पत्र

सम्पादक

डॉ. रणजीत साहा

वाणी प्रकाशन

वाणी प्रकाशन
4695, 21-ए, दरियागंज, नयी दिल्ली 110 002
फ़ोन : +91 11 23273167 फ़ैक्स : +91 11 23275710
शाखाएँ
अशोक राजपथ, पटना 800 004, बिहार
कॉफ़ी हाउस कैम्पस, महात्मा गांधी मार्ग, इलाहाबाद 211 001, उत्तर प्रदेश
महात्मा गांधी अन्तरराष्ट्रीय हिन्दी विश्वविद्यालय, वर्धा 442 001, महाराष्ट्र
सुल्तानिया रोड, मोतिया पार्क, भोपाल 462 001, मध्य प्रदेश
www.vaniprakashan.com
marketing@vaniprakashan.in
sales@vaniprakashan.in

SARDAR PATEL KE AITIHASIK PATRA
Edited by Dr. Ranjit Saha

ISBN : 978-93-5229-802-0
Letter

प्रथम संस्करण 2021

मूल्य : ₹ 495

सिटी प्रेस, दिल्ली-110 095 में मुद्रित

वाणी प्रकाशन का लोगो मक़बूल फ़िदा हुसेन की कूची से

भूमिका

"हम सरदार पटेल का अभिवंदन करते हैं। भारत, सरदार पटेल की महत्त्वपूर्ण सेवा और उनके स्मारकीय योगदान को कभी नहीं भुला सकता है", इन शब्दों के साथ प्रधानमन्त्री श्री नरेंद्र मोदी ने भारत के लौह पुरुष सरदार वल्लभभाई पटेल को उनकी 142वीं जयंती पर श्रद्धांजलि अर्पित की। वल्लभभाई पटेल को बेहतर प्रयोजनों का नेतृत्व करने के कारण सरदार की उपाधि से संबोधित किया गया था। हमारे महान राष्ट्र भारत के स्वतन्त्रता संग्राम के शुरुआती वर्षों में, सरदार पटेल ने दृढ़निश्चयी नेतृत्व का प्रदर्शन कर देश को आजाद कराने में काफ़ी योगदान दिया था, जिसके कारण वास्तव में वह प्रशंसा और स्मरण करने योग्य हैं।

भारत के लौह पुरुष

भारत के लौह पुरुष सरदार पटेल का जन्म वर्ष 1875 में गुजरात के एक किसान परिवार में हुआ था और इनके माता–पिता का नाम झवेरभाई पटेल व लाडबा देवी था। वल्लभभाई पटेल ने छोटी–सी उम्र में ही अपने दृढ़ निश्चय को प्रदर्शित करना शुरू कर दिया था। ब्रिटिश औपनिवेशिक शासन के कारण देश की निराशाजनक स्थिति से निडर होकर विनम्र स्वभाव को धारण कर सरदार पटेल इंग्लैंड में बैरिस्टर (वकालत) की पढ़ाई करने चले गये और बैरिस्टर की उपाधि हासिल करने में कामयाब हुए। देश वापस आकर, पटेल अहमदाबाद शहर के सबसे श्रेष्ठ वकील के रूप में विख्यात हो गये थे। हालाँकि, भारत में दासों (गुलामों) की स्थिति ठीक नहीं थी जिसके कारण उनका अंग्रेजों के ख़िलाफ़ वैचारिक संघर्ष

दिन–प्रतिदिन बढ़ रहा था। जल्द ही वह अपने साहस व तेज के साथ राष्ट्रीय स्वतन्त्रता आन्दोलन में सहभागिता करने लगे और भारतीय राष्ट्रीय कांग्रेस के सबसे प्रभावशाली नेताओं में से एक के रूप में विख्यात हो गये। जिसके कारण सरदार पटेल को महात्मा गाँधी का एक करीबी सहयोगी भी माना गया। हालाँकि, अपने गृह राज्य गुजरात में बड़े पैमाने पर सविनय अवज्ञा के विरोध के आयोजन में वह बहुत सक्रिय रहे थे और पटेल राष्ट्र की शक्ति को कमजोर नहीं होने देना चाहते थे।

रियासतों का एकीकरण

जब तक ब्रिटिश शासन से भारत आजाद था, उस समय भारत में 550 रियासतें थीं। इन राज्यों का विस्तार और शक्तियाँ भिन्न–भिन्न थीं। ज्यादातर मामलों में शाही परिवार भारतीय संघ में शामिल होने से कतराते थे। इन रियासतों का एकीकरण मुख्य मुद्दा बन गया था और यह जिम्मेदारी सरदार वल्लभभाई पटेल को सौंपी गयी थी। पटेल ने एक अन्य असाधारण व्यवस्थापक वी. पी. मेनन के साथ मिलकर इन राज्यों का एकीकरण करने और भारतीय गणराज्य का निर्माण करने में महत्त्वपूर्ण भूमिका निभायी थी। वह अपने मजबूत दृढ़ संकल्प, सम्पर्क और उत्कृष्ट वार्ता कौशल के दम पर देश को व्यवस्थित करने में कामयाब रहे थे।

सरदार पटेल शब्दों का उच्चारण तोड़–मरोड़ कर नहीं करते थे। उन्होंने शाही परिवारों के लिए हरसम्भव विशेष सुविधाएँ मुहैया करायी थीं और अगर वह सैन्य कार्रवाई को रोकने में सफल न हो पाए होते, तो वह भारत के राज्यों को एकजुट करने में भी सफल नहीं हो पाते। उन्होंने न केवल इन राज्यों के प्रवेश को सुरक्षित रखने का प्रबन्धन किया, बल्कि चरणबद्ध तरीके से प्रशासन के रूपान्तरण का भी निरीक्षण किया। वह अपने काम के कारण मोनिकर 'भारत के एकजुटता के सूत्रधार' से भी सम्मानित हुए।

पूरे देश में एकीकरण की व्यवस्था स्थापित करने के लिए, पटेल ने सिविल सेवकों और नौकरशाहों के साथ बड़े पैमाने पर काम किया था। इसलिए पटेल को हमारी नागरिक सेवाओं के 'संरक्षक संत' के रूप में भी जाना जाता है, लेकिन वह इन सेवाओं

के लाभों का आनन्द उठाने वाले एक आम आदमी थे, जो भारत में इन सेवाओं को स्थापित करने में कामयाब रहे।

प्रथम गृहमंत्री

सरदार पटेल ने देश के पहले उप–प्रधानमंत्री और गृहमंत्री के रूप में, अशान्त समय में देश का मार्गदर्शन किया था। एक नेता जिन्होंने स्वतन्त्रता संग्राम के माध्यम से भारत का नेतृत्व किया था, हिंसक विभाजन के परिणामस्वरूप दिल दहला देने वाले ख़ून–खराबे के कारण काफ़ी दुखी और निराश हुए थे। लेकिन पटेल ने जिम्मेदारी के कारण अपनी दुख भावनाओं को व्यक्त नहीं किया। उन्होंने उत्तर भारत में बड़े पैमाने पर राहत शिविर और शरणार्थियों के लिए आश्रय स्थला की स्थापना करवाई और देश में शान्ति और स्थिरता बहाल करने का प्रस्ताव रखा। सरदार पटेल के कार्यों को यादगार बनाने के लिए हाल ही में सरदार सरोवर बाँध का उद्‌घाटन किया गया जो इस महान व्यक्ति की क्षेत्रीय समृद्धि और राष्ट्रीय उत्थान की प्रतिबद्धता का प्रतीक है।

भारत की आजादी के बाद के वर्षों में, सरदार पटेल ने राष्ट्रीय नीतियों को आकार देने में एक महत्त्वपूर्ण भूमिका निभायी थी। सरदार पटेल की सफलता महात्मा गांधी, नेहरू और अन्य लोगों के विचारों को ज्यादा महत्त्व देने के कारण सीमित थी, लेकिन उनके आदर्शों और उनकी नीतियों के ज्ञान के परिणामस्वरूप भारत विकास के पथ पर अग्रसर है।

एकता की विरासत

सरदार वल्लभभाई पटेल अपने पीछे एकता और अखंडता की एक समृद्ध विरासत का निर्माण कर गये हैं। वल्लभभाई पटेल के कठिन परिश्रम और प्रयासों के फलस्वरूप सरकार द्वारा मान्यता प्राप्त कई छोटे और अक्सर विवादित रियासतों का एकीकरण करके प्रतिष्ठित भारतीय समाज का निर्माण करने में सफलता मिली है। वर्ष 2014 से सरदार वल्लभभाई पटेल की जयंती, 31 अक्टूबर राष्ट्रीय एकता दिवस के रूप में मनाई जाती है। विश्वविद्यालय अनुदान आयोग

(यूजीसी) ने सरदार वल्लभभाई पटेल की जयंती मनाने के संबंध में देश के सभी विश्वविद्यालयों और उच्च शिक्षा संस्थानों से कहा है कि सरदार पटेल द्वारा प्रदर्शित मार्ग के परिणामस्वरूप देश के युवा राष्ट्रीय गौरव और एकता की समान भावना को आत्मीयता से अपनाएं।

सच्चे अर्थों में सरदार वल्लभभाई पटेल आधुनिक भारत के निर्माता थे। वे दूरदर्शी, विद्वान, कुशल राजनेता व कूटनीतिज्ञ के साथ ही सच्चे देशभक्त थे।

सरदार पटेल से संबंधित महत्त्वपूर्ण मुद्दों पर उनके पत्रों का संकलन इस पुस्तक में विशेष रूप से किया गया है। ये सभी पत्र राष्ट्र निर्माण की प्रक्रिया, सरदार से संबंधित सभी विवादों की स्पष्टता से संबंधित हैं।

श्री ए.वी. कामत को सरदार पटेल ने कहा था, ''यदि जवाहरलाल नेहरू और गोपालस्वामी आयंगर कश्मीर मुद्दे पर हस्तक्षेप न करते और उसे गृह मंत्रालय से अलग न करते तो मैं हैदराबाद की तरह ही इस मुद्दे को भी आसानी से देश–हित में सुलझा लेता।''

प्रस्तुत पुस्तक में ऐसे महत्त्वपूर्ण तथा संवदेनशील मुद्दों पर विचार करने का प्रयास किया गया है, जो आज भी विवादास्पद हैं। तत्कालीन राष्ट्रपति डॉ. राजेन्द्र प्रसाद ने मई 1999 में लिखा था–''सरदार पटेल की नेतृत्व–शक्ति तथा सुदृढ़ प्रशासन के कारण ही आज भारत की चर्चा हो रही है तथा विचार किया जा रहा है।'' आगे राजेन्द्र प्रसाद ने यह भी जोड़ा–''अभी तक हम इस महान व्यक्ति की उपेक्षा करते रहे हैं।'' उथल-–पुथल की स्थिति में भारत में होनेवाली गतिविधियों पर उनकी मज़बूत पकड़ थी। 'पकड़' उनमें कैसे आयी? यह प्रश्न पटेल की गाथा का एक हिस्सा है।

आधुनिक भारत के निर्माण में पटेल की दूरदर्शिता व सतर्कता इस पुस्तक का उद्देश्य है।

खंड खंड को जोड़ जिसने
अखंड राष्ट्र का सृजन किया
उन शिल्पी वल्लभ को सबने
लौहपुरुष कह नमन किया

बापू के अनुयायी थे
खेड़ा से रण में रखे कदम
भर हुँकार बरदौली में बोले
न दें लगान की रत्ती हम

वाणी में थी सिंह गर्जना
उर में थे अनुराग नरम
बढ़ी ख्याति अखिल हिन्द में
चूर किया सत्ता का भ्रम

अत्याचार के शासन का
दृढ़ होकर जिसने दमन किया
उन युग शिल्पी को सबने
लौहपुरुष कह नमन किया

सदियों से जो नहीं था हुआ,
चंद दिनों में सफल किया
पाँच सौ पैंसठ रजवाड़ों को
कूटनीति से विलय किया।

जूनागढ़ से जनमत लेकर
कश्मीर से सुलह किया
सबक सिखा करके निजाम को
हैदराबाद में समर किया।

इस्पात के ढाँचे की सेवा का
नए रूप में गठन किया
उन युग शिल्पी वल्लभ को सबने
लौहपुरुष कह नमन किया।

साहस धैर्य की अनुपम दृष्टि
हिय में थे संजोए हुए
धरा से उठकर बने हिमालय
जिनकी गुरुता गगन छुए

अतुल त्याग की मूरत थे वे
लोभ न जिनके निकट गये
अखंड राष्ट्र एकता हेतु
तन मन धन से अर्पित भये

उर में धारण कर सेवा भाव
फिर कुरीतियों का दमन किया
उन युग शिल्पी वल्लभ को सबने
लौहपुरुष कह नमन किया।

कायम रखने राष्ट्र एकता
उच्च पदों का त्याग किया
विजयी होकर लोभ क्रोध पर
देशहित का साथ दिया

दूरदर्शिता की शक्ति थी
चीन के प्रति चेताया था
अमर हुए जब ज्ञात तब
ख़ुद को घर न बनाया था

धन्य हो गई धरा हिन्द की
जो भारत भू पर जन्म लिया
उन युग शिल्पी वल्लभ को सबने
लौहपुरुष कह नमन किया।

प्रलेखों का विवरण

अनुक्रम

1

सरदार पटेल द्वारा गांधीजी और पं. नेहरू की प्रशंसा

7 अप्रैल, 1947

मुंशी तो नाटककार है। वह कलम कवि की भाँति चलाता है और जबान भी तेजी से, इसलिए उसने जो कुछ भी मेरे बारे में कहा है, उसका आपको कोई गलत अर्थ नहीं लेना चाहिए।

अंग्रेज सरकार का यदि किसी ने सबसे प्रबल प्रतिकार किया है, तो वे हैं गांधीजी। मैं तो केवल उनके कुल का एक सदस्य हूँ। हम भाग्यवान् हैं कि हमें अपने कर्मों का फल देखने को मिल रहा है।

इस शासन को जड़ से उखाड़नेवाले हमारे नेता गांधीजी हैं, और राज्य शासन में हमारे नेता हैं—जवाहरलाल नेहरू। उनकी प्रवीणता, फल-साधनता और त्याग की कोई तुलना नहीं। मैं जवाहरलालजी की उसी लगन से सेवा कर रहा हूँ जिस लगन से मैंने गांधीजी की सेवा की। मेरा कर्तव्य है कि मैं अपनी क्षमता के अनुसार उनकी सहायता करूँ, और मैं वही कर रहा हूँ।

कल मैंने कहा था कि हमें स्वराज अत्यधिक प्रयत्न तथा बड़े बलिदानों के बाद प्राप्त हुआ है, इसीलिए हम असमंजस में हैं।

गांधीजी का कहना था कि यदि हम स्वराज चाहते हैं तो हमें फल की इच्छा किए बिना ही लोगों की सेवा करनी चाहिए। हम 'राम' का नाम लेकर मोती गिनते हैं, लेकिन दिल से नहीं। अगर स्वराज के मामले में भी हम ऐसा करेंगे तो मायूस हो जाएँगे। अगर हम सच्चे दिल से काम करेंगे, तो गुलामी को इस तरह हटा सकेंगे जैसे साँप अपनी खाल को उतारता है, बिना किसी कष्ट या दर्द के। लेकिन अगर साँप ऐसा जबरदस्ती से करे तो संभव है उसे खरोंच आए और वह मर भी जाए, कि हमारा भी यही हश्र हो सकता है।

गांधीजी कहते थे कि अस्पृश्यता पाप है; लेकिन हिंदू समाज अभी तक इस पाप को त्याग नहीं पाया। दक्षिण अफ्रीका में अंग्रेज और फ्रांसीसी हमें अछूत मानते हैं। अमरीका में जब एक अंतरराष्ट्रीय सम्मेलन में जाति-भेद का सवाल उठाया गया या तो स्मट्स ने कहा कि भारतीय तो आपस में ही अस्पृश्यता मानते हैं, उसका क्या?

गांधीजी हम सबको एक हो जाने को कहते हैं, लेकिन आज हिंदू-मुसलमान के बीच इतनी बड़ी दरार है, जो पहले कभी न थी। उनका कहना है कि हम अपनी जरूरत का कपड़ा स्वयं बनाएँ, लेकिन आज कपड़े की कमी है, फिर भी हम अपनी जरूरत के लिए भी कपड़ा नहीं बना रहे। क्या हम अपनी सरकार चलाएँ या गुलामी को याद करते रहें? हमें पंचायती राज स्थापित करना है। पंचायत का अर्थ है—गाँव के वरिष्ठों की समिति। जहाँ हर संप्रदाय के लोग बैठते हैं। उनमें आपस में कोई विरोध नहीं। सरकार ने यह निश्चित कर दिया है कि विभिन्न समुदाय के कितने प्रतिनिधि चुने जाएँगे। लेकिन इनकी संख्या में मतभेद नहीं होना चाहिए। पहले भारत में ऐसा कोई मतभेद नहीं था। लोकसेवा में मतभेद कैसे हो सकता है? हमारे पास तो लोकसेवक ही पूरे नहीं हैं। इसलिए हमें झूठी प्रतिद्वंद्विता को नकारना है और कार्य शुरू करना है। हमें भारत में शांति स्थापित करनी है, कष्टों और कठिनाइयों को मिटाना है। ये सब कार्य हमें शीघ्रता से करने हैं। हर व्यक्ति को शपथ लेनी है कि गांधीजी के कथन को कार्य में बदला जाएगा।

पहले हम पुलिस को बुरा-भला कहते थे, उनसे घृणा करते थे। तब वे अफसर थे, अब सेवक हैं। लेकिन आप कहेंगे कि पुलिसवाले एक से ही होते हैं। तो मैं कहूँगा कि आप पुलिस में भरती हो जाएँ और उनको बदलें। कोई आपको मना नहीं करेगा, कोई बाधा नहीं होगी। जब कोई झगड़ा-फसाद होता है तो आप पुलिस के पास जाते हैं। हम मौन बैठकर केवल पुलिस पर निर्भर नहीं रह सकते कि वह हमारी मुश्किलें आसान कर देगी।

हर ओर से आवाजें उठ रही हैं कि नियंत्रण हटा दिए जाएँ। बाजार में कोई भी वस्तु आसानी से नहीं मिल रही। हर चीज पर नियंत्रण है। आप कहेंगे कि आपको ऐसा अनुभव नहीं होता कि शासक बदल गए हैं। यह सत्य है। यह पुरानी सरकार का अचानक चले जाने का परिणाम है। आजादी की अंतिम लड़ाई की विरासत। आखिरकार काला धंधा करनेवाले हमारे ही लोग तो हैं। हमें उन्हें रोकना है।

मंत्रीगण नियंत्रण हटाने से इसलिए डरते हैं कि अगर कोई गड़बड़ हो गई तो पुराने अफसर यही कहेंगे कि वे तो अनियंत्रण के खिलाफ थे। हम नियंत्रण तभी हटा सकते हैं, जब हमें जनता के पूरे सहयोग का आश्वासन मिले।

अधिकतर नियंत्रण तो केंद्रीय सरकार के पास हैं। यह राज्य का विषय नहीं है और केंद्रीय सरकार अभी स्थिर नहीं हुई है। अभी पुरानी स्लेट साफ नहीं हो पाई है। जब पुराने लेख मिटा दिए जाएँगे, तब यह स्लेट नए लेख के लिए इस्तेमाल की जाएगी।

जिन्हें केवल शक्ति की इच्छा है, मैं उन्हें यह अभी दिला सकता हूँ। लेकिन इसके लिए आप गलतफहमी पैदा करने का कष्ट क्यों कर रहे हैं? जो शक्ति हम चाहते हैं वह लोगों की सेवा और उनकी मुश्किलें दूर करने के लिए है। उदाहरण-स्वरूप—कपड़ा एक जटिल समस्या है। कोई मिल के मालिकों को दोषी ठहराता है तो कोई व्यापारी को। अगर यह मामला मेरे हाथ में हो तो मैं एक मिनट के लिए भी नियंत्रण न रहने दूँ; लेकिन प्रतिनिधि सरकार में सबकी सहमति लेना जरूरी है।

स्वराज का अर्थ है—अपने पैरों पर खड़े होना और दूसरे की सहायता पर निर्भर न रहना। अगर पड़ोसी भूख से मर रहा है तो हम अपनी रोटी का आधा हिस्सा उसे दें। यदि हम सब सुखी रहें तो हमारी समस्याएँ जल्दी ही सुलझ सकती हैं। कुछ देश अन्न या खाने-पीने की चीजों का कारोबार करना चाहते हैं, जो कि काले धंधे से भी बदतर है।

पहले बर्मा का चावल यहाँ आता था, हमारे व्यापारी वहाँ से लाया करते थे। आज अंग्रेज सरकार चावल का कारोबार कर रही है। क्योंकि हम भूखे हैं, हम उनकी माँगी कीमत देने को तैयार हैं। हम किसान को अधिक अन्न उगाने को कहते हैं, लेकिन किसान को ज्यादा पैसा चाहिए, इसलिए वह तंबाकू और कपास जैसी फसलों पर ध्यान देता है। पहले सरकार जबरदस्ती उसका अनाज ले लेती थी। आज, क्योंकि सरकार उसकी अपनी है, किसान अपने अनाज में से हिस्सा नहीं देता, परिणाम—आचार-भ्रष्टता। हम लाठी के सहारे तो सरकार नहीं चला सकते।

आज लोग वोट द्वारा शासन करते हैं। अगर आप जिम्मेदारी से काम नहीं कर सकते तो वोट द्वारा अपना प्रतिनिधि भेजने से क्या लाभ? आपको यह जानना और समझना चाहिए कि आपका प्रतिनिधि क्या करता है और उसकी आपसे क्या अपेक्षाएँ हैं।

यह सारी जिम्मेदारी जवानों के सिर पर आनेवाली है। आप जिम्मेदारियों को सँभालने के लिए एक दृढ़ चरित्र बनाइए। आपसे यही अपेक्षा की जाती है।*

---

* 7 अप्रैल, 1947 का विट्ठल कन्या विद्यालय में मुंशी द्वारा विट्ठलभाई पटेल की प्रतिमा का अनावरण करते समय दिया गया उद्‌बोधन।

2

सरदार पटेल द्वारा गांधीजी व जिन्ना की अपील की आलोचना

21 अप्रैल, 1947

आदरणीय बापू,

बारदोली में आपका पत्र मिला। मैं पाँच दिन के लिए बंबई और गुजरात गया हुआ था। बारदोली में किशोरलालभाई स्वामी[1], नरहरिभाई[2] और दूसरे लोग भी थे।

उत्तर-पश्चिम फ्रंटीयर क्षेत्र में हिंदुओं और सिक्खों को बेरहमी से कत्ल किया जा रहा है।

कलकत्ता में हिंदुओं की हालत और भी खराब होती जा रही है।

आपके और जिन्ना के नाम से अखबार में छपी अपील[3] मुझे अच्छी नहीं लगी। यह आपकी समझ के बिलकुल विपरीत है; लेकिन अब क्या किया जा सकता है? मैं तो वहाँ था नहीं।

कश्मीर[4] के बारे में मैं कोशिश कर रहा हूँ। कोई अच्छा परिणाम निकला तो आपको सूचित करूँगा।

वल्लभभाई का प्रणाम

महात्मा गांधी
शिविर : पटना

---

1. स्वामी आनंद।
2. नरहरिभाई पारिख।
3. यह वक्तव्य 15 अप्रैल को दिल्ली से प्रकाशित हुआ था और इसमें वायसराय ने महत्त्वपूर्ण भूमिका निभाई थी। आश्चर्यजनक बात यह है कि वायसराय ने इसपर बापू के हस्ताक्षर उनके दिल्ली में रहते हुए ले लिये थे, और जिन्ना के बाद में लिये गए।
4. उस समय सरदार पटेल शेख अब्दुला की रिहाई के लिए कश्मीर के मंत्री श्री काक से संपर्क बनाए हुए थे।

3

अजमेर की घटना पर सरदार पटेल का वक्तव्य

19 दिसंबर, 1947

दिसंबर 1947 के शुरू में हुए सांप्रदायिक दंगे स्थानीय मुसलिम लीग के सदस्यों द्वारा फैलाई गई अफवाह के कारण थे। जब उन्हें हथियार व बमों के साथ रँगे हाथ पकड़ा गया तो उन्होंने इतना उत्पात किया और अपने ऊपर किए गए अत्याचार के ऐसे झूठे और डरावने किस्से बनाए कि नेहरूजी को स्थिति काबू में लाने और छानबीन करने के लिए एक विशेष गुप्तचर श्री एच.वी.आर. आयंगर को भेजना पड़ा। हालाँकि एक अनुभवी अधिकारी श्री शंकर प्रसाद स्थिति को शीघ्रता से सँभाल रहे थे। इन परिस्थितियों के कारण ही सरदार पटेल ने 19 दिसंबर को लंबा-चौड़ा वक्तव्य लिखा, जिससे अजमेर में हुई घटनाओं का हाल लोगों को पता चले। लेकिन सरदार पटेल को प्रधानमंत्री का यह कार्य अनुचित लगा, जो कि बिना उनके या गृह मंत्रालय से बिना विचार विमर्श के किया गया था। यहीं से यह विवाद शुरू हुआ कि प्रधानमंत्री और उप-प्रधानमंत्री के संवैधानिक संबंध क्या हैं। इस विषय को महात्मा गांधी ने अपनी शहादत के दिन सुलझाया।

मेरे पास अब मुख्य कमिश्नर और दो प्रतिनिधि मंडलों के साथ निजी संवाद के परिणामस्वरूप विभिन्न सरकारी एवं गैर-सरकारी स्रोतों से प्राप्त विवरण है। गलतफहमियों को दूर करने के लिए मेरे विचार से जनता को विभिन्न घटनाओं के बारे में विस्तार से बता देना चाहिए।

सन् 1923 के दंगों के बाद की शांति के बाद, पहला सांप्रदायिक विस्फोट अजमेर में 27 अगस्त, 1947 को हुआ, जब मुसलमानों की भीड़, जो दिखावे के लिए तो मसजिद के सामने नमाज के लिए इकट्ठा थी, लेकिन असल में दंगा करने के इरादे से आई थी, ने हिंदू महावीर दल के जत्थे पर हमला किया।

इसके तुरंत बाद कुछ मुसलमानों ने शहर के 6-7 मुहल्लों में राहगीरों पर हमले किए, जिनमें 17 लोग मारे गए—जो सभी हिंदू थे, सिवाए एक के, जो हिंदू के भेष में मुसलमान था। स्थिति को तुरंत नियंत्रण में लाया गया और कोई जवाबी हमला नहीं हुआ। फिर भी, इस हमले के कारण और पड़ोसी प्रदेशों से 10 हजार मुसलमान शरणार्थियों के आने से तनाव बना रहा तथा मुसलमानों में यह आशंका बनी रही कि पिछली घटना का जवाबी हमला न हो जाए।

स्थानीय मुसलिम लीग के नेताओं के उकसाने पर मुसलमानों को अजमेर से

पाकिस्तान भेजने की योजना बनाई गई और प्रचार किया गया कि स्थानीय प्रशासन के मुसलमान कर्मचारी पाकिस्तान जाने को तैयार हो जाएँ तथा अपने परिवारों को पहले ही वहाँ भेज दें। स्थानीय प्रशासन द्वारा उन्हें यह समझाया गया कि उनके पास और कोई चारा न था, यदि वे रहना भी चाहें तो भारत सरकार उन्हें नहीं रखेगी, और जो पाकिस्तान जाना चाहते हैं, उन्हें स्थानीय प्रशासन केवल नौकरी से इस्तीफा देने को कह सकता है।

इन कार्यकलापों के कारण न केवल शासकीय अधिकारियों की संख्या घटने लगी बल्कि तनाव भी बढ़ने लगा। इसी दौरान, सिंध से आनेवाले शरणार्थियों की संख्या बढ़ती गई। इसी समय मुसलमान नेताओं को इस बात का आभास हुआ कि उनसे गलती हुई है। जो मुसलमान सिंध छोड़कर आए थे, वापस जाने लगे। इससे कुछ शंका तो बनी रही, लेकिन स्थिति शांत ही रही।

स्थानीय प्रशासन चौकन्ना रहा और स्थिति पर नियंत्रण बनाए रखा, इसलिए कुछ समय तक कोई बड़ी घटना नहीं हुई। लेकिन 5 दिसंबर को शहर की शांति फिर भंग कर दी गई। मुसलमानों के एक इलाके दरगाह बाजार में एक मुसलमान और एक सिंधी लड़के के बीच ग्रामोफोन की बिक्री को लेकर मामूली झगड़ा शुरू हुआ, जिसके परिणामस्वरूप इस झगड़े में तीन सिंधी घायल हुए। इस झगड़े के बाद दूसरे इलाकों के घरों व दुकानों में भी दूसरे समुदाय के लोगों पर हमले हुए।

इन हमलों में एक घंटे के अंदर लगभग 41 व्यक्ति घायल हुए, जिनमें से तीन मुसलमानों की मौत हो गई। घायलों में चार हिंदू थे। तुरंत ही दंगा-फसाद नियंत्रण योजना को लागू किया गया और स्थिति में कुछ सुधार आया। दूसरे दिन कर्फ्यू हटा दिया गया। फिर छुटपुट हमले हुए, जिनमें 16 व्यक्ति घायल हुए, दो मुसलमान और एक सिंधी लड़के की हत्या हो गई। अत: दोबारा कर्फ्यू लगाया गया। 8 दिसंबर को फिर कुछ हमले हुए, जिनमें 6 मुसलमान मारे गए और दो घायल हुए। इसी दिन अजमेर के निकट एक गाँव में लूटमार की दो घटनाएँ हुईं और एक मजार को अपवित्र किया गया। लेकिन सबसे गंभीर और विस्फोटक घटना थी—एक हिंदू सिपाही का गायब होना, जो एक मुसलिम इलाके में ड्यूटी पर था।

लोगों का कहना था कि उसे मार दिया गया है। तलाशी के दौरान न केवल उस सिपाही की लाश मिली बल्कि और भी बहुत कुछ—दो तोप, एक नली से गोली भरनेवाली बंदूक, एक बीच से गोली भरनेवाली बंदूक, 10 तलवारें, चार चाकू, बारूद की दो बोतलें और 300 बंदूक की बारूदी टोपियाँ। हिंदुओं पर 75 हजार रुपए और मुसलमानों पर 3 हजार रुपए का जुरमाना लगाया गया। अलग-अलग

इलाकों में जुरमाने की रकम इकट्ठा करने के लिए तुरंत कदम उठाए गए। फौज को भी बुलाया गया।

इन कड़े उपायों के कारण 9 से 13 दिसंबर के बीच कोई घटना नहीं हुई और शहर में शांति बनी रही, सिवाय कुछ हलचल के—जो हिंदुओं की दो दिन की हड़ताल पर हुई। हिंदू इस सामूहिक जुरमाने का विरोध कर रहे थे। उसी समय स्थानीय जमादारों ने भी हड़ताल कर दी थी।

13 दिसंबर की शाम को, कुछ मुसलमानों द्वारा सूचना के बाद, कब्रिस्तान में एक सिपाही की कटी हुई लाश, जो दफन कर दी गई थी, पाई गई। इस पर वहाँ के मुसलमानों पर 10 हजार रुपए का जुरमाना लगाया गया और वसूल भी किया गया। 14 दिसंबर को इसी सिपाही के शव को अंतिम संस्कार के लिए ले जाया जा रहा था, तो हिंदुओं की भीड़ ने जत्थे को रोक दिया, क्योंकि वे आम रास्ते की बजाय दरगाह से होकर जानेवाले रास्ते से जाना चाहते थे।

उनका लक्ष्य स्पष्ट था और कमिश्नर ने इसकी इजाजत नहीं दी। इस पर भीड़ भड़क उठी। पुलिस को उनपर लाठी चार्ज करना पड़ा। इसके बाद शव को आम रास्ते से ही ले जाया गया और अंतिम संस्कार भी किया गया; परंतु कुछ लोगों ने शहर के अलग-अलग हिस्सों में मुसलमानों की दुकानों को लूटा। सबसे अधिक प्रभावित था मुहल्ला घास कटला, जहाँ हिंदू-मुसलमानों के बीच जबरदस्त लड़ाई हुई। हिंदुओं की भीड़ पर एक मुसलमान के घर से पत्थर फेंके गए और एक जाने-माने मुसलिम लीग के सदस्य के घर से देशी बम भी फेंका गया। पुलिस आ गई, परंतु मुसलमानों ने अपने घरों से उसपर भी हमला किया, एक बम फेंका गया। इसमें एक सिपाही मारा गया। एक और सिपाही को गोली लगी। बीवर मार्ग पर एक मुसलमान की लाश पाई गई। एक वीरान मसजिद से एक देशी बम पाया गया। फिर भी स्थिति में सुधार के चिह्न दिखाई दे रहे हैं। 14 दिसंबर की सुबह के शुरू के धमाके के बाद कोई घटना नहीं हुई है और शहर में स्थिति सामान्य होती दिखाई दे रही है।

5 दिसंबर से आज तक की कुल दुर्घटनाएँ इस प्रकार हैं—

	मृत		घायल	
	हिंदू	मुसलमान	हिंदू	मुसलमान
दंगाइयों द्वारा	5	31	21	62
पुलिस फायरिंग में	1	3	–	–
सेना की फायरिंग में	8	7	2	2

धन-संपत्ति का बहुत नुकसान हुआ है, परंतु स्थानीय पुलिस और सेना की सतर्कता के कारण बचाव भी हुआ। सबसे अधिक नुकसान हुआ स्टेशन रोड और इंपीरियल रोड पर आठ बड़ी दुकानों का, जो मुसलमानों की थीं। बाकी छोटी दुकानें थीं—किताबों की, काँच की चूड़ियों की, आलू, कोयला आदि की। कुल 41 दुकानों को लूटा गया और 16 को जलाया गया, जिनमें से 3 पूरी तरह बरबाद हो गई हैं। लूटी हुई संपत्ति को बरामद करने और अपराधियों को गिरफ्तार करने का भरसक प्रयत्न किया जा रहा है। हजारों रुपए की कीमत का सामान बरामद कर लिया गया है, जिसे कोतवाली में जमा कर दिया गया है।

कई प्रभावशाली मुसलमानों ने दरगाह के बारे में मुझसे पूछताछ की है। मैंने सब लोगों को सांत्वना दी है कि दरगाह की सुरक्षा का पूरा इंतजाम किया गया है और सरकार भी इसकी सुरक्षा में कोई कसर नहीं छोड़ेगी। सरकार यह आशा रखती है कि इस ऐतिहासिक शहर में जल्दी ही शांति और स्थिति सामान्य हो जाएगी। इसी दौरान एक हिंदू घायल हुआ था, जो बाद में मर गया। गोलियों से घायल को एक अन्य हिंदू को अस्पताल में भरती किया गया। कमिश्नर ने उस स्थान का दौरा किया और पाया कि मुसलमानों के घरों से समय-समय पर गोलियाँ चलाई जा रही थीं।

उस इलाके की घेराबंदी तो कर ली गई, लेकिन उस घर के लोगों ने अगली सुबह तक अपने आपको पुलिस के हवाले नहीं किया, बल्कि 6 देशी बम, फायर करने को तैयार बंदूक, कई तलवारें, चाकू और एक हथगोला आदि के साथ पुलिस के मुकाबले के लिए तैयार पाए गए। एक अन्य मुसलमान के घर से पत्थर फेंके जा रहे थे और गोलियाँ चलाई जा रही थीं।

पुलिस ने जब उन्हें हथियार डालने का आदेश दिया तो जवाब में घर के अंदर से गोली चलाई गई। पुलिस ने भी इसके जवाब में गोली चलाई और फिर इन लोगों ने हथियार डाल दिए। वहाँ से एक बंदूक और 25 कारतूस बरामद किए गए। दाहिना बैरल इस्तेमाल किया गया है, ऐसा प्रतीत होता था। यह मकान मिरजा अब्दुल कादर बेग ने किराए पर लिया था, जो कि पहले से ही कोटा के लिए रवाना हो चुके थे, ज्ञात हुआ कि यह बंदूक उन्हीं की थी।

ठीक इसी समय दूसरे मोहल्लों में शरणार्थियों और स्थानीय हिंदुओं द्वारा मुसलमानों की संपत्ति को लूटा जा रहा था। मोहल्ला कड़क्का चौक, धानमंडी, नाला बाजार और मदार गेट के मुसलमानों की दुकानों को लूटा गया। स्टेशन रोड और इंपीरियल रोड पर भी कुछ बड़ी दुकानें (मुसलमानों की) लूटी गईं। एक मसजिद के पेश इमाम को कत्ल करने के बाद मसजिद को जला दिया गया। तीन

अन्य मसजिदों को जलाने का भी प्रयत्न किया गया।

लूटपाट करनेवालों के खिलाफ कड़ी कारवाई की गई। पुलिस ने 238 राउंड गोलियाँ चलाईं, जिनमें से 40 तो चीफ कमिश्नर के नेतृत्व में पुलिस द्वारा ही चलाई गईं। कई फसादी गिरफ्तार किए गए और कुछ मारे गए। दो व्यक्ति एक मसजिद को नष्ट करते समय गिरफ्तार किए गए। कमिश्नर के ही प्रयत्न से कई जगह की आग जल्द ही बुझा दी गई। कई अन्य इमारतें बचाई जा सकती थीं, लेकिन स्थानीय प्रशासन के पास आग बुझाने वाला केवल एक ही इंजन था।

14-15 दिसंबर की रात शांति से व्यतीत हुई; परंतु 15 दिसंबर की सुबह एक मुसलमान परिवार, जिसके 5 सदस्य थे, को हिंदू लुटेरों द्वारा तबाह कर दिया गया। चार मुसलमान एक घर को लूटते हुए मारे गए। अन्य चार मुसलमान और सात हिंदू जो लूटमार कर रहे थे, गोलियों के शिकार हुए। लूटमार के अपराध में 100 से अधिक व्यक्ति गिरफ्तार किए गए। 16 दिसंबर को 6 हिंदू, जो दूसरे समुदाय के घरों को लूट रहे थे, गिरफ्तार किए गए।

4

शंकर प्रसाद द्वारा आयंगर के अजमेर जाने पर नाराजगी व्यक्त करते हुए वी. शंकर को लिखा पत्र

चीफ कमिश्नर कार्यालय

अजमेर

22 दिसंबर, 1947

प्रिय विद्या शंकर,

अब जब उपद्रव शांत हो गए हैं, मैं इसके प्रभावों पर चर्चा करने के लिए स्वतंत्र हूँ।

मेरे जयपुर से लौटने पर आयंगर ने मुझे फोन किया कि वे शनिवार 20 दिसंबर को यहाँ की घटना की जाँच करने के लिए अजमेर में होंगे। क्योंकि मुझे यह नहीं मालूम था कि उन्हें क्या बताया गया है, मैंने आपको फोन किया। आयंगर ने वहाँ पहुँचने पर मुझे बताया कि वे नुकसान का जायजा लेंगे और सलाहकार समिति के सदस्यों से भी भेंट करेंगे, विशेष तौर पर मेसर्स मुकुट बिहारीलाल और बालकृष्ण कौल, जिनके (शायद) कहने पर यह जाँच हुई। हम शहर गए, हमारे साथ कुछ गैर-सरकारी प्रतिनिधि थे, जिन्हें मैंने आमंत्रित किया था, सब दरगाह पहुँचे। वहाँ

खादिमों और मुसलमानों ने आयंगर से निवेदन किया कि वे एक प्रतिनिधि मंडल से मिल लें। आयंगर ने मुझसे सलाह ली, मैंने स्वीकृति दे दी। अगली सुबह उन्होंने बारी-बारी इन सबके प्रतिनिधियों का स्वागत किया—मुसलमान, खादिम, सलाहकार समिति के सदस्य, महासभा, आर्य समाज तथा प्रेस। मेरे साथ बातचीत के बाद आयंगर रविवार की दोपहर को रवाना हुए।

मुझे इन सारी बातों पर आश्चर्य हो रहा है। एक बात तो साफ है कि इस जाँच का उद्देश्य था एक स्वतंत्र दर्शक के रूप में मेरे कथन के मूल्य को तौलना। मैं जाँच में बाधा नहीं बनना चाहता था, इसलिए मैं किसी भी प्रतिनिधि वर्ग के रास्ते में नहीं आया। ऐसा लगता है कि मानो मुझे यह बताना जरूरी नहीं समझा गया कि एक खुली जाँच कराने के पीछे क्या कारण था, या यह कि आगे की खोज का क्या परिणाम निकला? क्योंकि यह जाँच सरकार की सूचना के बाद की गई, हर जगह लोगों को यह अहसास हो रहा है कि मैं न केवल स्थिति को सुधारने में असफल रहा, बल्कि सरकार को उन तथ्यों और परिणामों को स्वीकार करने के लिए गलत रास्ता दिखाया; हालाँकि जो घोषित किए गए थे, वे लोगों के मन में शंका उत्पन्न कर रहे थे। इस प्रकार की विसंगत स्थिति मुझे और सरकारी घोषणा—दोनों को झूठा दिखाती है। मुझे यह नहीं मालूम कि आगे की जाँचों को ध्यान में रखते हुए सरकार अपनी पहली घोषणा को दोबारा स्थिर करेगी या बदलेगी। इन असाधारण काररवाइयों के कारण मेरी स्थिति कमजोर पड़ गई है। जनता में शंका पैदा हो गई है और कड़वे शब्द भी सुनने में आए हैं। सरकारी सेवक होने के नाते मैं जानता हूँ कि मुझे सरकार के किसी भी निर्णय पर सवाल करने का अधिकार नहीं है, और न ही मैं ऐसा करना चाहता हूँ। मेरा निजी मान और पद मेरे लिए तो चिंता का विषय है, परंतु सरकार के लिए कोई महत्त्व नहीं रखता। फिर भी, मैं समझता हूँ कि मुझे कम-से-कम यह जानने का तो अधिकार है कि मैंने ऐसा क्या किया है कि एक उच्च पदाधिकारी द्वारा एक सार्वजनिक आधिकारिक जाँच जरूरी समझी जाए।

अंत में, मेरा आपसे आग्रह है कि आप मेरा निवेदन आदरणीय मंत्रीजी के सामने रख दें।

भवदीय

शंकर प्रसाद

5

पं. नेहरू द्वारा आयंगर के अजमेर जाने के विषय में सरदार पटेल को लिखा पत्र

17, यॉर्क रोड,

नई दिल्ली

23 दिसंबर, 1947

प्रिय वल्लभभाई,

मुझे अभी-अभी आज की तारीख के आपके दो पत्र मिले हैं। मैंने आपको बताया था कि मैं अजमेर से जयपुर जानेवाला था। आयंगर मेरे साथ दोनों जगह जा रहे थे, जिसकी सूचना संबंधित अफसरों को दे दी गई थी। स्थानीय प्रभुत्व के कार्य के अलावा अजमेर में हाल में जो घटनाएँ हुईं वे विशेष रूप से महत्त्वपूर्ण थीं और उनका परिणाम गंभीर। भारत में इस दृष्टिकोण से दिल्ली के बाद शायद अजमेर ही महत्त्वपूर्ण शहर है। अजमेर में जो कुछ होता है, उसका प्रभाव (अच्छे या बुरे के लिए) हमारी नीति पर पड़ सकता है। यही कारण था कि मैंने वहाँ जाने का निर्णय लिया—स्थानीय से ज्यादा राष्ट्रीय दृष्टिकोण से। परंतु अचानक अपने भतीजे की मृत्यु के कारण मुझे अपना जाना रोकना पड़ा। मुझे लगा कि मेरे न जाने से अजमेर की स्थिति पर बुरा प्रभाव पड़ेगा, क्योंकि वहाँ पर मेरे आने की घोषणा कर दी गई थी और जनता इंतजार में थी। मेरे जाने का उद्‌देश्य यह था कि देश को दिखाएँ कि जब कभी ऐसी स्थिति सामने आए, हम उसे सुधारने की पूरी कोशिश करेंगे और उसमें व्यक्तिगत रूप से रुचि लेंगे।

परंतु, चूँकि अब मैं वहाँ नहीं जा रहा था, मैंने आयंगर से कहा कि वे अजमेर चले जाएँ, मेरी ओर से क्षमा माँगें और आश्वासन दें कि यदि बाद में मेरी जरूरत होगी तो मैं आने की कोशिश करूँगा। मुझे लगा कि परिस्थिति को नजर में रखते हुए मेरा ऐसा कहना उचित था।

किसी भी अधिकारी के फैसले पर जाँच बिठाने का सवाल ही पैदा नहीं होता। यह तो हाल में हुए दंगों से पीड़ित जनता के पास आने का एक उपाय था, ताकि उन्हें आश्वासन दिया जाए और उनका भय कम किया जाए। इस तरह की घटना के बाद, मेरे खयाल में यह जरूरी है कि अधिकारियों तथा जनता के दृष्टिकोण से, व्यक्तिगत तौर पर उपाय किए जाएँ।

मेरे विचार में शंकर प्रसाद एक अच्छे और निष्पक्ष अधिकारी हैं, ऐसा मेरा अनुभव रहा है। मेरे किसी को अजमेर भेजने से उनकी नाम-प्रतिष्ठा पर क्यों असर

पड़ेगा, यह मेरी समझ के बाहर है। जो भी हो, सबसे महत्त्वपूर्ण बात है जनता पर प्रभाव, न कि एक अधिकारी के व्यवहार की प्रतिक्रिया। जब जनता में आतंक बढ़ता है या मनोवैज्ञानिक परिस्थितियाँ सामने आती हैं, जिसके कारण हादसा हो सकता है, हम केवल शासकीय स्तर पर काम नहीं कर सकते। सरकारी लाल-फीताशाही में उलझने से बड़ा नुकसान हो सकता है।

आप यह मानेंगे कि मैं भी अपने अफसरों की मान-मर्यादा की चिंता करता हूँ और मुझे इस बात की चिंता है कि किसी भी कारण से इन पर आँच न आए। लेकिन एक अफसर या स्वयं हमारी मर्यादा ही उतना मायने नहीं रखती, जब दूसरे महत्त्वपूर्ण विषय सामने हों। अगर हम जनता के प्रति सही कार्य करेंगे, तो हमारी मर्यादा अपने आप बनी रहेगी और अफसरों की भी।

एक महत्त्वपूर्ण सवाल यह उठता है—क्या मुझ पर उन मामलों में भी कार्य करने पर पाबंदी है, जिन्हें मैं जरूरी समझता हूँ—जैसे निरीक्षण या कहीं जाना या इस प्रकार के विषय? यदि हाँ, तो यह मेरे या कहीं भी, किसी भी प्रधानमंत्री के लिए एक असंभव परिस्थिति है। क्या मैं अपने निजी प्रतिनिधि को किसी पूछताछ के लिए या संदेश पहुँचाने के लिए कहीं भेज नहीं सकता? फिर तो मैं कैदी ही माना जाऊँगा—जिसे परिस्थिति के अनुसार, जो मुझे सही लगता है, करने की आजादी नहीं।

जहाँ तक आपके दूसरे पत्र का सवाल है, मैं क्षमा चाहता हूँ कि मेरी लिखी हुई बातों से आपको दुःख पहुँचा। मैं स्वयं घटनाओं के मोड़ और आपके-मेरे बीच पैदा हुई कठिनाइयों से दुःखी हूँ। ऐसा प्रतीत होता है कि चाहे हम एक-दूसरे का कितना भी आदर करते हों, हमारे दृष्टिकोण अलग हैं और जो विषय उठाए गए हैं, उन्हें हम सबको बहुत ही बारीकी और स्थूल दृष्टि से देखना चाहिए। यदि मुझे प्रधानमंत्री बने रहना है तो मेरी आजादी पर रोक नहीं होनी चाहिए और मुझे आज्ञा देने का कुछ अधिकार होना चाहिए, वरना मुझे सेवामुक्त हो जाना चाहिए। मैं जल्दबाजी में कोई कदम नहीं उठाना चाहता, और न ही आप ऐसा करना चाहेंगे। इसलिए हमें इस परिस्थिति पर गंभीरता से सोचना है, ताकि हमारे निर्णय हमारे देश के हित में हों; उस देश के, जिसकी सेवा हम इतने सालों से करना चाह रहे थे। यदि दुर्भाग्य से ऐसा हो कि आपको या मुझे भारत सरकार की सेवा छोड़नी पड़े, तो यह मर्यादा तथा सद्भाव से होना चाहिए। जहाँ तक मेरा सवाल है, मैं खुशी से इस्तीफा देकर राष्ट्र की बागडोर आपके हाथ में दे सकता हूँ।

भवदीय

जवाहरलाल

सरदार वल्लभभाई पटेल

6

कश्मीर के प्रांतीय मंत्रालय के सीमित भाग के विषय में पं. नेहरू द्वारा सरदार पटेल को लिखा पत्र

23 दिसंबर, 1947

प्रिय सरदार पटेल,

गोपालस्वामी आयंगर ने मुझे कल रात आपके और उनके बीच हुए पत्र-व्यवहार की कॉपियाँ भेजी हैं, जो पूर्वी पंजाब से कश्मीर को 150 मोटरगाड़ियाँ भेजने के विषय में हुआ था।

मुझे यह पढ़कर बहुत आश्चर्य हुआ कि इस कार्य के विषय में राज्य मंत्रालय के सिद्धांतों से मैं सहमत नहीं हूँ, यह मंत्रालय या कोई भी मंत्रालय, कोई साम्राज्य नहीं, जो कुछ क्षेत्रों में अपनी प्रभुता से ईर्ष्या करे और कुछ में अलग होकर काम करे। यदि ऐसा होता तो सरकार एक सामान्य उद्देश्यवाली संस्था न होती, जहाँ मिल-जुलकर काम होता, और प्रधानमंत्री का कोई कार्य ही नहीं होता; परंतु इस समय मैं सिद्धांत के प्रश्न पर बात नहीं करना चाहता, हालाँकि बाद में इस पर विचार करना आवश्यक होगा।

आज की समस्या कश्मीर से संबंधित है। इससे संबंधित सभी विषय—अंतरराष्ट्रीय, सैनिक या दूसरे—सामने आते हैं जो कि राज्य मंत्रालय के अधिकार के बाहर हैं। इसी कारण इस विषय पर, समय-समय पर पूरे मंत्रिमंडल द्वारा तथा विभिन्न मंत्रियों द्वारा, अलग से या एक साथ विचार किया जाएगा। यही कारण है कि मैंने प्रधानमंत्री की हैसियत से इस विषय में निजी रुचि ली है, ताकि हमारे विभिन्न कार्यों में एकसूत्रता आ जाए।

गोपालस्वामी आयंगर को विशेष तौर पर कश्मीर के मामले में मदद करने के लिए बुलाया गया है, और हमारे निवेदन पर वे दो बार कश्मीर जा चुके हैं। उन्हें पूर्वी पंजाब और वहाँ की एम.ई.ओ. संस्था के साथ भी कार्य करना है। इस कारण उन्हें कश्मीर के बारे में पूरी जानकारी तथा अनुभव है; उन्हें पूरी आजादी दे देना जरूरी है। इन सब बातों को ध्यान में रखते हुए और रक्षा मंत्रालय के प्रतिनिधियों के साथ लगातार बातचीत के बाद, शस्त्र व आवश्यक सामग्री की आपूर्ति का पूरा प्रबंध किया गया है। इस संदर्भ में गाड़ियों की सख्त जरूरत बार-बार दोहराई गई है। अंत में यह निर्णय किया गया कि पूर्वी पंजाब सरकार से कश्मीर के लिए कुछ गाड़ियों का निवेदन किया जाए, जिसके लिए काररवाई की जा चुकी है।

इस मामले में राज्यों के मामले का मंत्रालय का क्या कार्य है, सिवाय इसके कि उन्हें काररवाई की सूचना दी जाए, मेरी समझ में नहीं आता। न ही यह कि इस मंत्रालय को इन प्रबंधों में दखल देने की क्या जरूरत है? यह सबकुछ मेरे अनुसार किया गया था और मैं अपना कर्तव्य उन मामलों में नहीं छोड़ूँगा, जिनके लिए मैं स्वयं को जिम्मेदार मानता हूँ।

अंत में मैं यह कहना चाहूँगा कि गोपालस्वामी के साथ पेश आने का वह तरीका नहीं अपनाया गया, जो एक सहयोगी के साथ होना चाहिए।

भवदीय

जवाहरलाल नेहरू

सरदार वल्लभभाई पटेल

7

पं. नेहरू द्वारा आयंगर को अजमेर भेजने पर सरदार पटेल की आपत्ति

नई दिल्ली

23 दिसंबर, 1947

प्रिय जवाहरलाल,

मैं यह सुनकर आश्चर्यचकित ही नहीं बल्कि स्तब्ध रह गया हूँ कि आपने आयंगर को अजमेर-मेरवाड़ा भेज दिया है!

मैंने अजमेर की स्थिति के बारे में तो आपको रिपोर्ट दे ही दी थी, जिसकी सूचना मुझे शंकर प्रसाद* से मिली, जो मेरे निवेदन पर मुझसे जयपुर में मिले थे। उसी दिन मैंने प्रेस/अखबारों को भी अजमेर में हुई घटनाओं के बारे में विस्तृत रूप से बताया था, हालाँकि यह खबर 20 से पहले के अखबारों में नहीं छापी गई। संक्षिप्त रूप में यह रेडियो पर और 'ईवनिंग न्यूज' (नई दिल्ली) में 19 को दी गई। इन परिस्थितियों में, जनता की नजर में आयंगर के वहाँ जाने का केवल एक अर्थ हो सकता था—वह यह कि घटनाओं का एक 'स्वतंत्र' दृष्टिकोण मिले, क्योंकि या तो अब वे मेरी रिपोर्ट से संतुष्ट न थे या फिर स्थानीय सरकार के स्थिति पर काबू पाने के तरीके से नहीं। पहला कारण अत्यंत खेदजनक होगा, और दूसरे का यह अभिप्राय कि मुख्य आयुक्त जैसे प्रतिष्ठित अफसर पर, जो कि केवल मंत्री या संबद्ध सचिव के नीचे हो सकता है, आपको विश्वास नहीं। इसके अलावा जयशंकर प्रसाद उत्तर

प्रदेश के सबसे क़ाबिल अफसरों में से हैं, जिनकी योग्यता और ईमानदारी पर उँगली नहीं उठाई जा सकती। मुझे हैरानी न होगी, अगर इससे शंकर प्रसाद मायूस हो गए हों और उनकी प्रतिष्ठा पर भी प्रभाव पड़ा हो। यदि आप रिपोर्ट से संतुष्ट नहीं थे तो आप गोपालस्वामी या किसी और मंत्री को निजी तौर पर पूछताछ करने और रिपोर्ट करने के लिए भेज सकते थे। मैं यह समझता हूँ कि मैसर्स कोल और भार्गव ने स्थानीय प्रशासन को बदनाम करने की कोशिश की। मुझे उम्मीद है कि आयंगर के वहाँ जाने के बाद आपको उनके बारे में सच मालूम हो गया होगा। यदि ऐसा हुआ है तो उससे कुछ लाभ ही होगा; हालाँकि इस पूरे विषय से मेरा मन काफी व्यथित हो गया है।

मैं बस यही आशा प्रकट कर सकता हूँ कि हम ऐसी 'निरीक्षण यात्रा' का अंत देख चुके हैं।

भवदीय
वल्लभभाई पटेल

माननीय पं. जवाहरलाल नेहरू

---

* आई.सी.एस. मजिस्ट्रेट एवं कलेक्टर, मेरठ, 1946-47; चीफ कमिश्नर अजमेर-मेरवाड़, 1947-48; चीफ कमिश्नर दिल्ली, 1948-54; सचिव, कश्मीर विषय, भारत सरकार, 1958-65।

4

सरदार पटेल द्वारा प्रधानमंत्री की असीमित स्वतंत्रता का विरोध करना

24 दिसंबर, 1947

प्रिय जवाहरलाल,

आपके 23 दिसंबर के लिखे पत्र के लिए धन्यवाद।

यह तो हम दोनों जानते ही थे कि कुछ महत्त्वपूर्ण समस्याओं को लेकर हमारे दृष्टिकोण अलग-अलग हैं, लेकिन समाधान या निर्णय पर मतभेद न था, इसलिए हम देश के हित के लिए साथ-साथ चलते रहे, विशेषत: इसलिए कि बहुत भारी दायित्व का सवाल था।

अपने कल के पत्र में जो पक्ष आपने लिया है, वह मेरी तुच्छ राय में उन

मुद्दों से संबंधित है जहाँ हमारे बीच गंभीर मतभेद हैं। आपको शायद यह महसूस होता है कि मेरा अपने मंत्री पद के उत्तरदायित्व में आनेवाले विषयों पर आपके द्वारा किए गए कार्यों के संभावित परिणामों पर चर्चा करना या किसी ऐसे कार्य की उपयुक्तता पर प्रश्न उठाना, जिसका इस जिम्मेदारी पर प्रभाव पड़ता है या जो इस उत्तरदायित्व को नकारती है, आपकी उस स्वतंत्रता में बाधा बनती है, जिसे आप अपनी जिम्मेदारी निभाने में आवश्यक समझते हैं। मुझे अफसोस है कि मैं इस बात से सहमत नहीं।

मैं इस बात पर दृढ़ हूँ कि आपका आयंगर को अजमेर भेजना उचित नहीं था और इसका जनता के मत तथा अधिकारी व अफसर के दिमाग पर अच्छा असर नहीं हो सकता। इसके अलावा जो बातें आपने पत्र में लिखीं, मेरे विचार में जरूरी नहीं हैं। मुझे आपके आदेश देने की स्वतंत्रता को कम करने की कोई इच्छा नहीं, न ही मैंने कभी ऐसा किया है। और आपको परेशान या शर्मिंदा कहने का भी मेरा कोई इरादा नहीं; परंतु जब यह बात साफ है कि हम दोनों के बीच हमारी अपनी जिम्मेदारी, नेतृत्व तथा कार्य के क्षेत्रों के बुनियादी सवाल को लेकर ही इतना मतभेद है, तो देश के हित में यही उचित होगा कि हम एक साथ काम न करें।

जहाँ तक दूसरा सवाल है, मुझे नहीं लगता कि मेरे व्यवहार में तहजीब की कोई कमी रही हो; लेकिन जैसा कि मैं गोपालस्वामी को पहले ही लिख चुका हूँ, मैं इसके बारे में और कुछ नहीं कहूँगा।

आपके इस्तीफा देने या अपना पद त्यागने का तो प्रश्न ही नहीं उठता। मैं इस बात पर आपसे सहमत हूँ कि यह निर्णय गरिमा और सद्भावना से लिया जाना चाहिए और ऐसा करने में आपका पूरा साथ दूँगा; परंतु मुझे यकीन है कि आप मुझे एक अयोग्य सहकारी की हैसियत में रखना न चाहेंगे। और मेरे लिए राज्य-कार्य संबंधी कर्तव्य की उन पाबंदियों के नीचे काम करना असंभव होगा जिन्हें आप उचित समझते हैं और जिनमें, जैसा कि गोपालस्वामी के उदाहरण में आपके फैसले से स्पष्ट है, दूसरे मंत्री के कार्यक्षेत्र में भी अधिकार जमाना उचित है।

भवदीय

वल्लभभाई पटेल

पं. जवाहरलाल नेहरू

9

आयंगर के अजमेर दौरे के विषय में सरदार पटेल द्वारा पं. नेहरू को लिखा पत्र

नई दिल्ली

29 दिसंबर, 1947

प्रिय जवाहरलाल,

आपके 29 दिसंबर, 1947 के लिखे पत्र का धन्यवाद।

मैं आपसे सहमत हूँ कि इस विषय पर मंत्रिमंडल में चर्चा होनी चाहिए और मैं देख रहा हूँ कि एक सभा आयोजित की जा चुकी है।

अजमेर के विषय पर, मैं आपको शंकर प्रसाद द्वारा वी. शंकर को लिखा पत्र, जो कि उन्हें आज ही मिला, भेज रहा हूँ। आपके ध्यान में आएगा कि आयंगर के अजमेर-दौरे से वहाँ गलत असर पड़ा है और शंकर प्रसाद स्वयं परेशान हैं। मुझे ख़ुशी है कि आप भी शंकर प्रसाद को एक काबिल अफसर मानते हैं। मैं तो एक कदम आगे बढ़कर यह कहूँगा कि उनके चरित्र के जैसे अफसर कम ही मिलते हैं। हमें ऐसे अफसरों को बिना किसी दोष के खिन्न नहीं रखना चाहिए। मैं उस पत्र की कॉपी भी भेज रहा हूँ जो मेरे आदेश के अनुसार वी. शंकर शंकर प्रसाद को भेज रहे हैं; परंतु मुझे आशा है कि यदि आप अजमेर जाएँ तो आप उनके और वहाँ के लोगों के दिमाग से यह बात निकाल दें कि किसी तरह की भी पूछताछ की गई थी या हमारी तरफ से शंकर प्रसाद की निष्पक्षता या दक्षता की स्थिति को अच्छी तरह सँभालने में विश्वास की कोई कमी थी।

भवदीय

वल्लभभाई पटेल

मान. पं. जवाहरलाल नेहरू
भारत के प्रधानमंत्री
17 यॉर्क रोड
नई दिल्ली

10

सरदार पटेल द्वारा प्रधानमंत्री के साथ मतभेद पर गांधीजी को लिखे अपने पत्र की प्रतिलिपि पं. नेहरू को भेजना

12 जनवरी, 1948

गांधीजी को नोट लिखने के संबंध में आपके 11 जनवरी, 1948 के पत्र के लिए धन्यवाद।

मैं अपने उस नोट की एक कॉपी भेज रहा हूँ जो मैंने गांधीजी को भेजा है। क्षमा चाहता हूँ कि इस मामले में पहले से न सूझ सका, क्योंकि मैं अधिकांश समय बाहर ही था, और जो थोड़े से समय के लिए यहाँ था भी तो काम में व्यस्त रहा।

आप बापू के साथ बातचीत का कोई भी समय तय कर लें, जो आपके लिए उपयुक्त हो। मैं 15 जनवरी, 1948 की सुबह को भावनगर और बंबई के लिए रवाना हो जाऊँगा।

संलग्नक

सरदार पटेल का महात्मा गांधी को लिखा नोट

जवाहरलाल द्वारा आपको भेजा गया लेख मैंने ध्यान से पढ़ लिया है, जिसकी एक कॉपी मुझे भेजी गई थी।

2. आर्थिक विषयों तथा हिंदू-मुसलिम संबंधों को प्रभावित करनेवाले स्वाभाविक मतभेद और विभिन्न दृष्टिकोणों के होने पर कोई मतभेद नहीं है। फिर भी, हम दोनों अपने देश के लाभ को अपने निजी भेद से ज्यादा महत्त्वपूर्ण समझते हैं और आपसी आदर एवं प्रेम की सहायता से एक सामान्य प्रयत्न द्वारा काम करते आए हैं। अपने साझे प्रयत्नों द्वारा हमने कई आँधियों का सामना किया है और किसी भी देश या सरकार के इतिहास में होनेवाले अत्यंत संकट के दौर पर विजय पाई है। यह बहुत ही दुःख की बात है कि हम इस कामयाबी को आगे नहीं ले जा सकते, परंतु मैं प्रधानमंत्री के अपने पद के प्रति खड़े होने के पीछे की भावना और दृढ़ता को भलीभाँति समझ सकता हूँ।

3. मैंने इस विषय पर उनकी राय को समझने की भरपूर कोशिश की है, परंतु मैं जितना भी लोकतंत्र और मंत्रिमंडल की जिम्मेदारी के आधार पर इस बात को सोचता हूँ, प्रधानमंत्री के कर्तव्य और कार्यों के उनके मत से सहमत नहीं हो पाता। यदि यह मत मान लिया जाता है तो प्रधानमंत्री का पद एकाधिपति के स्तर पर पहुँच जाएगा; क्योंकि उनका कहना है, 'कब और कैसे अपनी मरजी से कार्य करने की

आजादी'। मेरे विचार में ऐसा होना लोकतांत्रिक सरकार के विपरीत है।

4. मेरे विचार में प्रधानमंत्री का पद जरूर श्रेष्ठ है; बराबरवालों में उसका पहला नंबर है, परंतु अपने सहकारियों के ऊपर उनकी कोई दबाव की शक्ति नहीं; यदि ऐसा होता तो मंत्रिमंडल तथा उसकी जिम्मेदारी बस नाम की रह जाती। मेरे दृष्टिकोण में प्रधानमंत्री, पार्टी के नेता और संपूर्ण प्रशासन के मुखिया होने के नाते, इस बात का ध्यान रखते हैं कि मंत्रिमंडल के फैसले असरदार हों और एक मंत्रालय का दूसरे से कोई संघर्ष नहीं; परंतु नीति के कार्य करने की सरकार की पूरी जिम्मेदारी है—मंत्रियों की तथा उनके नीचे आनेवाले मंत्रालयों की, जो मंत्रिमंडल के निर्णय के अंतर्गत आनेवाले विषयों से संबंध रखते हैं। इसलिए प्रधानमंत्री को यह अधिकार है कि वे संबंधित मंत्री से जानकारी माँग सकें और यह भी अधिकार है कि वे इस पर सलाह-मशवरा दें कि किस प्रकार की नीति को अपनाना चाहिए तथा उसे कैसे पूरा करना चाहिए। परंतु जहाँ तक मंत्रालय और मंत्री का सवाल है, प्रधानमंत्री को यदि कार्य पर अपना प्रभाव डालना है, तो मंत्री के साथ विचार-विमर्श या उनकी सलाह द्वारा ही करना चाहिए। मुझे विश्वास है कि प्रधानमंत्री की यह स्थिति न केवल उनकी श्रेष्ठता को पूरी तरह सुरक्षित रखती है और उनके प्रशासन को प्रभावकारी बनाती है, बल्कि लोकतांत्रिक सिद्धांत, नियम एवं मंत्रियों या मंत्रिमंडल की जिम्मेदारी से भी मेल खाती है। जहाँ तक मेरा अनुमान है, ऐसी प्रथा विलायत में भी है।

5. इस पूरे विषय का इस स्तर तक पहुँचने का कारण श्री आयंगर का अजमेर जाना नहीं था। यदि प्रधानमंत्री ध्यान दें, जब गोपालस्वामी ने पूर्वी पंजाब सरकार को तार भेजा कि कश्मीर को मोटरगाड़ियाँ देने के लिए ऋण दिया जाए, तब प्रधानमंत्री ने कहा था कि गोपालस्वामी को कश्मीर की मदद के मामले में पूरी स्वतंत्रता देनी चाहिए, जिसका अर्थ यह था कि प्रांतीय मंत्रालय को न केवल प्रधानमंत्री के आगे कश्मीर के मामले में झुक जाना चाहिए, बल्कि उन मंत्रियों के सामने भी, जिनका कश्मीर के विषय में कुछ लेना-देना है। इसका अर्थ यह निकला कि जिस मंत्रालय को वास्तव में यह विषय देखना चाहिए, वह केवल सूचना (जब और जैसे उसे दी जाए) का संग्रहालय बनकर रह जाए।

6. आयंगर का अजमेर जाना अकेला विषय नहीं था, जब मुझे प्रधानमंत्री की नजर में यह लाना पड़ा कि उनका मुझसे सलाह किए बिना ऐसा निर्णय लेना उचित नहीं। 15 अगस्त के बाद, पिछले कुछ महीनों में ऐसी कई घटनाएँ हुई हैं। कुछ में तो प्रधानमंत्री ने मुझे इतनी जहमत दी कि निर्णय लेने से पहले मुझे उसके बारे में सूचित कर दिया—और मैंने उसके विरुद्ध या उससे सहमत, अपनी राय

उनको बता दी। यदि ऐसा करना भी, उन मामलों में जो मेरी जिम्मेदारी के अंतर्गत आते हैं, प्रधानमंत्री को रास नहीं आता या हस्तक्षेप प्रतीत होता है, तो फिर उनका पद लोकतांत्रिक सरकार में सही नहीं बैठता।

7. जहाँ तक आयंगर का अजमेर जाने का विषय है, मुझे अफसोस है कि मैं उसके प्रकार या परिणाम के बारे में प्रधानमंत्री की राय से सहमत नहीं। आयंगर अजमेर गए, विभिन्न स्थानों का निरीक्षण किया, प्रतिनिधि वर्ग तथा अफसरों व गैर-अफसरों से सलाह-मशविरा किया; जनता का दिमाग जरूर इसे एक निरीक्षण मानकर चलेगा। मुख्य आयुक्त ने भी इसे इसी तरह माना और कहा कि जनता का भी यही मत था। बात यह नहीं कि मैं नहीं चाहता था कि कोई वहाँ जाए, तो उनके जाने के लिए तुरंत सहमत हो गया था। मुझे तो आयंगर के लौटने के बाद पता चला कि प्रधानमंत्री की जगह उन्हें भेजा गया। मैं खुद प्रधानमंत्री के बदले में जाने में खुशी महसूस करता; जैसा कि मैंने उन्हें लिखा था, किसी भी दूसरे मंत्री को भेजा जा सकता था; परंतु एक अफसर को भेजने का, मेरी राय में, वही परिणाम निकला जैसा कि चीफ कमिश्नर और जनता ने सोचा। सवाल यह नहीं है कि प्रधानमंत्री को ऐसा निर्णय लेने का अधिकार है या नहीं, या वे इस बात के सही होने या न होने का निर्णय ले सकते हैं, बल्कि यह कि क्या मैं एक मंत्री की हैसियत से, उनके निर्णय के अनुचित होने और उसके संभावी परिणाम की बात बताने में गलत था।

8. प्रांतीय मंत्रालय के कार्य के बारे में भी जिक्र किया गया है। मुझे ऐसा एक भी विषय याद नहीं जब मैंने कोई भी महत्त्वपूर्ण नीति का निर्णय अपने सहकारियों की सहमति के बिना लिया हो। एक विषय, जब मैंने Cosmet के निर्णय से पहले निर्णय लिया, या उड़ीसा और छत्तीसगढ़ प्रांतों का एक होना, और इसका परिणाम मेरे फैसले का उदाहरण है। यह विषय ऐसा था कि निर्णय लेने में जरा भी देर होती तो परिणाम भयंकर होता और एक ऐसा अवसर हाथ से चला जाता, जो फिर केवल अत्यंत सब्र, परिश्रम और परेशानियों के बाद ही वापस आता।

9. प्रधानमंत्री ने इस बात का भी जिक्र किया है कि यदि आपस में सहमति नहीं बन पाती है तो वे पद छोड़ने को तैयार हैं। मेरा यह मत है कि यदि किसी को जाना ही है तो पहले मुझे जाना चाहिए। मैं अब चपल सेवा की उम्र से गुजर चुका हूँ। प्रधानमंत्री ही देश के माने हुए नेता हैं और मेरे मुकाबले में काफी जवान; उन्होंने अंतरराष्ट्रीय स्तर पर अपनी श्रेष्ठता बनाई है। मुझे इसमें कोई शक नहीं कि उनके और मेरे बीच का चुनाव उनके पक्ष में होना चाहिए। इसलिए उनका पद त्यागने का सवाल ही पैदा नहीं होता।

11

सरदार पटेल से मतभेद पर पं. नेहरू द्वारा गांधीजी को लिखा पत्र

6 जनवरी, 1948

सरदार पटेल और मेरे बीच हाल में हुए पत्र-व्यवहार में कुछ अहम विषय उठाए गए हैं; हालाँकि इसकी शुरुआत एक तुच्छ घटना से हुई।

यह सच है कि सरदार पटेल और मेरे बीच न केवल व्यावहारिक मतभेद हैं, बल्कि आर्थिक और संवैधानिक विषयों को देखने में भी हम भिन्न हैं। ऐसा कई वर्षों से चला आ रहा है, जब से हम कांग्रेस में इकट्ठा काम करते थे। इसके बावजूद, हम दोनों में कई बातें समान भी हैं, हम एक-दूसरे का आदर करते हैं, आपस में प्रेम-भाव है और आजादी का एक सा राष्ट्रीय राजनीतिक लक्ष्य। इसी कारण हम इतने सालों से इकट्ठे काम करते रहे हैं और एक-दूसरे के अनुकूल रहने की पूरी कोशिश करते रहे हैं। यदि कांग्रेस कोई निर्णय लेती, हम उसे मान लेते, चाहे उसे पूरा करने में हमारे विचार एक जैसे न होते।

क्योंकि हमारा राजनीतिक लक्ष्य लगभग प्राप्त हो चुका है। अब दूसरे विषय, जिनपर हमारे मत भिन्न हैं, सामने आने लगे हैं। परंतु इस समय देश के सामने ऐसी विपत्तियाँ हैं, अतः आवश्यक हो जाता है कि हम सब, बजाय अपने मतभेदों को अहमियत देने के उन बिंदुओं पर जोर दें जिनपर हमारे विचार एक समान हैं। जहाँ तक आर्थिक एवं सांप्रदायिक विषयों का सवाल है, हम कांग्रेस की नीति तथा निर्णय से बाध्य हैं, और हम दोनों को दूसरे कांग्रेसियों के साथ उसके आधार पर काम करना है। आर्थिक विषय पर तो नीति की मोटी-मोटी रूपरेखा बना दी गई है, जिसका विस्तार से वर्णन किया जाएगा। मंत्रिमंडल को जल्द ही इन विषयों को हाथ में लेना होगा। हमने आर्थिक नीति बनाने में पहले ही बहुत देर कर दी है, जिसके कारण मंत्रियों के बीच मतभेद पैदा हो गया है।

अभी के लिए हम इन महत्त्वपूर्ण विषयों को छोड़कर आज के विषय पर आएँ, जो कि प्रधानमंत्री के कार्यों से संबंधित है। यह एक निजी विषय नहीं, इसलिए इसे सिद्धांत का सवाल मानना चाहिए, चाहे प्रधानमंत्री कोई भी हो।

मेरी दृष्टि में प्रधानमंत्री की भूमिका अत्यंत महत्त्वपूर्ण है और होनी भी चाहिए। वह केवल नामांकित प्रधान नहीं बल्कि एक ऐसा व्यक्ति है जो किसी दूसरे से ज्यादा, नीति तथा विभिन्न सरकारी विभागों के बीच तालमेल लाने की जिम्मेदारी

उठाता है। अंतिम प्रभुत्व तो मंत्रिमंडल स्वयं है; परंतु जिस तरह का लोकतंत्र हमने अपनाया है, उसमें प्रधानमंत्री को एक प्रमुख भूमिका निभानी है। मेरे विचार से यह महत्त्वपूर्ण है (निजी मामलों से हटकर), नहीं तो मंत्रिमंडल और सरकार में कोई मेल नहीं रहेगा और छिन्न-भिन्न प्रवृत्तियाँ सामने आने लगेंगी।

जहाँ तक मेरी बात है, इस समय सरकार में मेरे दो कर्तव्य हैं। एक, विदेश मंत्रालय संबंधी विषयों का मंत्री होने के नाते, मैं किसी भी दूसरे मंत्री की तरह काम करता हूँ और मेरा मंत्रालय भी अन्य मंत्रालयों की तरह ही है। परंतु प्रधानमंत्री की हैसियत से, मेरा एक विशिष्ट कार्य है, जो सभी मंत्रालयों तथा विभागों, यहाँ तक कि सरकार पर प्रभुत्व है, हर पहलू पर लागू होता है। इस कार्य की कोई सरल अनुभाषा नहीं है, और इसको सही तरीके से निभाने के लिए सभी दलों की सहायता जरूरी है। प्रधानमंत्री का कार्य निभाते समय मुझे हर मंत्रालय से जूझना पड़ता है, न केवल एक मंत्रालय के सभापति होने के नाते, बल्कि एक निरीक्षक की तरह। और ऐसा केवल सद्भाव एवं सहकार द्वारा ही संभव है, ताकि दूसरे मंत्रियों की प्रतिष्ठा को कोई ठेस न पहुँचे। आमतौर पर दूसरे मंत्रियों के काम में दखल नहीं देना चाहिए और उन्हें अपना कार्य करने की स्वतंत्रता मिलनी चाहिए।

यदि इस बात को समझ लिया जाए, तो कोई मुश्किल पेश नहीं आती, और आती भी है तो उसका हल संबंधित दलों में आपसी वार्तालाप और बहस द्वारा निकाला जा सकता है। यही वजह है कि मैंने हर महत्त्वपूर्ण मुद्दे पर सरदार पटेल से सलाह-मशवरा किया है।

आज के मुद्दे का कारण है—मेरा आयंगर को अजमेर भेजना। मेरा यह विचार है कि ऐसा करना मेरे अधिकार क्षेत्र में था और इससे कुछ लाभ अवश्य हुआ। अजमेर जाने के बाद मेरा यह विचार और पक्का हो गया है। अजमेर में आयंगर का किसी प्रकार के निरीक्षण या वहाँ के अधिकारियों के बारे में निर्णय करने से कोई लेना-देना नहीं था। उन्हें तो प्रधानमंत्री के आँख-कान की हैसियत से भेजा गया था और अफसोस प्रकट करने के लिए कि प्रधानमंत्री अजमेर स्वयं न जा सके। अजमेर और दूसरी जगहों में भी हमारे सामने मनोवैज्ञानिक तथा मानसिक उलझनों का सामना करना पड़ता है। ऐसे में जनता से सीधी बात करना महत्त्वपूर्ण है। अजमेर की महत्ता के कारण मेरा वहाँ जाना जरूरी था; हालाँकि मेरे लिए यह सुविधाजनक नहीं था, क्योंकि उस समय मेरे परिवार में किसी की मृत्यु हो गई थी। मेरे न जाने से वहाँ तरह-तरह की अफवाहें फैलने लगीं और लोगों के मन में शंका हो गई। आयंगर के वहाँ जाने से ये शंकाएँ कम हुईं, क्योंकि

लोगों को विश्वास हो गया कि सरकार वास्तव में उनकी शुभचिंतक है। बाद में, मेरे जाने से और भी लाभ हुआ। इससे चीफ कमिश्नर के पद पर कोई असर नहीं पड़ा, बल्कि मैंने उनके कौशल की खुलकर प्रशंसा की। इन सारी बातों से अलग सवाल यह उठता है—

क्या प्रधानमंत्री को ऐसा कदम उठाने का अधिकार है, और इसका फैसला किसके हाथ में है? यदि प्रधानमंत्री ऐसा भी नहीं कर सकता और इस बात का फैसला भी नहीं कर सकता कि ऐसे मामलों में क्या सही है, क्या नहीं, तो वह प्रधानमंत्री की तरह काम ही नहीं कर सकता। प्रधानमंत्री होना ही इस बात का प्रमाण है कि वह सही फैसले लेने के काबिल है और बनाई गई नीतियों को निभाने में भी। यदि नहीं, तो उसे प्रधानमंत्री का पद त्याग देना चाहिए। अपने सारे कर्तव्य छोड़ देने चाहिए। और ऐसी स्थिति में, सरकारी प्रभुत्व का कोई अधिकार न रहेगा, सरकार कमजोर पड़ जाएगी और फिर अलग-अलग दिशाओं में खिंचाव होने लगेगा।

यदि यह दृष्टिकोण सही है, तो प्रधानमंत्री को पूरी आजादी होनी चाहिए कि वह कब और कैसे कार्य करे। अलबत्ता इससे स्थानीय अधिकारियों के कार्य में अनावश्यक दखल नहीं होना चाहिए। उनकी निष्ठा और सहायता तो प्रधानमंत्री के लिए भी जरूरी है।

यदि प्रधानमंत्री इस प्रकार कार्य नहीं करता, तो जनता की सेवाओं को नुकसान पहुँचेगा, क्योंकि मंत्री अलग-अलग नीतियाँ बनाने लगेंगे।

बात जो भी हो, कार्य करने में मुश्किलें आती रहती हैं। वैसे तो सही समाधान यही है कि मंत्रिमंडल को ऐसा बनाया जाए कि एक व्यक्ति पर दूसरों के मुकाबले में ज्यादा जिम्मेदारी डाली जाए। वर्तमान स्थिति में इसका अर्थ है कि या तो मुझे अपना पद त्याग देना चाहिए या सरदार पटेल को। वैसे तो मैं अपना जाना ही ठीक समझता हूँ। इसका मतलब यह नहीं कि बाद में हममें आपसी विरोध होगा। हम सरकार में रहें या नहीं, मुझे उम्मीद है कि हम न केवल वफादार कांग्रेसवादी रहेंगे बल्कि वफादार साथी भी रहेंगे तथा अपने-अपने कार्यक्षेत्रों में मेल रखेंगे।

इसके बावजूद, इस बात में कोई आशंका नहीं कि इस समय हम में से किसी के भी जाने से राष्ट्र तथा अंतरराष्ट्रीय क्षेत्रों में सनसनी फैल जाएगी और इसका परिणाम अच्छा नहीं होगा। आज जब कश्मीर का मुद्दा हमारे सामने है, पुनर्वास की समस्या, साथ में प्रांतों तथा बढ़ती सांप्रदायिक गुटों की भी, इस तरह के निर्णय

का देश पर बुरा असर पड़ेगा। हममें से कोई भी राष्ट्र के लाभ के प्रतिकूल कुछ नहीं करना चाहता, चाहे हम राष्ट्रीय लाभ को एक नजर से न देखते हों, पिछले दो हफ्तों में इस बात पर गंभीर विचार-विमर्श के बाद मैं इस नतीजे पर पहुँचा हूँ कि जहाँ तक हो सके, इस समय हमें सरकार में किसी प्रकार के अलग-अलग कदम नहीं उठाने चाहिए, वरना सरकार की गाड़ी बुरी तरह हिल जाएगी। हमें कुछ महीनों तक ऐसे ही चलते रहना चाहिए, जब तक कश्मीर का मुद्दा सुलझ नहीं जाता और दूसरी उलझनों का भी समाधान नहीं निकल आता। इसके लिए हर महत्त्वपूर्ण विषय पर सलाह-मशवरा जरूरी है। साथ ही, मैं समझता हूँ कि प्रधानमंत्री के कर्तव्य, जैसा कि पहले बताया गया है, को समझना जरूरी है।

परंतु यदि ऐसा संभव नहीं तो एक ही रास्ता बचता है— मेरा या सरदार पटेल का मंत्रिमंडल छोड़ देना। जैसे कि मैंने पहले कहा है, वर्तमान स्थिति में यह अनुचित है, परंतु यदि किसी को जाना ही है, तो मैं जाना चाहूँगा…

…प्रांतीय मंत्रालय एक नया मंत्रालय है, जिसे कई गंभीर मुद्दों को सँभालना है। अभी तक तो यह कार्य सफलतापूर्वक होता रहा है। परंतु मेरा विचार है कि कई फैसले सिद्धांत के विषयों पर किए गए हैं— *बिना मंत्रिमंडल की सलाह से। इन फैसलों से मैं सहमत हूँ, परंतु इनका फैसला बिना मंत्रिमंडल या प्रधानमंत्री की सलाह से लिया जाना, मेरे विचार में गलत है। नया मंत्रालय होने के कारण यह दूसरे नियमों का पालन करता है।* कुछ हद तक ऐसा स्वाभाविक है और जरूरी भी कि जब जल्दी में निर्णय लेने पड़ते हैं। परंतु कोशिश यह होनी चाहिए कि इस तरह के कार्य को हमारे साधारण कार्यक्रम के अंतर्गत लाया जाए।

12

पं. नेहरू और मौलाना आजाद से मतभेद के कारण सरदार पटेल द्वारा गांधीजी को अपने त्यागपत्र के बारे में लिखा पत्र

नई दिल्ली

16 जनवरी, 1948

पूज्य बापू,

आज मैं काठियावाड़ के लिए रवाना हो रहा हूँ। मुझे अत्यंत दु:ख है कि आपके व्रत[1] के दौरान मुझे जाना पड़ रहा है, परंतु कर्तव्य के कारण मजबूर हूँ।

कल मैं आपका दु:ख भलीभाँति समझ सका। इसी वजह से मैं बेचैन हूँ और

गहरे सोच में पड़ गया हूँ।

काम इतना ज्यादा है कि मैं उसके भार से थकान महसूस कर रहा हूँ; परंतु अब मुझे ऐसा लगता है कि अपने पद पर रहकर मैं देश की सेवा न कर पाऊँगा, उलटा हानि ही होगी।

जवाहरलाल का भार तो मुझसे भी ज्यादा है और वे अपना दुःख अपने अंदर ही लेकर बैठे हैं। शायद अपने बुढ़ापे के कारण, मैं उनके लिए ज्यादा काम का नहीं रह गया हूँ। इसी कारण, उनके साथ रहते हुए भी मैं उनका भार हलका करने में असमर्थ हूँ। मौलाना[2] भी मुझसे असंतुष्ट हैं और आपको समय-समय पर मेरे लिए आवाज उठानी पड़ती है। यह स्थिति अब मेरे लिए असह्य बन गई है।

इन परिस्थितियों में, यदि आप मुझे मेरी जिम्मेदारी से मुक्त कर दें, तो यह देश और मेरे लिए लाभदायक होगा। जिस तरीके से मैं आज काम कर रहा हूँ, उससे अलग तरीके से नहीं कर सकता। यदि मैं अपने जीवन भर के सहकारी के लिए बोझ बन जाऊँ, और आपके लिए चिंता का कारण और फिर भी अपने पद पर अड़ा रहूँ, तो मैं यही सोचूँगा कि मैं यहाँ शक्ति के लालच के कारण बैठा हूँ। कृपया मुझे ऐसी घृणास्पद परिस्थिति से बचा लें।

मैं जानता हूँ कि आपके व्रत के दौरान इस विषय पर कोई बहस नहीं हो पाएगी। लेकिन मैं आपका व्रत तुड़वाने के लिए भी तो आपके किसी काम का नहीं। तो फिर मैं क्या करूँ, मेरी समझ में नहीं आता। कृपया अपना व्रत जल्दी तोड़ दें और इस विषय पर निर्णय लें, ताकि उन कारणों का हल निकले, जिनके लिए आपने यह व्रत रखा है। मैं आपसे अपना व्रत तोड़ने की प्रार्थना करता हूँ।

वल्लभभाई का प्रणाम

महात्मा गांधी

---

1. गांधीजी का व्रत, जो दिल्ली में 13 से 18 जनवरी, 1948 तक रखा गया था, ताकि शांति और सांप्रदायिक मेल-जोल कायम रह सके।
2. मौलाना अबुल कलाम आजाद।

13

गांधीजी की मृत्यु के बाद पं. नेहरू द्वारा पूर्ण सहायता के आश्वासन के साथ सरदार पटेल को लिखा पत्र

3 फरवरी, 1948

प्रिय सरदार पटेल,

जब बापू जीवित थे, हमें यह आशा थी कि उनसे एक साथ मिलकर उन विषयों पर चर्चा करते, जिनसे हम परेशान हैं। आपको हमारे पत्र याद होंगे। अपने पिछले पत्र में मैंने यह आशा व्यक्त की थी कि स्वाभाविक और दार्शनिक मतभेद के बावजूद, हमें एक साथ काम करते रहना चाहिए, जैसा कि हम इतने समय से करते आए हैं। मुझे खुशी है कि बापू की भी यही राय थी।

अब, बापू की मृत्यु के साथ सबकुछ बदल गया है और हमें एक अलग और अधिक दुर्बोध्य संसार का सामना करना है। पुराने विवादों का महत्त्व कम हो गया है और मेरी राय में आज की जरूरत है कि हम सब ज्यादा-से-ज्यादा सहयोग से काम करें, इसके अलावा और कोई रास्ता नहीं है।

अफवाहों के द्वारा आपके और मेरे बीच के मतभेद को जिस तरह बढ़ा-चढ़ाकर बताया जा रहा है, इस बात से मैं बहुत परेशान हूँ। ये बातें फिरंगी राजदूत और पत्रकारों तक पहुँच गई हैं; झगड़ा करानेवाले इस बात का फायदा उठा रहे हैं और इसमें मिर्च-मसाला डाल रहे हैं। इसका प्रभाव सेवाओं पर भी पड़ा है, जो अच्छी बात नहीं। हमें इस नुकसान को रोकना होगा।

एक-दूसरे के साथ हम पिछले 25 वर्षों से हैं। हमने कई आँधियों तथा संकटों का इकट्ठे होकर सामना किया है। मैं ईमानदारी से कह सकता हूँ कि इस दौरान आपके प्रति मेरा प्यार व आदर बढ़ा है तथा इसे कम करने के लिए मेरे विचार में कुछ नहीं हो सकता। हमारे मतभेदों ने भी हमारी सहमति और एक-दूसरे के प्रति सम्मान को और बढ़ाया है। हमने सीखा है कि अलग-अलग सोच के बावजूद एक साथ काम किया जा सकता है।

खैर, अब बापू की मृत्यु के बाद मेरा यह कर्तव्य है और आपका भी कि वर्तमान समस्या का सामना हम मित्र और सहकारी बनकर एक साथ करें, केवल दिखावे के लिए नहीं, बल्कि एक-दूसरे के प्रति पूरी वफादारी और आत्मविश्वास के साथ। यदि मेरे मन में कोई शंका या कठिनाई हो तो मैं उसे आपके सामने रखूँगा, और मुझे आशा है कि आप भी मेरे साथ ऐसा ही करेंगे।

मेरी इच्छा थी कि आपके साथ लंबी बात कर सकूँ, लेकिन समय इतना कम है कि हम अकेले में एक-दूसरे से कम मिल पाते हैं। आशा है कि एक दिन हम मिलकर बात कर सकेंगे और इन गलतफहमियों और भ्रमों को दूर कर पाएँगे। लेकिन मैं इतनी देर तक रुकना नहीं चाहता, इसलिए इस पत्र द्वारा आपके लिए अपना प्यार और मित्रता का संदेश भेज रहा हूँ।

भवदीय

जवाहरलाल

सरदार वल्लभभाई पटेल

114

पं. नेहरू के अपनत्व में सरदार पटेल मतभेद को दूर करने के लिए सहमत

5 फरवरी, 1948

प्रिय जवाहरलाल,

आपके 3 फरवरी के लिखे पत्र की प्रेम-भावना से मैं अति प्रभावित हूँ। जो भावनाएँ आपने प्रकट की हैं, मैं उन्हें हृदय से स्वीकार करता हूँ।

हम दोनों लंबे समय से एक ही लक्ष्य के लिए साथी रहे हैं। हमारे देश की विकट समस्याओं तथा हमारे आपसी प्रेम एवं आदर ने हमें बाँध रखा है, चाहे हमारे दृष्टिकोण और स्वभाव न मिलते हों। हम दोनों ही अपने कार्यों में अपने निजी दृष्टिकोण पर अड़े रहे हैं, परंतु हृदय से एक रहे हैं और इसी कारण कई कठिनाइयों का सामना कर सके हैं तथा कांग्रेस और सरकार में एक साथ काम करते रहे हैं।

हाल में हुई घटनाओं ने मुझे बहुत दुःखी कर दिया था, और जब मैं बंबई जा रहा था तो मैंने बापू को लिखा था कि वे मुझे मेरे पद से मुक्त कर दें; परंतु उनकी मृत्यु के बाद सबकुछ बदल गया है। जो आपत्ति हमसे आगे चली गई है, उससे हमें जाग्रत् होना चाहिए कि हमने एक साथ कितना कुछ हासिल किया है और आगे भी शोकग्रस्त देश की भलाई के लिए क्या कर सकते हैं।

सौभाग्य से, बापू की मृत्यु से पहले मैं उनसे अंतिम बार एक घंटे से ज्यादा देर तक बात कर सका। उन्होंने मुझे बताया कि आपके और उनके बीच क्या बात हुई, साथ ही उनकी और लॉर्ड माउंटबेटन की बातचीत के बारे में भी बताया। उन्होंने आपके और मेरे मिलने का समय भी अगले दिन के लिए तय कर दिया था। उनकी राय से हम दोनों बँधे हैं और मैं आपको विश्वास दिलाता हूँ कि अपनी

जिम्मेदारियों को निभाने के लिए दृढ़ता से काम लूँगा।

मैं आपसे इस बात पर सहमत हूँ कि हमें आपसी सहयोग के लिए और अवसर ढूँढना पड़ेगा, ताकि हम होनेवाली घटनाओं से एक–दूसरे को परिचित करा सकें और किसी भी प्रकार के मतभेद को मिटा सकें।

हमें शीघ्र ही ऐसा अवसर निकालना चाहिए, ताकि हम लंबी बात कर सकें और अपने मन से शंका व परेशानियाँ दूर कर सकें। अपने मतभेदों पर निजी रूप में या जनता के सामने बात करना हमारे लिए सेवाओं के लिए तथा देश के लिए हानिकारक है। हम जितनी शीघ्रता से इस मैले वातावरण को साफ करेंगे, उतना ही अच्छा होगा।

वल्लभभाई का वंदे मातरम्

जवाहरलाल नेहरू

15

डॉ अंबेडकर द्वारा सरदार पटेल को लिखा पत्र

नई दिल्ली

1 मई, 1948

प्रिय सरदार पटेल,

कृपया आपके पत्र 29 अप्रैल, 1948 के संदर्भ में। मुझे 25 अप्रैल को लखनऊ में दिए गए अपने भाषण के संबंध में प्रधानमंत्री का पत्र मिला है, जिसमें उन्होंने उसके मूलपाठ के बारे में पूछताछ की है। मैंने उनके पत्र के उत्तर में, अपने पत्र 28 अप्रैल, 1948 में, जो कुछ लखनऊ में कहा था, उसका पूरी तरह खुलासा कर दिया है। मैं समझता हूँ कि मैं उस पत्र की एक प्रति आपके पठनार्थ भेजने से बेहतर कुछ नहीं कर सकता। आपको स्पष्ट हो जाएगा कि प्रेस रिपोर्ट में कितनी गलतबयानी की गई है। जहाँ तक मेरी बात है, मुझे यह कहने में कोई संकोच नहीं है कि जो कुछ मैंने लखनऊ में कहा, उस पर किसी भी समझदार व्यक्ति को आपत्ति नहीं हो सकती।

आशा है, आप स्वस्थ होंगे।

भवदीय

बी.आर. अंबेडकर

माननीय सरदार वल्लभभाई पटेल

मसूरी

सरदार पटेल द्वारा कैबिनेट समन्वय समिति के गठन से संबंधित अपनी आशंकाएँ व्यक्त करते हुए पं. नेहरू को लिखा पत्र

मसूरी

1 मई, 1948

प्रिय जवाहरलाल,

आयंगर के विषय में आपके पत्र 29 अप्रैल, 1948 के लिए आपका धन्यवाद।

मेरा अभी भी आपसे निवेदन है कि आयंगर को गृह मंत्रालय में आने के लिए राजी कर लें। जैसा कि मैं आपको लिख चुका हूँ कि वे ही एकमात्र ऐसे व्यक्ति हैं जो मेरी समझ से, आंतरिक सुरक्षा की वर्तमान स्थिति तथा अन्य मुद्दे, जिनपर तत्काल ध्यान दिया जाना चाहिए, को ध्यान में रखते हुए इस पद को सुशोभित कर सकते हैं। यहाँ तक कि यदि समन्वय समिति संबंधी प्रस्ताव पास हो जाता है तो भी मैं उनकी सेवाओं की माँग करूँगा। वे बंबई मंत्रालय में गृह सचिव थे और समस्याओं से भलीभाँति परिचित हैं। समन्वय समिति के सचिव पद के लिए, समय आने पर, संभवत: आप किसी अन्य उपयुक्त व्यक्ति का प्रबंध कर सकते हैं।

जहाँ तक मंत्रिमंडलीय समन्वय समिति का प्रश्न है, मुझे इसके बारे में 20 अप्रैल की पिछली बैठक का विवरण देखने पर पहली बार पता चला, जब आपने इसका जिक्र किया और कहा था कि आप विस्तृत प्रस्तांव ला रहे हैं। मैंने सरसरी तौर पर आपकी विस्तृत योजना देखी है। सावधानीपूर्वक प्रस्ताव की जाँच जरूरी है। आपको उन हालात की जानकारी भी है जिसमें लीग सदस्यों के मंत्रिमंडल में शामिल होने के तुरंत बाद इसका विचार त्याग दिया गया था। इस विषय पर मेरे विचार अलग हैं और यदि आप इस विषय पर विचार-विमर्श स्थगित करेंगे तो मुझे खुशी होगी और जब आप यहाँ माह के अंत तक आएँगे तो इस पर चर्चा कर लेंगे। मेरा विचार है कि आर्थिक और औद्योगिक मामलों के लिए समन्वय समिति जिस उद्देश्य के लिए चाहिए, उसे मंत्रिमंडल की आर्थिक समिति द्वारा भी प्राप्त किया जा सकता है, जो कुछ समय पूर्व बनाई गई थी। परंतु जो प्रत्यक्ष रूप से, जैसा उसे क्रियाशील होना चाहिए था, नहीं हुई। समन्वय समिति और एक विस्तृत कार्यालय, जिसका विचार किया जा रहा है, का परिणाम समाधान के स्थान पर संघर्ष होगा। मैं समझता हूँ कि हमारा पिछला अनुभव सुखद नहीं था, हालाँकि मैं मानता हूँ कि उस समय के हालात कुछ और थे। मंत्रियों एवं अधिकारियों के संदेह की मूलभूत धारणा

यह है कि यह शासकीय उत्तरदायित्व का स्थान ले लेगी और यह निश्चयपूर्वक कहना होगा। ये वे बिंदु हैं जिनपर मैं समझता हूँ कि सावधानीपूर्वक विचार करना होगा। मुझे आशा है कि जब तक हम इस विषय पर विचार-विमर्श न कर लें तब तक के लिए इस योजना को टालने के मेरे सुझाव को स्वीकार करना आपके लिए संभव होगा।

भवदीय
वल्लभभाई पटेल

माननीय पं. जवाहरलाल नेहरू
नई दिल्ली

17

मंत्रिमंडलीय समन्वय समिति के गठन को सही ठहराते हुए पं. नेहरू द्वारा सरदार पटेल को लिखा पत्र

नई दिल्ली
2 मई, 1948

प्रिय वल्लभभाई,

आपके 1 मई के पत्र के लिए धन्यवाद।

मैंने आयंगर को आपका संदेश दे दिया है और बता दिया है कि मैं उनके रास्ते में नहीं आना चाहूँगा। मैंने यह पूरी तरह उनकी इच्छा पर छोड़ दिया है। उनकी वर्तमान प्रतिक्रिया यह है कि वह अपना वर्तमान कार्य और विशेष रूप से समन्वय समिति का कार्य जारी रखना चाहेंगे।

जहाँ तक मंत्रिमंडलीय समन्वय समिति की बात है, हमने दो-तीन बार मंत्रिमंडल में अनौपचारिक रूप से इस पर चर्चा की है और इसके बारे में आम सहमति भी थी। मैं स्वयं महसूस करता हूँ कि इस प्रकार की एक समिति अति आवश्यक है। पिछली मंत्रिमंडलीय समन्वय समिति का जो थोड़ा सा अनुभव मुझे हुआ वह अच्छा था और समिति ने ठीक से कार्य किया। इंग्लैंड में जो समिति है, वैसी ही छोटे स्तर पर हमारे यहाँ भी है। उन्होंने वहाँ समझा कि इस प्रकार का कोई तंत्र अपरिहार्य है। यह केवल आर्थिक और औद्योगिक क्षेत्रों में समन्वय के लिए ही नहीं है, अपितु सामान्य रूप से यह सुनिश्चित करने के लिए भी है कि मंत्रिमंडलीय निर्णय शीघ्रता से क्रियान्वित किए जाएँ और रोजमर्रा के कार्यों में विलंब न हो।

विशाल सचिवालय बनाने का कोई इरादा नहीं है। व्यावहारिक रूप से कहना होगा कि वर्तमान मंत्रिमंडल और प्रधानमंत्री सचिवालय पूर्ववत्, परंतु एक साथ मिलकर कार्य करेंगे।

मैंने अनेक विभागों की कार्य-प्रणाली देखी है और एक विभाग का दूसरे से संपर्क न होने के कारण होने वाले विलंब से मैं चकित हूँ। बहुत से विभागों के काम में विशेष गिरावट आई है। मंत्री अकसर असहाय हो जाते हैं जब उनके अपने आदेशों का तत्परता से पालन नहीं होता या दूसरे विभाग द्वारा उन्हें लटका दिया जाता है। इस बारे में मंत्रिमंडल में सामान्य असंतोष था और इसलिए मंत्रिमंडल समन्वय समिति के विचार का स्वागत किया गया। मंत्रिमंडल या सचिवालय के उत्तरदायित्व के ऊपर इसका स्थान लेने का कोई प्रश्न नहीं है। इसका प्रयोजन निर्णयों के कार्यान्वयन को सुविधाजनक बनाना है। मंत्रिमंडल समन्वय समिति कोई निर्णय नहीं लेगी, जो मंत्री द्वारा लिये जाते हैं। वास्तव में यह हमारी अनौपचारिक मंत्रिमंडलीय बैठकों का औपचारिक एवं द्रुतगामी प्रतिरूप होगी।

मंत्रिमंडल की आर्थिक एवं औद्योगिक उप-समिति ने, जैसा आप कहते हैं, मुश्किल से कुछ काम किया है, यह मौजूद रहेगी; लेकिन मुझे इससे बहुत आशा नहीं है। मेरे विचार में अब सामाजिक एवं आर्थिक मामलों का मंत्री रखने का समय आ गया है। लेकिन इसपर कुछ समय बाद विचार किया जाएगा।

मंत्रिमंडलीय समन्वय समिति के प्रस्ताव के बारे में मंत्रियों के बीच किसी विरोधी संदेह की जानकारी मुझे नहीं है। वास्तव में, इस विचार का सामान्यत: स्वागत हुआ है। अधिकारियों के बीच किसी प्रकार के भ्रम की गुंजाइश नहीं है, क्योंकि उनके कार्य में हस्तक्षेप किए जाने का प्रश्न ही नहीं है। एक ऐसे तंत्र के अभाव में मुझे बार-बार मजबूरी में मंत्रियों तथा अधिकारियों की बैठक बुलानी पड़ती है, जिससे किसी विशेष विषय पर एक साथ मिलकर विचार किया जा सके। वास्तव में इस मामले में या दूसरे मामलों में व्यावहारिक तरीका अपनाया जाना जरूरी है और मैं समझता हूँ कि आयंगर के पास आवश्यक कौशल और योग्यता है। मुझे डर है कि हमारा शासकीय तंत्र निष्क्रिय ढंग से कार्य कर रहा है। मंत्रिमंडलीय समन्वय समिति कोई जादू नहीं करने जा रही, परंतु यह वर्तमान स्थिति, जो कि बहुत खराब और गिरी हुई है, उसमें सुधार लाएगी। मैं गोपालस्वामी आयंगर से यह कहनेवाला हूँ कि वह भारत सरकार तंत्र के प्रशासनिक पहलू पर विचार करे और मंत्रिमंडल के विचारणार्थ सुझाव प्रस्तुत करे। जिस प्रकार कार्य चल रहा है या नहीं चल रहा है, उससे मैं बहुत चिंतित हूँ। सबकुछ अस्त-व्यस्त है। विलंब के लिए

उत्तरदायित्व निर्धारित करने में कठिनाई हो रही है। कम-से-कम यह कहा जा सकता है कि स्थिति में सुधार लाने की कोशिश करना जरूरी है। यदि यह प्रयत्न सफल नहीं होता तो दूसरा परिवर्तन किया जा सकता है।

भवदीय

जवाहरलाल

माननीय सरदार वल्लभभाई पटेल

मसूरी

पुनश्च : मैं आपको सूचित कर दूँ कि कुछ समय पहले शण्मुखम चेट्टी ने मुझसे आयंगर को वित्त सचिव का पद देने को कहा था। नरहरि राव शीघ्र ही सेवानिवृत्त हो रहे हैं और उनका पद भरा जाना है।

18

पं. नेहरू से भेंट के बारे में डॉ. अंबेडकर द्वारा सरदार पटेल को लिखा पत्र

नई दिल्ली

5 मई, 1948

प्रिय सरदार पटेल,

मेरे 1 मई, 1948 के पत्र के क्रम में प्रधानमंत्री के एक अन्य पत्र 30 अप्रैल, 1948 के उत्तर में भेजे गए अपने पत्र की प्रति संलग्न कर रहा हूँ। प्रधानमंत्री के निर्देशानुसार, मैं उनके साथ मामले पर विचार-विमर्श करने की प्रतीक्षा कर रहा हूँ। मुझे विश्वास है कि आप इस पत्राचार को गुप्त एवं अपने तक ही रखेंगे।

आशा है, आपका स्वास्थ्य अच्छा होगा।

भवदीय

बी.आर. अंबेडकर

माननीय सरदार वल्लभभाई पटेल

मसूरी

संलग्नक

प्रिय पं. नेहरू,

कृपया आपके गोपनीय एवं व्यक्तिगत पत्र 30 अप्रैल, 1948 के संदर्भ में। मुझे इसकी तुरंत पावती भेजने में अपनी असमर्थता पर खेद है। आपका पत्र मुझे

शनिवार को देर शाम प्राप्त हुआ। जैसा आपको ज्ञात है कि उसके बाद रविवार, सोमवार और मंगलवार को मैं जल अधिकार पर अंतर-उपनिवेशीय सम्मेलन में व्यस्त था। तथापि मैंने प्रेस को तुरंत वक्तव्य दिए जाने के आपके सुझाव पर अमल किया। मेरा वक्तव्य सोमवार को छपा। मुझे आशा है कि आप देख चुके होंगे।

मैंने लखनऊ के 'नेशनल हेराल्ड' में छपे अपने भाषण की कतरन आपके द्वारा भेजने से पूर्व उसे नहीं देखा था। मैं यही कह सकता हूँ कि इस समाचार-पत्र के प्रतिनिधि ने मेरे भाषण को जितना तोड़ा-मरोड़ा है, उससे अधिक विकृत वह नहीं कर सकता था। मैंने हिंदुस्तानी में अपना भाषण दिया था, जो मेरी मातृभाषा नहीं है। अतः वक्ता के इरादों की गलत रिपोर्ट करना तथा उसका गलत मतलब निकालना संभव हो सकता है। साथ ही, भारतीय प्रेस पिछले 25 वर्षों से मुझ पर चाकू ताने हुए है। परिणामतः प्रेस के द्वारा अनेक बार मेरे भाषणों को जान-बूझकर तोड़ा-मरोड़ा गया है। अभी जो हुआ, उससे मैं अचंभित नहीं हूँ। आप स्वयं भारतीय कांग्रेस कमेटी की पिछली बैठक में बंबई में आपके द्वारा हैदराबाद पर दिए गए भाषण को प्रेस द्वारा तोड़-मरोड़कर छापने के शिकार होने का स्मरण कर सकते हैं। मैं इंगित करना चाहूँगा कि मेरे भाषण का अंश, जिसमें कांग्रेस के साथ मेरे सहयोग को न्यायोचित बताया गया—रिपोर्ट नहीं किया गया और इस भूल के कारण ही यह गलतफहमी पैदा हुई।

मैं मानता हूँ कि मेरा भाषण जिस प्रकार रिपोर्ट किया गया, उससे जनमानस पर ऐसा प्रभाव पड़ा जैसा कि आपने अपने पत्र में बताया है। लेकिन मुझे आशा है कि मेरे द्वारा जारी किए गए वक्तव्य से यह प्रभाव दूर हो जाएगा। यदि फिर भी आप मेरे भाषण को लेकर परेशान हैं और कांग्रेस पार्टी के सामने आपकी स्थिति अरक्षणीय हो गई है, तो मैं समझता हूँ कि इस परेशानी से आपको छुटकारा दिलाने के लिए मेरे लिए उचित होगा कि मैं भारत सरकार के कानून मंत्री के पद से अपना त्यागपत्र आपको सौंप दूँ। शायद आप जानते हैं कि राजनीति मेरे लिए कोई खेल नहीं रही। मेरे लिए यह एक मिशन है। मैंने अपना पूरा जीवन इसमें लगा दिया और अनुसूचित जातियों की उन्नति के लिए मैंने व्यक्तिगत संभावनाओं की कुरबानी दे दी। मैं आपके मंत्रिमंडल में शामिल होने के आपके निमंत्रण के लिए आपका कृतज्ञ हूँ और मुझे इसका भान है कि यह निमंत्रण स्वीकार करने के साथ मुझे कुछ सीमाओं में रहना है। लेकिन जो भी नियंत्रण स्वीकार्य हों, मैं लोगों को उनके हित में सलाह देने के अपने अधिकार की तिलाजंलि नहीं दे सकता। मैं यह भी कहना चाहता हूँ कि संयुक्त सरकार में, उसके सदस्य जो अलग-अलग समूह या दल के होते हैं, अपने

दल को मशवरा देने के लिए स्वतंत्र होते हैं, बशर्ते कि वे उस सरकार की अखंडता को कोई हानि नहीं पहुँचाएँ, जिसके वे सदस्य हैं।

आपके पत्र का उत्तर बहुत विस्तार से न दिए जाने को और आपकी इच्छानुसार इस मुद्दे पर आपके साथ विचार करने को, मैं समझता हूँ कि आप अधिक पसंद करेंगे। यदि आप अपनी सुविधानुसार दिन व समय निश्चित कर लें तो मुझे आपसे मिलने में प्रसन्नता होगी। 9 तारीख तक मेरी कोई महत्त्वपूर्ण व्यस्तता नहीं है।

भवदीय

बी.आर. अंबेडकर

माननीय पं. जवाहरलाल नेहरू

19

अनुसूचित जातियों के प्रति कांग्रेस द्वारा उचित रवैया अपनाने का आश्वासन देते हुए सरदार पटेल द्वारा डॉ. अंबेडकर को लिखा पत्र

कैंप : मसूरी

6 मई, 1948

प्रिय डॉ. अंबेडकर,

आपके 1 मई के पत्र के लिए धन्यवाद। मैं स्वयं आपके भाषण का छपा हुआ विवरण पढ़कर सदमे में था और यह विश्वास करने को तैयार नहीं था कि यह रिपोर्ट सही है। इसलिए मैंने एक दिन इंतजार किया कि हो सकता है आप इसका खंडन करें। जब अगले दिन कोई खंडन नहीं छपा तो मैंने आपको लिखा। मुझे खुशी है कि मेरी पहली प्रतिक्रिया सही थी और आपके भाषण का मूलपाठ छपे हुए पाठ से कितना भिन्न है।

मैं आपको विश्वास दिलाता हूँ कि हममें से कोई नहीं चाहता कि आप सरकार से इस्तीफा दें। व्यक्तिगत रूप से मैं ऐसा चाहनेवाला अंतिम व्यक्ति होऊँगा। गाडगिल से मुझे आपका संदेश प्राप्त हुआ और मैंने उन्हें बता दिया है कि इसमें परेशानी की कोई बात नहीं है और मैं चाहूँगा कि आप सरकार में बने रहें। मुझे विश्वास है कि आप पाएँगे कि कांग्रेस के सहयोग से अनुसूचित जातियों के हितों की रक्षा में सबसे उत्तम उपाय किए जाते हैं। वास्तव में, यदि किसी समय आपको ऐसा लगे कि कांग्रेस उनके हितों के विरुद्ध कार्य कर रही है, तो आप साथ छोड़ने

के लिए स्वतंत्र हैं।

मैं आपसे सहमत हूँ कि जहाँ तक कानून का प्रश्न है, अनुसूचित जातियों को कोई डर नहीं है, परंतु शासकीय मामलों में उनका डरना उचित है। हालाँकि उस मामले में भी मेरी मान्यता है कि प्रशासनिक अधिकारी भी उनके प्रति अधिकाधिक सहानुभूति रखते हैं और प्रशासन के क्षेत्र में अनुसूचित जाति के व्यक्तियों की बढ़ती संख्या के साथ यह सहानुभूति उत्तरोत्तर बढ़ेगी। उसमें भी आप विरोध की अपेक्षा सहयोग से अधिक सुधार ला सकते हैं। मुझे खुशी है कि यह भावना आपके भाषण में प्रकट होती है।

मैं पहले से अच्छा महसूस कर रहा हूँ और जन-कार्यों में उत्तरोत्तर अधिक सक्रिय रुचि ले रहा हूँ। मुझे आशा है कि कुछ हफ्तों में मैं सामान्य रूप से कार्य करने लगूँगा।

भवदीय

वल्लभभाई पटेल

माननीय डॉ. बी.आर. अंबेडकर
विधि मंत्री,
नई दिल्ली

20

कांग्रेस अध्यक्ष के चुनाव से संबंधित रफी अहमद किदवई के पत्र के संदर्भ में पं. नेहरू द्वारा सरदार पटेल को लिखा पत्र

नई दिल्ली

29 सितंबर, 1948

प्रिय वल्लभभाई,

मैं रफी अहमद (1) का पत्र आपको भेज रहा हूँ और उन्हें मेरे उत्तर की एक प्रति (2) भी संलग्न कर रहा हूँ। मैं नहीं जानता, ऐसी परिस्थिति में हम क्या करें, इस बारे में आप क्या सुझाव देंगे। यदि आपके पास कुछ सुझाव हों तो मुझे सूचित करें।

भवदीय

जवाहरलाल

माननीय सरदार वल्लभभाई पटेल

संलग्नक-1

29 सितंबर, 1948

आदरणीय जवाहरलालजी,

मैं एक घंटे में रवाना हो रहा हूँ। मैंने खुर्शीदलाल को पहुँचने को कहा है और उन्हें तथा सचिव को काम के बारे में बता दिया है।

मैं चाहूँगा कि आप इंग्लैंड जाने से पहले सरदार पटेल के साथ कांग्रेस अध्यक्ष के चुनाव के बारे में एक संयुक्त बयान जारी करें। लोग आपकी चुप्पी का फायदा उठा रहे हैं और आपकी अनुपस्थिति का फायदा भी अवश्य उठाएँगे।

मोहनलाल गौतम ने लोगों से कहा है कि सरदार साहब ने टंडनजी को अपने समर्थन का वादा किया है और आपके तथा राजेंद्र बाबू के समर्थन का वचन दिया है। आचार्य जुगल किशोर एक कदम आगे निकल गए। उन्होंने लोगों को बताया कि सरदार साहब ने टंडनजी से चुनाव लड़ने को इसलिए कहा है कि जिससे सांप्रदायिक मसले पर उनके (सरदार पटेल) हाथ मजबूत हो सकें। उन्होंने आगे यह भी कहा है कि आपके रवाना होने के बाद सरदार साहब टंडनजी के समर्थन में एक वक्तव्य जारी करेंगे और राज्यों के मंत्रियों से टंडनजी के लिए समर्थन माँगेंगे।

इस सबमें कोई सच्चाई नहीं हो सकती, परंतु निहित स्वार्थ रखनेवाले लोग ऐसी ही बात करते हैं। ऐसा दिखाया जा रहा है कि चुनाव आप और सरदार पटेल के बीच है, एक टंडनजी को समर्थन दे रहा है तो दूसरा डॉ. पट्टाभि को।

मैं इस बारे में सरदार साहब से मिलता, परंतु मुझे मौका नहीं मिलेगा। यदि आप उचित समझें तो निष्पक्षता की स्थिति के संबंध में एक संयुक्त बयान जारी कर दें।

भवदीय

रफी अहमद

संलग्नक-2

नई दिल्ली

29 सितंबर, 1948

प्रिय रफी,

आपका 29 सितंबर का पत्र अभी-अभी मिला।

मुझे नहीं पता कि किस प्रकार का वक्तव्य हम जारी कर सकते हैं। वास्तव

में, आपने जिन अफवाहों का जिक्र किया है, वे सब बेतुकी हैं। इस बारे में मैंने सरदार पटेल से कई बार विचार-विमर्श किया और हम इस निष्कर्ष पर पहुँचे कि हमसे से कोई भी कांग्रेस अध्यक्ष के प्रत्याशी के समर्थन में कोई सार्वजनिक या व्यक्तिगत वक्तव्य जारी नहीं करेगा और चुनाव पूरी तरह चुनावकर्ताओं पर छोड़ देगा।

डॉ. पट्टाभि ने इस संबंध में मेरा समर्थन माँगते हुए मुझे लिखा है। मैंने उन्हें उत्तर दिया कि यदि वे चुन लिये जाते हैं तो मैं उनके चुने जाने का स्वागत करूँगा। मैं इस विषय पर कुछ नहीं कहना चाहता, क्योंकि सभी प्रत्याशी हमारे पुराने साथी हैं और मेरे लिए कुछ भी कहना मुश्किल होगा। ऐसे विषयों पर महात्मा गांधी के लिए नेतृत्व करना उचित होता, परंतु हम लोग वैसा करने के लिए बहुत छोटे हैं।

मुझे दुःख है कि इस प्रकार पीठ पीछे बातें चल रही हैं और सरदार पटेल या मेरा नाम लेकर बहुत सी स्वार्थपरक बातें की जा रही हैं। व्यक्तिगत रूप से ही इनका प्रतिवाद किया जा सकता है, क्योंकि यदि हम सार्वजनिक रूप से कुछ कहते हैं तो बहस छिड़ जाएगी।

फिर भी मैं इस मामले में सरदार पटेल से चर्चा करूँगा।

भवदीय

जवाहरलाल

माननीय श्री रफी अहमद किदवई

21

रफी अहमद किदवई के अफवाह फैलाने की मुहिम की भर्त्सना करते हुए सरदार पटेल द्वारा पं. नेहरू को लिखा पत्र

29 सितंबर, 1948

प्रिय जवाहरलाल,

आपके 27 जनवरी के पत्र के लिए धन्यवाद, जिसके साथ आपने रफी अहमद किदवई का पत्र संलग्न किया है।

मैंने राजेंद्र बाबू को आपके उस पत्र की प्रति भेजी है जो कांग्रेस की अध्यक्षता से संबंधित है, और मैंने उन्हें लिखा है कि मेरे विचार में यदि उनका स्वास्थ्य उन्हें अनुमति दे और वह यह बोझ उठाने के इच्छुक हैं, तो वर्तमान कठिनाई से छुटकारा पाने का सबसे अच्छा तरीका यह है कि वह अध्यक्ष बने रहें।

यदि, जैसी कि मुझे आशा है, वह मेरा सुझाव मान लेते हैं तो रफी द्वारा सुझाई गई राह पर चलने की आवश्यकता नहीं रह जाएगी।

मुझे खुशी है कि आपने रफी को साफ–साफ बता दिया है कि जिन अफवाहों का वे जिक्र करते हैं, वे वेबुनियाद हैं और आपकी और मेरी कार्य–दिशा समान है। मेरी समझ से यह परे है कि रफी जैसा व्यक्ति इन अफवाहों को महत्त्व दे सकता है। आपको लिखने से पहले वह मुझसे टेलीफोन द्वारा सच का पता लगा सकता था। न ही मेरी समझ में यह आता है कि रफी आपकी अनुपस्थिति में मेरे द्वारा बयान दिए जाने की अफवाह का जिक्र कैसे कर सकते हैं। यदि मुझे कोई बयान देना होता तो मैं उस समय देता जब आप यहाँ होते और मैंने आपसे मशवरा कर लिया होता।

मैं रफी का पत्र आपको वापस कर रहा हूँ।

भवदीय

वल्लभभाई

पं. जवाहरलाल नेहरू

22

कांग्रेस अध्यक्ष पद के प्रत्याशी के संदर्भ में डॉ. राजेंद्र प्रसाद द्वारा सरदार पटेल को लिखा पत्र

कैंप : पिलानी

1 अक्तूबर, 1948

प्रिय वल्लभभाई,

अनेक बार प्रयत्न असफल रहने के बाद, आज प्रातः मैं आपसे फोन पर संपर्क कर सका और मैंने आपको अध्यक्षीय चुनाव के बारे में लिखने का वचन दिया। मुझे लगता है कि मैंने आप और जवाहरलालजी पर यह बोझ डालकर गलती की, जब मैंने कहा कि खराब स्वास्थ्य के बावजूद मुझे चुनाव लड़ना चाहिए। मैं समझता हूँ, जवाहरलालजी ठीक कहते हैं कि मुझे निर्णय करना है कि मेरा खराब स्वास्थ्य मुझे इसकी अनुमति देगा या नहीं। वास्तव में वह चाहते हैं कि मैं पद पर बना रहूँ, लेकिन यदि मेरा स्वास्थ्य अनुमति न दे तो वह बोझ नहीं लादना चाहेंगे। जैसा मैंने आपको बताया और पहले मौके पर लिखा कि मैं अपने स्वास्थ्य के बारे में बहुत निश्चयपूर्वक कुछ नहीं कह सकता। पिछले कई महीनों से इससे मुझे लगातार कष्ट हो रहा है और जो कार्य कांग्रेस अध्यक्ष के रूप में या गांधी स्मारक निधि के

अध्यक्ष के नाते मुझे सौंपा गया है, उसके प्रति मैं न्याय नहीं कर पा रहा हूँ। मैं यह गहराई से महसूस कर रहा हूँ और मैं नहीं चाहता कि यह उत्तरदायित्व पुनः सँभालूँ, जिसे मैं ठीक से नहीं निभा पाऊँ। इसलिए मेरा निवदेन है कि मुझे क्षमा करें।

लेकिन जैसाकि मैंने आपको लिखा था कि एक अन्य दृष्टिकोण भी है। मैं महसूस करता हूँ कि ऐसे लोग भी हैं जो चाहेंगे कि दूसरे लोगों को यह उत्तरदायित्व निभाने का मौका दिया जाना चाहिए। अब यह स्पष्ट हो चुका है। मुझे मद्रास से एक तार मिला है, जिसमें डॉ. पट्टाभि को समर्थन देने की मुझसे अपील की गई है, जिनको सात दक्षिण भारतीय राज्यों—यानी आंध्र, तमिल, केरल, कर्नाटक, कोचीन, मैसूर और ट्रावनकोर की प्रांतीय कांग्रेस समिति के अध्यक्षों का समर्थन प्राप्त है, इनमें से अंतिम तीन को कांग्रेस प्रांत होने का महत्त्व भी प्राप्त है। मैं सोचता हूँ कि यदि मेरे प्रति सम्मान के कारण वे डॉ. पट्टाभि का समर्थन वापस ले लेते हैं और मुझे देते हैं तो मैं इन प्रांतों पर अपने को जबरदस्ती लाद रहा होऊँगा। इस प्रकार का चुनाव मैं नहीं चाहता, जो ऐसे निर्विरोध किया जाए। इसके अतिरिक्त मैं महसूस करता हूँ कि यह उत्तर और दक्षिण के बीच एक विवाद को जन्म देगा, जिससे बचा जाना चाहिए। टंडनजी के प्रति मैं अत्यंत आदर का भाव रखता हूँ, लेकिन मैं उनसे निवेदन करूँगा कि इस वर्ष वे आंध्र को एक मौका दें, क्योंकि जहाँ तक मुझे याद आता है, 63 वर्ष के लंबे इतिहास में आंध्र से कोई व्यक्ति कांग्रेस अध्यक्ष नहीं चुना गया। कांग्रेस के लिए इसका योगदान यथेष्ट है और यदि ऐसी भावना है कि अध्यक्ष आंध्र से होना चाहिए, तो इसे समझा जा सकता है। कांग्रेस की सफलता में पूरे दक्षिण प्रदेश का बहुत योगदान रहा है। जहाँ तक कांग्रेस के अध्यक्ष पद का संबंध है तथा मुझे याद है, अभी तक केवल चार अध्यक्ष हुए हैं, उनमें से तीन तमिलवासी थे, जिनके नाम—श्री आनंद चार्लू, श्री विजय राघवाचार्य और श्री श्रीनिवास आयंगर थे और केरल से मात्र एक श्री शंकरन नायर चुने गए थे। नागपुर के बाद गत 27 वर्षों में दक्षिण से मात्र एक अध्यक्ष श्री श्रीनिवास आयंगर हुए; इस अवधि के दौरान हमने सहयोग किया। इसलिए मैं चाहूँगा कि श्री पट्टाभि को लाया जाए। मैं टंडनजी का बहुत आदर करता हूँ, लेकिन मुझे डर है कि यदि वह मैदान में बने रहते हैं तो उत्तर और दक्षिण के बीच एक विवाद पैदा हो जाएगा, जो देश की वर्तमान स्थिति में बहुत नुकसानदेह होगा। इसलिए मैं इस संभावना से बचने का उत्सुक हूँ और टंडनजी से व्यक्तिगत निवेदन करने को तैयार हूँ। उन दो मित्रों से भी, जिनके नाम सामने आए हैं कि डॉ. पट्टाभि को निर्विरोध आने दें। मैं प्रत्याशी के प्रचार में भाग नहीं लेना चाहता, केवल प्रत्याशियों को व्यक्तिगत पत्र लिखूँगा और उसका क्या प्रभाव होगा, मैं नहीं जानता। मेरे लिए आपकी बात न मानना कठिन है और बहुत हिचकिचाहट

से तथा सोच-विचार के बाद इस मौके पर मैं आपसे यह कहने को विवश हूँ कि मुझे क्षमा किया जाए। मुझे आशा है कि आप बुरा नहीं मानेंगे।

मैं आपको बताना चाहता हूँ कि डॉ. पट्टाभि से मुझे किसी प्रकार की कठिनाई की आशंका नहीं है। मैं आश्वस्त महसूस करता हूँ कि वह बहुत विचारशील तथा विवेकशील बने रहेंगे और यह मैं उनके द्वारा जो कुछ मुझे लिखा गया है, उसके बल पर कह रहा हूँ। मुझे कोई शंका नहीं है कि चुने जाने पर वह हमें पश्चात्ताप करने का कोई मौका देंगे।

भवदीय
राजेंद्र प्रसाद

माननीय सरदार वल्लभभाई पटेल
नई दिल्ली

23

कांग्रेस अध्यक्ष पद के प्रत्याशियों के संदर्भ में सरदार पटेल द्वारा डॉ. राजेंद्र प्रसाद से निवेदन

2 अक्तूबर, 1948

प्रिय राजेंद्र बाबू,

आपके 1 अक्तूबर के पत्र के लिए धन्यवाद, जो मुझे आज सुबह ही प्राप्त हुआ।

इस नाजुक दौर में कांग्रेस की आवश्यकताओं और गुण-दोष पर विचार करने के अतिरिक्त, आपसे खड़े होने का अनुरोध करने के पीछे मेरा उद्देश्य हमारे सहयोगियों के प्रतियोगात्मक दावों के मद्देनजर होनेवाली अवश्यंभावी परेशानी से हम सबको बचाना था। मैं आप पर और दबाव नहीं डाल सकता। यदि आपका निर्णय अडिग है, तो मुझे डर है कि हमें इसके परिणाम भुगतने होंगे।

लेकिन मैं महसूस करता हूँ कि जब एक बार आपने बाहर जाने का निर्णय कर लिया है, तो उचित यही होगा कि आप किसी प्रत्याशी के पक्ष में प्रत्यक्ष या अप्रत्यक्ष रूप से समर्थन न करें। वे सभी हमारे सहयोगी हैं।

भारतीय राष्ट्रीय कांग्रेस के अध्यक्ष जैसे महान् सम्माननीय पद के लिए हमें प्रांतीय या क्षेत्रीय दृष्टिकोण से नहीं सोचना चाहिए।

शायद आपको पता नहीं है कि एक और प्रत्याशी मैदान में आ गए हैं—

श्री कृपलानी। मैं समझता हूँ कि उन्होंने अखिल भारतीय कांग्रेस कमेटी के सामने सरकार की आलोचना करने और सरकार विरोधी दृष्टिकोण अपनाने के अपने व्यवहार के लिए जवाहरलाल को क्षमा-याचना करते हुए लिखा है। मैं इसकी सच्चाई तो नहीं प्रमाणित कर सकता, पर मैंने ऐसा सुना है। मैंने यह भी सुना है कि वे किदवई, जो परदे के पीछे कार्य कर रहे हैं, के सुझाव पर चुनाव में खड़े हुए हैं।

इन हालात में, मेरी आपको सच्ची सलाह है कि यदि एक बार आपने खड़े न होने का फैसला कर लिया है तो आप स्वयं को चुनाव से पूरी तरह अलग रखें। मेरे विचार में यह सबसे अच्छी और बुद्धिमानी की नीति होगी; लेकिन यह अंततः आपको ही निश्चय करना है कि आपको क्या करना चाहिए।

मुझे आशा है, आपका स्वास्थ्य बेहतर होगा। उस पर आपका विशेष ध्यान होना चाहिए।

अति विनम्र आदर सहित,

भवदीय
वल्लभभाई पटेल

माननीय डॉ. राजेंद्र प्रसाद
पिलानी

24

सरदार पटेल द्वारा पं. नेहरू के नेतृत्व की प्रशंसा

15 नवंबर, 1948

राजधानी में पं. नेहरू का जन्मदिन मनाने के लिए किए गए अनेक आयोजनों में से सबसे हृदयस्पर्शी वह था जो संविधान सभा के मैदान में शांतिपूर्वक मनाया गया, जहाँ लोग अपने नेता का एक संध्या समारोह में स्वागत करने तथा जन्मदिन बार-बार आने की बधाई देने के लिए एकत्रित हुए।

क्योंकि इसमें बाहरी लोगों को नहीं बुलाया गया था, यह एक तरह से पारिवारिक समारोह था। सरदार पटेल ने अपने नेता की जिस प्रकार प्रंशसा की, जैसे शब्द उनकी वाणी से निकल रहे थे, उससे श्रोता गण अभिभूत हो गए। उन्होंने कहा कि उनके महान् नेता महात्मा गांधी अचूक निर्णयों के लिए जाने जाते हैं। उन्होंने अपने आध्यात्मिक उत्तराधिकारी और वारिस के लिए पं. नेहरू का नाम लिया था। गांधीजी

के निधन के बाद हमने देखा कि हमारे दिवंगत नेता का निर्णय सही था। पं. नेहरू ने संकट के समय देश का नेतृत्व किया और अपने नेतृत्व से भारत की प्रतिष्ठा बढ़ाई। वे अपने नेता के अनेक वर्षों तक कर्णधार बने रहने की कामना करते हैं।

पं. नेहरू ने अपने उत्तर में कहा कि कांग्रेस पार्टी दूसरे राजनीतिक दलों की तुलना में अधिक संगठित है, क्योंकि वह मिल-जुलकर अग्नि परीक्षाओं से गुजरी है। उन्होंने पार्टी के प्रति आदर की भावना प्रकट की।

सरदार पटेल का जिक्र करते हुए उन्होंने कहा कि सरदार शक्ति के स्तंभ रहे हैं और वह नहीं जानते कि यदि सरदार नहीं होते तो देश का क्या होता।

संक्षिप्त भाषणों के बाद सरदार पटेल ने पं. नेहरू को माला पहनाई और दोनों प्रेमपूर्वक गले मिले। इस दृश्य ने लोगों के हृदय को छू लिया।

25

उ.प्र. के मतभेदों पर सरदार पटेल के वक्तव्य के बारे में रफी अहमद किदवई का लिखा पत्र

कैंप : बंबई

11 जनवरी, 1950

प्रिय सरदार साहब,

मुझे अफसोस है कि जब हम मंत्रिमंडल में एक-दूसरे से मिले तब तक मैंने उत्तर प्रदेश में अनबन के बारे में आपका प्रेस-वक्तव्य पूरा नहीं पढ़ा था। मुझे जहाज में यहाँ वापस आते समय इसे पढ़ने का मौका मिला।

मैं समझता हूँ कि आपका दृष्टिकोण कार्य समिति के दृष्टिकोण से बिलकुल भिन्न है। आशा है, आपको याद होगा कि कार्य समिति में हमने इस बिंदु पर चर्चा की थी। यद्यपि समूहों का गठन अवांछित समझा गया था, यह सहमति बनी थी कि दलों के नेताओं को बता दिया जाए कि यदि संरक्षण नेता के समर्थकों तक सीमित रहता है तो 'अल्पसंख्यक' समूह का गठन अपरिहार्य हो जाता है।

मेरा विचार है कि लखनऊ में जो कुछ हुआ, वह न केवल कार्य समिति के निर्देशों के विरुद्ध है बल्कि अमान्य है। कार्य समिति का निर्देश था कि एक संयुक्त सभा में विधानसभा के कांग्रेस पार्टी के सदस्यों और प्रांतीय कांग्रेस दल के सदस्यों द्वारा प्रत्याशियों का चुनाव किया जाना चाहिए। जबकि तथाकथित 'अल्पसंख्यक' समूह इस प्रक्रिया पर जोर दे रहा था, तथाकथित 'बहुसंख्यक'

समूह एक निर्णायक अधिकार रखनेवाली एक मुक्त समिति का नामांकन करवाने में सफल हो गया। विधानसभा चाहे तो संसद् के लिए 26 सदस्य मनोनीत करने के बजाय 7 सदस्यों की समिति उन्हें चुनने के लिए नियुक्त कर सकती है। यदि यह बादवाली स्थिति असंवैधानिक है तो लखनऊ में अपनाई गई प्रक्रिया भी समान रूप से असंवैधानिक है।

अपने वक्तव्य में आपने कहा कि बहुमत का दृष्टिकोण प्रभावी होना चाहिए। यह सामान्य स्वीकार्य सिद्धांत है, लेकिन एक राजनीतिक दल में, जहाँ बहुसंख्यक और अल्पसंख्यक समूहों की शक्ल ले लेते हैं, यदि इस सिद्धांत को स्वीकार करें तो अल्पसंख्यकों का कोई स्थान नहीं रह जाएगा और वस्तुत: अल्पसंख्यक को एक अलग समूह बनाने के लिए बाहर निकलना पड़ेगा। लेकिन उ.प्र. कांग्रेस एक एकाकी दल नहीं है। यह अखिल भारतीय संगठन का हिस्सा है और स्वभावत: अल्पसंख्यक अपने संरक्षण के लिए केंद्रीय सत्ता से अपेक्षा रखता है।

डॉ. पट्टाभि (सीतारामैया) को प्रांतीय कांग्रेस कमेटी के बारे में उ.प्र. से शिकायतें मिल रही हैं। मुझे विश्वास है कि अब तक वे वहाँ की स्थिति जान चुके होंगे। आप उनसे पता लगा सकते हैं कि प्रांतीय संगठन किस प्रकार कार्य कर रहा है।

मुझे आशा थी कि आपके जाने से समस्या का समाधान होगा; लेकिन आपके वक्तव्य से मुझे पता चला कि आपने तथाकथित 'बहुसंख्यक' समूह के व्यवहार का अनुमोदन किया और अल्पसंख्यक समूह को बाहर जाने की सलाह दी। मुझे आशा है कि बहुसंख्यकों को आपके द्वारा समर्थन दिए जाने के बाद वे (अल्पसंख्यक) महसूस करेंगे कि कांग्रेस में उनका कोई भविष्य नहीं है और आपकी सलाह पर अमल करने से नहीं हिचकेंगे। उत्तर प्रदेश में या अन्य स्थान पर कांग्रेस के भविष्य पर इसका क्या असर होगा, उसके बारे में केंद्रीय कार्यकारिणी को कोई चिंता महसूस होती नहीं लग रही है।

कैबिनेट की बैठक के बाद आपने जो कुछ मुझसे कहा उसकी पृष्ठभूमि का महत्त्व अब मैं समझता हूँ। ऐसा लगता है कि आप कांग्रेस को आपसी मनमुटाव से बाहर लाना चाहते हैं। मुझे विश्वास है कि आप इसमें सफल होंगे और इससे देश का भला होगा।

भवदीय
रफी

माननीय सरदार वल्लभभाई पटेल
नई दिल्ली

26

सरदार पटेल द्वारा रफी अहमद किदवई को उनका वक्तव्य एक बार फिर पढ़ने की सलाह

कैंप : सरकारी आवास

कलकत्ता

14 जनवरी, 1950

प्रिय रफी,

आपके 11 जनवरी, 1950 के पत्र के लिए धन्यवाद, जिसकी शैली और विषयवस्तु को पढ़कर मुझे आश्चर्य नहीं हुआ। आपने उत्तर प्रदेश की राजनीति में जो भूमिका अदा की है, उसको देखते हुए मेरे वक्तव्य के प्रति आपका उससे अलग दृष्टिकोण हो ही नहीं सकता था। फिर भी मैं कहता हूँ कि आपने वक्तव्य से अलग अर्थ निकाले हैं, जबकि सीधी-सादी अंग्रेजी पढ़ने की जरूरत थी। मैं नहीं जानता था कि मैं ऐसा भी लिख सकता हूँ, जिसमें उसका वास्तविक अर्थ इतनी अच्छी तरह छिप जाए। मैं शब्दों का इतनी अच्छी तरह से मतलब निकालने की आपकी काबिलियत के लिए आपको बधाई देता हूँ—वास्तव में, वक्तव्य में उन अर्थों और इरादों को शामिल करने की (काबिलियत) जैसा कि न तो अभिप्राय था, न ही व्यक्त किया गया।

कार्य समिति के निर्णय की व्याख्या पर भी यही बात लागू होती है। फिर भी मैं आपसे निर्णय तथा वक्तव्य दोनों एक बार फिर से पढ़ने का आग्रह करता हूँ; यद्यपि आपके पक्षपात और पूर्वग्रहों के कारण आप तब भी कुछ असंगति खोज लेंगे, संभवतः इस अध्ययन से मेरे वक्तव्य के बारे में आपके कुछ विचारों के पुनरावलोकन में आपको कुछ मदद मिलेगी।

आप देखेंगे कि मेरे वक्तव्य के आरंभ में ही मैंने आपसी तालमेल के आधार पर मामलों के सौहार्दपूर्ण ढंग से निपटाए जाने की वांछनीयता को प्रकट किया था। यदि यह व्यवस्था असफल हो जाए तथा समूह-मानसिकता बनी रहती है एवं निर्णय न होने के कारण काम ठप्प न हो जाए, तो मैं नहीं समझता कि मत के आधार पर निर्णय लेने से कैसे बचा जा सकता है।

आपने डॉ. पट्टाभि के प्रांतीय संगठनों की कार्य-प्रणाली के अध्ययन पर विश्वास प्रकट किया है। ऐसी हालत में आप इस मामले को उनपर छोड़ दें, इससे आपको कुछ आत्मिक शांति मिलेगी।

मैं चिंतित हूँ कि कांग्रेस में अनबन दूर होनी चाहिए। जैसा कि मैंने अपने वक्तव्य में कहा है कि मतभेद या मनमुटाव रखनेवालों को स्वयं निर्णय करना होगा कि क्या वे कांग्रेस के अयोग्य हैं या नहीं। यदि वे हैं, तो उनके लिए एक ही सम्मानजनक मार्ग है—वे कांग्रेस छोड़ दें।

मुझे इसमें संदेह नहीं है कि पार्टी के भीतर ऐसी जड़ खोदनेवाले तत्त्वों के बने रहने की अपेक्षा, उनके छोड़ देने से पार्टी और राष्ट्र का अधिक भला होगा। हमने पिछले महीनों में बड़ी कीमत चुकाकर यह सीखा है कि इन मतभेदों ने हमारे संगठन की प्रतिष्ठा को कितना गहरा और भारी नुकसान पहुँचाया है। नुकसान पहुँचानवाले इन तत्त्वों की उपस्थिति से अनुशासनहीनता को बढ़ावा मिला है और उसके फलस्वरूप भ्रम की स्थिति से संगठन और देश में कितनी अव्यवस्था फैली है। अभी बहुत देर नहीं हुई है जब कांग्रेस अध्यक्ष और कांग्रेस कार्य समिति क़ाररवाई कर सकते हैं, अन्यथा पक्के आशावादी का भी विश्वास डिग सकता है।

भवदीय

वल्लभभाई पटेल

मान. श्री रफी अहमद किदवई
संचार मंत्री,
भारत सरकार, नई दिल्ली

27

के.डी. मालवीय द्वारा उ.प्र.प्रा. कांग्रेस के मामलों में नेहरू और पटेल का हस्तक्षेप चाहते हुए सरदार पटेल को लिखा पत्र

लखनऊ

14 जनवरी, 1950

प्रिय सरदार साहब,

कृपया प्रथम गणतंत्र दिवस के अवसर पर मेरी सादर बधाई स्वीकार करें। आप नए भारत के कुछ अग्रगामी कार्यकर्ताओं में से एक हैं और हम सब ईश्वर से प्रार्थना करते हैं कि वह आपको अधिक समय प्रदान करे, जिससे आप हमारे सामने आई जटिल समस्याओं का समाधान कर सकें।

यह पत्र 9 जनवरी को आपकी लखनऊ यात्रा के संबंध में है।

कृपया 10 जनवरी को लखनऊ में, उत्तर प्रदेश कांग्रेस के मामले में आपके

द्वारा जारी किए गए बयान के एक अंश के बारे में मुझे रोषपूर्ण आश्चर्य व्यक्त करने की अनुमति प्रदान करें।

देश और कांग्रेस के हित में यह माँग है कि मैं इस व्यक्तिगत एवं गोपनीय पत्र में बिना किसी डर के अपनी प्रतिक्रिया व्यक्त करूँ। मैं इस आशा के साथ ऐसा कर रहा हूँ कि आप मुझे गलत नहीं समझेंगे।

9 जनवरी की सुबह कांग्रेस विधायक दल की कार्यकारिणी की बैठक से कुछ घंटे पहले, आपके साथ हमारी अनौपचारिक बात को कृपया याद कीजिए। मैंने, श्री अजित प्रसाद जैन, श्री बालकृष्ण शर्मा और कुछ अन्य ने कांग्रेस संगठन में व्याप्त जटिल बीमारी के बारे में आपको बताया था। आपने इस मामले में गंभीर चिंता व्यक्त करते हुए सुझाव दिया था कि 'इस समय हम अपना ध्यान भारतीय संसद् के लिए 25 व्यक्तियों को चुनने के विशेष प्रश्न की ओर लगाएँ, जिससे सब लोग सामान्य रूप से संतुष्ट हों।' हमने तुरंत आपका सुझाव मान लिया, लेकिन आपसे निवेदन किया कि आप किसी समय मुझे और मेरे दूसरे मित्रों के लिए अपना अमूल्य समय निकालें, जिससे प्रांत के कांग्रेस संगठन को मजबूत बनाने और हमारे संबंध सुधारने के अहम सवाल पर चर्चा कर सकें। तब मैंने भारतीय संसद् के चुनाव के विशेष मुद्दे पर आपका मार्ग-निर्देशन माँगा था और आपने सुझाव दिया था कि 'यह कार्य आप अपने नेता के लिए क्यों नहीं छोड़ देते और उन्हें अपने नेतृत्व के गुण दिखाने दें।' हमने तुरंत आपका सुझाव मान लिया। इस प्रकार यह व्यक्तिगत बैठक समाप्त हुई और हम सबको बड़े संतोष का अनुभव हुआ; हमें आपके महान् व्यक्तित्व से प्रेरणा मिली और हमने सोचा कि आप इस विवाद का समाधान भी अवश्य करेंगे।

इस प्रकार हमें यह स्पष्ट हो गया कि आप स्वयं उस समय यह चाहते थे कि चुनाव के मसले तक शांत रहा जाए और दूसरे सामान्य मामले बाद के लिए छोड़ दिए जाएँ। लेकिन वास्तव में बाद में क्या होता है, उत्तर प्रदेश कांग्रेस कमेटी और कांग्रेस विधायक दल के संयुक्त अधिवेशन में, हमारे विरोधी मित्रों द्वारा एक नाटक रचा गया; 'नेशनल हेराल्ड' से कुछ अंश पढ़े गए; जमींदारी उन्मूलन निधि के कांग्रेस संगठनकर्ता श्री विशंभरदयाल त्रिपाठी खड़े हुए और अपनी शिकायतें सुनाने लगे; और फिर पूरा वातावरण इतना खराब हो गया कि हम सबको बहुत खिन्नता हुई। मुझे आश्चर्य है कि क्या श्री चंद्रभान गुप्त का खड़े होकर अप्रासंगिक विषयों पर नाटकीय भाषण देना उचित था। मुझे लगा कि मंत्रिमंडल का सदस्य होने के नाते मुझे एक गलत उदाहरण पेश नहीं करना चाहिए और चर्चा में भाग नहीं लेना

चाहिए। मुझे यह कहते हुए अफसोस होता है, सख्त अफसोस होता है कि पंतजी तथा टंडनजी भी व्यक्तिगत भावनाओं में बह गए। हममें से बहुतों ने यह महसूस किया कि जो बातें कही गईं, वे श्री रफी अहमद किदवई के विरुद्ध थीं, इसलिए शीर्ष नेताओं को अच्छा लगा और यहाँ तक कि श्री वी.डी. त्रिपाठी की उन लोगों द्वारा प्रशंसा की गई जिन्हें श्री आर.ए. किदवई का रवैया अच्छा नहीं लगता था।

यह अत्यंत दुर्भाग्यपूर्ण है कि उत्तर प्रदेश के मतभेदों की पृष्ठभूमि में प्रत्याशियों के चुनाव के प्रश्न पर विचार किया गया और बहुसंख्यक दल ने आपकी उपस्थिति का पूरा फायदा उठाया तथा मामले से बिलकुल असंबद्ध विषयों पर भाषण दिए गए। मैं आपसे पूछने का साहस करता हूँ कि बहुसंख्यक समूह तथा अन्य वरिष्ठ सहयोगियों के लिए क्या यह उचित था कि वे वातावरण को दूषित करें और 'नेशनल हेराल्ड' तथा दो वर्ष पुरानी शिकायतें वहाँ सुनाएँ। क्या उनके लिए मुख्य मुद्दे को इस तरह आच्छादित करना न्यायोचित था, जबकि आपके अनुसार विचार-विमर्श का विषय भारतीय संसद् के लिए 25 व्यक्तियों का चुनाव करने हेतु एक समिति गठित करने के प्रश्न तक सीमित रहना था। क्या हम आपको सही इंगित नहीं कर रहे कि 25 व्यक्तियों के चुनाव का मसला दोनों समूहों के सहयोग से सुलझाना चाहिए था? क्योंकि तथाकथित बहुसंख्यक समूह दूसरे समूह का सहयोग नहीं चाहता था, इसलिए उन्होंने जान-बूझकर वातावरण खराब किया और तथाकथित अल्पसंख्यक समूह के विरुद्ध वे आपको पूर्वग्रही बनाने में सफल हो गए। मैं यह निष्कर्ष निकालने में तर्कसंगत होऊँगा कि हमारे प्रांतीय नेताओं का रवैया निष्पक्ष नहीं था।

मुझे आगे यह कहने की अनुमति दी जाए कि आपके वक्तव्य में यह सुझाव दिया जाना कि 'जो स्वयं को इस संगठन के अनुपयुक्त समझते हों, वे इसे छोड़ दें,' तथाकथित अल्पसंख्यक समूह को क्रूर अन्याय का झटका दिया। आपके इस कथन ने हममें से कुछ लोगों को ठेस पहुँचाई और क्योंकि वक्तव्य छप गया है, अत: हम इस पर गंभीरता से विचार कर रहे हैं। निस्संदेह जो लोग कांग्रेस संगठन को बदनाम कर रहे हैं या कमजोर कर रहे हैं, उनका सफाया किया जाना चाहिए; परंतु मैं नहीं जानता वे हैं कौन। कम-से-कम इतना कहना होगा कि इस प्रकार परोक्ष रूप से यह कहना कि हममें से कुछ लोग कांग्रेस छोड़ दें, अत्यंत गलत प्रतीत होता है और अप्रत्यक्ष रूप से उन लोगों के लिए, जिन्होंने कांग्रेस और महात्मा को छोड़कर किसी दूसरे संगठन की ओर अगुआई के लिए नहीं देखा। यदि ऐसी दुर्भाग्यपूर्ण बात होती है तो इतिहास में यह दर्ज किया जाएगा कि आज के एकमात्र कांग्रेस नेता द्वारा उन

निष्ठावान् कांग्रेसियों से निर्दयतापूर्ण व्यवहार किया गया, जिन्होंने कहीं मुड़कर नहीं देखा। मैं इन सबसे इतना दु:खी हूँ कि मुझे यह दोहराने में कष्ट हो रहा है कि आपके द्वारा दिया गया सुझाव निर्दयतापूर्ण था। आपको गोविंद बल्लभ पंत के लिए भी ऐसा नहीं कहना चाहिए था।

मैं मानता हूँ कि गोविंद बल्लभ पंत जैसे विरले होते हैं, परंतु इससे भी दुर्लभ है निष्ठावान् कार्यकर्ताओं का जोश, जिससे गोविंद बल्ल्भ पंत जैसों का सृजन होता है। जो भी हो, मैं ऐसा ही महसूस करता हूँ। यदि सभी मुद्दों की समीक्षा किए बिना ही विचार प्रकट किए जाते हैं और निर्णय लिये जाते हैं तो कांग्रेस संगठन मजबूत नहीं हो सकता। यदि हमारे शीर्ष नेताओं के पास पार्टी के मामलों की समीक्षा और हस्तक्षेप करने के लिए समय नहीं है तो यह अच्छा होगा कि दल के हितों का निर्णय सरकारी सुविधाओं के पक्ष में न किया जाए। बिना प्रारंभिक सुनवाई के किसी मामले में निर्णय लेना संभवत: उचित नहीं है, क्योंकि किसी भी व्यक्ति से, चाहे वह कितना ही बड़ा हो, ऐसे में असावधानी से या लगातार उपेक्षा के कारण गलतियाँ हो सकती हैं।

मेरा दृढ़ विश्वास है कि यदि भविष्य में संकट और अराजकता से देश की रक्षा करनी है तो कांग्रेस संगठन को मजबूत बनाना होगा और इस तथ्य से इनकार नहीं किया जा सकता कि जवाहरलालजी को सर्वमान्य दृष्टिकोण से मामलों को देखना होगा और उन्हें सुलझाने में अपनी पूरी ताकत लगानी होगी। यदि प्रजातंत्र को जीवित रहना है तो हमें आडंबरयुक्त (खोखले) सभी विचारों को त्यागना होगा। मैं अपने से वरिष्ठ लोगों की बात मानने की भावना को समझ सकता हूँ, लेकिन जब छानबीन, आरोप और प्रत्यारोप के प्रश्न सामने हों तो हमारे शीर्ष व्यक्तियों का यह दायित्व बनता है कि इन मामलों का निपटारा ऐसे करें जिससे सामान्य व्यक्ति को यह महसूस न हो कि सबसे बड़े व्यक्ति की जिद या गलत धारणा के कारण न्याय नहीं किया गया। यह गलत प्रक्रिया की शुरुआत होगी और मुझे यह स्पष्टता से कहने की अनुमति दी जाए कि ऐसी शुरुआत 9 जनवरी को की गई। मेरा आपसे निवेदन है कि जो कुछ यहाँ हो रहा है, उसपर निष्पक्ष रूप से विचार करें। कृपया आपने जो वादा किया था, उसे पूरा करें। विचार करें कि क्या 1 जनवरी को बहुसंख्यक समूह द्वारा मुख्य विषय से पूर्ण रूप से असंबद्ध प्रश्नों को उठाना और हमारे शीर्ष नेताओं द्वारा उन्हें इसकी अनुमति देना, जिससे चालाकी से मुख्य प्रश्न को दरकिनार कर दिया जाए, उचित था।

आप जानते हैं, बाद में यहाँ क्या हुआ? आपकी उपस्थिति का फायदा

उठाकर उस दिन ऐसी बातें कही गईं, जो नहीं कही जानी चाहिए थीं। इस कहानी का दूसरा पहलू भी है। इसके शीघ्र बाद ही कार्यपालिका की बैठक हुई। श्री त्रिलोक सिंह[1] के विरुद्ध अनुशासनात्मक कारवाई की गई, जो अल्पसंख्यक समूह के सबसे महत्त्वपूर्ण नेता हैं। प्रसंगवश मैं आपको सूचित कर दूँ कि श्री त्रिलोक सिंह पिछले चुनाव में केवल सात वोटों के अंतर से हार गए थे; इसलिए यह बेहतर होता कि मामले पर और अधिक विचार किया जाता। यदि अनुशासनात्मक कारवाई करनी ही थी तो ऐसा सभी संबद्ध प्रश्नों की गहन समीक्षा करने के बाद और दोनों समूहों को धैर्यपूर्वक सुनने के बाद करना चाहिए था। संभवतः तब कोई हल निकल आता।

मैं आपके द्वारा स्थिति का हल ढूढ़ने के प्रति अभी भी आशावान् हूँ। यदि आप चाहें तो जवाहरलालजी से बात कर लें और यदि आप और वे उचित समझें कि उत्तर प्रदेश के मामले में हस्तक्षेप करना जरूरी है, तो ऐसा 1 फरवरी तक कर लें।

कांग्रेस संगठन के हित ने मुझे यह पत्र इतनी साफगोई से लिखने के लिए बाध्य किया और मुझे विश्वास है कि आप इसे अन्यथा नहीं लेंगे।

मैं आपसे मिलने को उत्सुक हूँ और यदि आप मेरे लिए कोई समय निश्चित कर सकें तो मैं दिल्ली पहुँच जाऊँगा।

आदर एवं शुभकामनाओं सहित,

भवदीय

के.डी. मालवीय[2]

माननीय सरदार वल्लभभाई पटेल
उपप्रधानमंत्री,
नई दिल्ली

---

1. श्री त्रिलोक सिंह—1928 में लीग और भारतीय राष्ट्रीय कांग्रेस में शामिल हुए; 1939 में जिला बोर्ड लखनऊ के अध्यक्ष रहे; 1946 और 1957 में उ.प्र. विधानसभा के सदस्य; 1950 में जन कांग्रेस बनाई; 1950-52 में विपक्ष के नेता, उ.प्र.।
2. के.डी. मालवीय—महासचिव, उ.प्र. कांग्रेस कमेटी; 1946-51 सदस्य उ.प्र. विधानसभा; 1952 सदस्य लोकसभा; 1952 में भारत सरकार में शिक्षा एवं प्राकृतिक संसाधन एवं वैज्ञानिक अनुसंधान मंत्रालय में संसदीस सचिव; 1954 में प्राकृतिक संसाधन एवं वैज्ञानिक अनुसंधान मंत्रालय में उप-मंत्री; 1957-63 में खान एवं तेल मंत्री।

28

सरदार पटेल द्वारा के.डी. मालवीय को उनकी साफगोई की प्रशंसा करते हुए लिखा पत्र

नई दिल्ली

29 जनवरी, 1950

प्रिय मालवीय,

आपका 24 जनवरी का पत्र, जो मुझे कल ही प्राप्त हुआ, इसके लिए आपका धन्यवाद। व्यस्तता के कारण मैं आज सुबह आपका पत्र पढ़ सका और मैं उसका उत्तर शीघ्रातिशीघ्र भेज रहा हूँ। गणतंत्र दिवस पर आपकी बधाई के लिए बहुत-बहुत धन्यवाद। मैं भी आपको हार्दिक बधाई देता हूँ। मेरे बारे में इतनी अच्छी बातें कहने से आपकी अच्छाई प्रकट होती है। मेरी इच्छा है कि शेष कुछ वर्षों में मैं कांग्रेस संगठन का वैसी ही निष्ठा और विश्वास के साथ पुनः सृजन कर सकूँ जैसा कि हम सब कुछ समय पहले कर रहे थे।

मैं स्वयं स्पष्टवादी हूँ और आपकी स्पष्टवादिता की प्रशंसा करता हूँ। मुझे इस बात का अफसोस है कि मेरे बयान पर मुझे लिखने का निश्चय करने के लिए आपको एक पखवाड़ा लग गया। यदि आपने पहले लिखा होता तो मुझे आपकी कुछ गलतफहमियों को दूर करने का अवसर मिल गया होता, जो आपको मेरे 10 जनवरी के बयान के बारे में लगीं। तथापि मैं आपको विश्वास दिलाता हूँ कि जो कुछ मैं आपको लिख रहा हूँ, इसके पीछे रोष या क्रोध न होकर उस दृष्टिकोण का सच्चा आकलन है, जो आपने साफगोई से मेरे समक्ष रखा है।

मैं आपको स्पष्टतः कह सकता हूँ कि मैंने अपने बयान को दोबारा पढ़ा और मुझे इसमें ऐसी कोई बात नजर नहीं आई जिसपर किसी तर्कसंगत एवं बिना पूर्वग्रहवाले व्यक्ति को आपत्ति हो। अपने वक्तव्य के आरंभ में ही मैंने मतभेदों को आपसी सामंजस्य से हल करने की आवश्यकता बताई थी। मैंने इन मामलों को दल के नेता पर छोड़ने की सामान्य परंपरा पर जोर दिया। तथापि जब किसी कारणवश आपसी सामंजस्य संभव न हो या दल के नेता पर मामले को छोड़ना संभव न हो, तो ऐसी स्थिति में बहुमत के निर्णय से नहीं बचा जा सकता। एक बार इस प्रकार निर्णय लिया जाता है तो एक अनुशासनात्मक संगठन के नाते इस संगठन के प्रत्येक सदस्य का यह कर्तव्य हो जाता है कि वह उन निर्णयों पर अमल करे। फिर भी बहुमत निर्णयों पर किसी को आत्मिक आपत्ति है तथा इस हद तक है कि वह संगठन में स्वयं को अनुपयुक्त पा रहा है, तो

उसका स्वयं के प्रति, अपनी आत्मा के प्रति, अपने संगठन के प्रति जिम्मेदारी बनती है कि वह बाहर हो जाए। मैं आपसे एक बार फिर पूछना चाहूँगा कि आप मुझे बताइए कि ऊपर जो मैंने तर्क दिए हैं, उनमें आपको कोई कमी नजर आती है।

मुझे आपके इस परोक्ष संकेत से कष्ट हुआ कि मेरी राय के पीछे पंतजी के प्रति मेरा आदर और स्नेह था। मेरे वक्तव्य में व्यक्तिगत मुलाहजे का कोई संदर्भ नहीं निकाला जा सकता। इस बिंदु पर मैं किसी भी तर्कसंगत व्यक्ति को चुनौती देने को तैयार हूँ। मुझे आशा है कि आप मेरे बयान को इसी रोशनी में स्वीकार करेंगे और वैसे ही पढ़ेंगे। मैं अपने बयान का समर्थन करता हूँ और अनेक बार इसे सही ठहरा सकता हूँ।

निःसंदेह 9 जनवरी को जो कुछ हुआ, उसके बारे में मैं कुछ नहीं कहना चाहूँगा। यह इतनी दुःख भरी और कष्टदायक कहानी है कि मैं इसे दोहराने के लिए स्वयं को तैयार नहीं कर सकता। फिर भी मैं एक बात कहना चाहूँगा, यह सच है कि मैंने आपके मामले को दल के नेता पर छोड़ने की सलाह दी थी, और मैं पंतजी को यह मानने के लिए राजी कर लेता। परंतु मेरे हाथ 'नेशनल हेराल्ड' में छपे उस व्यंग्य चित्र के कारण बँधे थे, जिसमें खुले तौर पर यह आरोप लगाया गया था कि उत्तर प्रदेश में कांग्रेस संगठन का नेतृत्व एक दुश्चरित्र व्यक्ति को चुनकर सत्ता में बने रहने देना चाहता है। एक ऐसे महत्त्वपूर्ण संबंधवाले अंग द्वारा ऐसे आरोप लगाने के कारण आप जानते हैं, मैं पंतजी को इस पद को स्वीकार करने की अनिच्छा को समझ सकता हूँ और इसी वजह से 'नेशनल हेराल्ड' का विचार-विमर्श प्रासंगिक हो गया।

फिर भी मैं आपके पत्र के व्यावहारिक अंश को लेता हूँ। मैं नहीं जानता कि आप मुझसे या जवाहरलाल या दोनों से उत्तर प्रदेश के मामलों में किस प्रकार के हस्तक्षेप की अपेक्षा करते हैं। उन मामलों में मैंने चिंता अपनी 10 जनवरी के अपने वक्तव्य में पूरी तरह से और सच्चाई से जाहिर की है। मेरे दिमाग में यह अभी भी भरा हुआ है। इसी कारण से मैं आपसे मिलना चाहूँगा, जिसके लिए आपने भी उत्सुकता दिखाई है। मैं 31 तारीख का सुझाव देता हूँ। आप इस संबंध में शंकर से कल फोन पर बात कर सकते हैं और समय निर्धारित कर सकते हैं।

विनम्र शुभकामनाओं सहित,

भवदीय
वल्लभभाई पटेल

माननीय पं. केशवदेव मालवीय
विकास एवं उद्योग मंत्री,
लखनऊ

29

कांग्रेस अध्यक्ष के चुनाव के संबंध में पं. नेहरू द्वारा पुरुषोत्तमदास टंडन को लिखा पत्र

8 अगस्त, 1950

पिछले कुछ समय से मैं कांग्रेस अध्यक्ष के पद को लेकर बहुत परेशान हूँ। निःसंदेह हम सबने इस पर विचार-विमर्श किया। मुझे किसी चुनाव में उलझना पसंद नहीं है और मेरी रुचि मात्र इसमें है कि एक मजबूत और असरदार अध्यक्ष चुना जाना चाहिए। कांग्रेस की स्थिति खराब है; यदि इसके कायाकल्प के लिए कुछ कदम नहीं उठाए गए तो यह लुप्त हो जाएगी। ऐसा लगता है कि इसकी आंतरिक शक्ति कमजोर हो गई है, जो पहले इसके पास थी। हमारी मुख्य चिंता इसमें व्याप्त धड़ेबाजी, स्थिति तथा स्थान के लिए दाँवपेंच करने के विषय में है। इस महान् संगठन को इस प्रकार संकीर्णता से कार्य करते हुए देखकर मुझे बहुत दुःख होता है।

हालाँकि जिस समस्या से मैं परेशान हूँ वह कुछ अलग है। आप अध्यक्ष पद के एक प्रत्याशी थे और कुछ अन्य पुराने सहयोगी भी (उम्मीदवार) थे। इनमें से अधिकांश हमारे पुराने साथी हैं और आप सबसे पुराने। आपके प्रति मेरा स्नेह और आपकी निष्ठा के प्रति मेरा आदर, आपको बताने की मुझे जरूरत नहीं है। फिर भी मैं कष्ट में हूँ और दुःखी हूँ। यह हमारा दुर्भाग्य है कि पिछले दो-तीन सालों में हम कुछ हद तक दिशा से भटक गए हैं। मैं कभी-कभी होनेवाली बैठकों का जिक्र नहीं कर रहा हूँ, बल्कि जिस तरह हमारे दिमाग काम कर रहे हैं, उधर इशारा कर रहा हूँ। शायद आप सोचते होंगे कि जो मैं कहता हूँ या करता हूँ, वह गलत है। जहाँ तक मेरा संबंध है, मैंने आपके भाषणों को पढ़कर अकसर आश्चर्य और दुःख अनुभव किया और यह कि आप भारत में उन शक्तियों को प्रोत्साहित कर रहे थे जो नुकसानदायक हैं।

भारत में बड़ी-बड़ी अनेक समस्याएँ हैं, लेकिन मैं महसूस करता हूँ कि उनमें सबसे महत्त्वपूर्ण है कांग्रेस के मूलभूत आदर्शों की रक्षा, जैसी पहले होती थी। इनमें से आज सर्वोच्च महत्त्व का आदर्श है सांप्रदायिकता से संघर्ष। मैं देख रहा हूँ कि यह सांप्रदायिकता की भावना बढ़ रही है। भारत में यह फल-फूल रही है और पुनर्जीवित हो रही है। मैं जानता हूँ, जो कुछ पाकिस्तान में हुआ यह उसकी भारत में प्रतिक्रिया है। लेकिन यह एक आंशिक कारण है, इससे बात नहीं बनती। इससे हमारी जनता में असहिष्णुता, संकीर्णता और क्षुद्रता पैदा हो गई है। मुझे डर है

कि यदि भारत की यही कार्य–प्रणाली रही तो वह कभी उन्नतिं नहीं कर पाएगा।

आपके द्वारा शरणार्थी सम्मेलन की दिल्ली में अध्यक्षता किए जाने से भी मुझे दुःख हुआ, क्योंकि शरणार्थी सम्मेलन में जो विचार व्यक्त किए गए, वह मुझे अत्यंत असहिष्णुता, सांप्रदायिक एवं अव्यवहार्य लगे। हम सबकी इच्छा शरणार्थियों को उनके पुनर्वास में मदद करने की है, और शायद जितना किया जाना चाहिए था उतना हम नहीं कर सके; लेकिन हमें गलत दिशा में नहीं जाना चाहिए। मेरा विचार है कि आज इस देश में मुख्य मुद्दा है कि यदि इसे आगे बढ़ना है और संगठित् रहना है तो अपने अल्पसंख्यकों की समस्याओं को संतोषजनक ढंग से हल करना होगा। इसके बजाय हम अपने अल्पसंख्यकों के प्रति और असहिष्णु होते जा रहे हैं और सफाई में कहते हैं कि पाकिस्तान बुरा व्यवहार करता है। पाकिस्तान में क्या होता है वह हमारी मुख्य समस्या नहीं है। लेकिन मेरी चिंता का विषय है कि हिंदुस्तान में क्या होता है और जीवन के कुछ मूलभूत क्षेत्रों में यह गिरावट देखकर मुझे कष्ट हो रहा है।

दुर्भाग्यवश, भारत की विशाल जनता के समक्ष आप एक प्रकार के सांप्रदायिक एवं पुनर्जागरणवाद के दृष्टिकोण के प्रतीक बन गए हैं और मेरे दिमाग में एक सवाल उठता है। क्या कांग्रेस भी उसी रास्ते पर जा रही है? यदि ऐसा है तो मैं इस तसवीर में कहाँ हूँ। क्या यह कांग्रेस है या यह सरकार कांग्रेस द्वारा चलाई जा रही है? इस प्रकार यह बृहत् प्रश्न मेरी स्वयं की गतिविधियों से जुड़ जाता है।

मैं कांग्रेस अध्यक्ष पद पर आपके चुनाव का सहर्ष स्वागत करता, लेकिन जब मैं इस विषय पर तटस्थता से और बड़े पैमाने पर विचार करता हूँ तो महसूस करता हूँ कि इस चुनाव से भारत में कुछ शक्तियों को प्रोत्साहन मिलेगा, जिन्हें मैं हानिकारक समझता हूँ। यही मेरी मुश्किल है और यही मेरा दुःख है।

इस प्रश्न का एक और पहलू मेरे समक्ष है। क्या मैं इस सब पर चुप्पी साधे रहूँ या मैं किसी अन्य रूप में अपने विचार व्यक्त करूँ? मेरी पहली प्रतिक्रिया चुप रहने की थी। लेकिन जितना अधिक इस पर मैंने विचार किया, उतना ही मुझे महसूस होने लगा कि ऐसा करना मेरे लिए, देश कि लिए तथा दूसरे लोगों के लिए हितकर नहीं होगा। हम इस प्रकार अपने सार्वजनिक जीवन का निर्माण नहीं कर सकते और यदि बाद में मुझे अपने विचार व्यक्त करने पड़े तो क्या लोग यह नहीं कहेंगे कि मुझे पहले पड़ाव में चुप्पी नहीं साधनी चाहिए थी। इसलिए मैं महसूस करता हूँ कि चुनाव होने से पहले ही मैं किसी–न–किसी रूप में अपने विचार व्यक्त करूँ।

कुछ लोगों ने मेरी जानकारी के बिना अध्यक्ष पद के लिए मेरा नाम आगे बढ़ा दिया है। मेरा पूरी तरह से यह मानना था कि जब तक मैं प्रधानमंत्री बना रहता हूँ मेरे लिए इस महान् सम्मान एवं उत्तरदायित्व के पद को स्वीकार करना अनुचित होगा। वह केवल एक खानापूर्ति होगी तथा उसका कोई वास्तविक अर्थ नहीं होगा।

मैं आज आपको लिख रहा हूँ, क्योंकि मेरा यह दायित्व है कि मैं आपको बताऊँ कि मुझे कैसा महसूस हो रहा है। राजनीतिक एवं मुख्य समस्याओं के प्रति हमारे नजरिए में मतभेद होने के बावजूद मुझे आशा है कि एक-दूसरे के प्रति हमारे स्नेह व मित्रता पर इसका कोई प्रभाव नहीं पड़ेगा।

30

सरदार पटेल द्वारा पुरुषोत्तमदास टंडन के संबंध में पं. नेहरू को लिखा पत्र

9 अगस्त, 1950

आपके 8 अगस्त के पत्र, जिसके साथ आपने टंडनजी को आप द्वारा लिखे गए पत्र की प्रति संलग्न की है, के लिए धन्यवाद।

मैंने एक-दो बार इस विषय पर आपके दृष्टिकोण के बारे में आपसे चर्चा की है तथा इसपर मेरी प्रतिक्रिया से भी आप परिचित हैं, जिसका आपने जिक्र किया है। आपने जो पत्र टंडनजी को लिखा हैं उससे मुझे गहरा दुःख पहुँचा। टंडनजी पिछले 30 वर्षों से आपके निकट और प्रिय रहे हैं। उत्तर प्रदेश के कांग्रेस संगठन में उनकी स्थिति और प्रभाव ऊँचा और अद्वितीय रहा है। प्रांत के कांग्रेस के मामलों में उन्हें सदैव आपका सहयोग व समर्थन प्राप्त रहा। उन्हें प्रांत में ही नहीं, बल्कि पूरे भारत में अत्यंत उच्च सम्मान प्राप्त है, इससे इनकार नहीं किया जा सकता। मैं जानता हूँ कि उन्हें आपके प्रति गहरा स्नेह है। गत जनवरी को 'अभिनंदन ग्रंथ' समर्पित करने के अवसर पर यह स्नेह उन्मुक्त रूप से प्रकट किया गया और इस ग्रंथ के संकलन में उनकी बड़ी भूमिका थी। मैं इस तथ्य को भी जानता हूँ कि टंडनजी ने उनके समक्ष आपके प्रति की गई अपमानजनक टिप्पणी को कभी बरदाश्त नहीं किया। इस सबके बावजूद आपके तथा उनके बीच खाई बन गई है। इतनी चौड़ी खाई उस समय खुलकर प्रकट हुई है, जब टंडनजी को उनकी कांग्रेस के प्रति लंबी एवं प्रतिष्ठित सेवाओं के पुरस्कार का न्यायपूर्ण दावा करने का समय आया है—इससे मुझे बहुत दुःख पहुँचा है।

आपने टंडनजी को लिखे पत्र में शरणार्थी सम्मेलन की अध्यक्षता का जिक्र किया है। मुझे टंडनजी ने सम्मेलन के लिए यहाँ पहुँचने पर बताया कि उन्होंने यह प्रतिबद्धता चार महीने पूर्व ही स्वीकार कर ली थी।

सरकारी और गैर-सरकारी स्रोतों से मिली सूचनाओं के आधार पर मैं इस तथ्य से अवगत हूँ कि टंडनजी की उपस्थिति ने शरणार्थी सम्मेलन पर एक महान् नियंत्रित प्रभाव बनाए रखा। उन्होंने आप पर या कांग्रेस पर लगाई गई सभी अपमानजनक टिप्पणियों को मजबूती से दबा दिया। कुछ अतिवादी माँगां को पास किए जाने पर जोर दिए जाने की स्थिति में उन्होंने सम्मेलन में अध्यक्षता से त्यागपत्र देने और वाक आउट करने की धमकी तक दी। निःसंदेह शरणार्थी कड़ुवाहट से भरे और भ्रमित हैं। हम इस तथ्य की उपेक्षा नहीं कर सकते। उनके भीतर बहुत विस्फोटक विचार-सामग्री भरी हुई है। हमें हमेशा यह याद रखना होगा। उनके बीच अतिवाद लोकप्रिय है। यह हमारे लिए एक चेतावनी है। इस सबके बावजूद टंडनजी शरणार्थियों की माँगों को अपनी उपस्थिति द्वारा संयमित करने में सफल रहे। मैं महसूस करता हूँ कि हमें सम्मेलन में उनकी अध्यक्षता चाहे जितनी नापसंद हो, यह तथ्य स्वीकार करने से उनके प्रति न्याय हो पाएगा। सम्मेलन में जो विचार व्यक्त किए गए वे अधिकांश जनता के ही विचार थे। उन विचारों को कोई कुचल नहीं सकता तथा उन विचारों की अभिव्यक्ति की जिम्मेदारी किसी एक व्यक्ति पर नहीं डाली जा सकती। मैं यह आपको इसलिए बता रहा हूँ, जिससे टंडनजी की सम्मेलन में उपस्थिति का एक पहलू आपके समक्ष प्रस्तुत करूँ, क्योंकि उनके प्रति न्याय करने हेतु आपको इसमें जानकारी दी जानी चाहिए।

मुझे आश्चर्य है कि आपने दूसरे पहलू के विषय में टंडनजी को लिखा है तथा उनके प्रति आपके स्नेह के बावजूद आपने व्यक्तिगत प्रभाव का प्रयोग नहीं किया और न ही उनकी गलतियों की व्यक्तिगत रूप से उनसे चर्चा की, जिससे आप उनसे अपनी बात मनवा सकते। कुछ लोगों को यह अजीब लग सकता है कि उनकी उम्मीदवारी के समय ही बातें उठाई जा रही हैं, जबकि इस समस्या की जड़ें बहुत गहरी हैं।

अतः मैं अभी भी यह सुझाव दूँगा कि इससे पहले कि आप कोई धारणा बनाएँ, आप टंडनजी को बुलाकर खुले दिल से बात कर लें। इस भेंट से संभव है कि टंडनजी आपकी बात बेहतर ढंग से समझ सकें तथा आप उन्हें समझा सकें कि उनका रवैया किस प्रकार नुकसानदेह है और जैसा आप कहते हैं कि 'कांग्रेस के मूलभूत सिद्धांतों के विरुद्ध' है। मैं स्वयं यह महसूस करता हूँ कि इस मामले को

पत्राचार द्वारा निपटाना उस आत्मीयता के विरुद्ध होगा जो आपके और टंडनजी के बीच है।

31

पुरुषोत्तमदास टंडन के साथ मतभेद के बारे में पं. नेहरू द्वारा सरदार पटेल को लिखा पत्र

9 अगस्त, 1950

आपके, टंडनजी के और मेरे द्वारा उन्हें लिखे गए पत्र के बारे में 9 अगस्त के पत्र के लिए धन्यवाद।

जो कुछ आप कहते हैं मैं अधिकांशतः उससे पूरी तरह सहमत हूँ। मैं टंडनजी को 30 वर्षों से नहीं 50 वर्षों से जानता हूँ—जब मैं छोटा बालक ही था। हम अभी भी एक-दूसरे से बहुत स्नेह करते हैं। हम अकसर सार्वजनिक मामलों में मतभेद रखते थे तथा उनके बारे में बहस करते थे, लेकिन हमारे सर्वोपरि उद्‌देश्य के कारण हमारा साथ बना रहा। हालाँकि पिछले तीन वर्षों में कुछ प्रश्न सामने आए हैं और मतभेद बढ़ गए हैं। मैंने उनसे कई बार अनेक विषयों पर चर्चाएँ कीं, हालाँकि अभी हाल में नहीं की हैं। हम एक-दूसरे को अच्छी तरह समझते हैं और दुर्भाग्य से हम जानते हैं कि हममें मतभेद है। कुछ हद तक इसी कारण से मैंने उत्तर प्रदेश कांग्रेस के मामलों में भाग लेना छोड़ दिया है। मैंने टंडनजी की उपस्थिति में उत्तर प्रदेश प्रांतीय कांग्रेस समिति, उत्तर प्रदेश में प्रांतीय सम्मेलनों में और कार्यकर्ताओं की गैर-सार्वजनिक बैठकों में अपने विचार बहुत स्वतंत्र रूप से व्यक्त किए हैं। वह समझते हैं कि मैं गलत हूँ और मैं सोचता हूँ कि उनका रवैया गलत है या वे गलत नीति अपना रहे हैं। संवैधानिक सभा में भाषा पर बहस के समय उनके सामान्य रवैए से मुझे बहुत कष्ट हुआ। हमने स्पष्ट रूप से एक-दूसरे का विरोध किया। यह भाषा का प्रश्न नहीं था, बल्कि रवैए का प्रश्न था।

पिछले कांग्रेस चुनाव के समय मैं हिंदुस्तान में नहीं था तथा मैंने इसमें बिलकुल भाग नहीं लिया; परंतु पिछले चुनाव से बहुत पहले जब मेरे उत्तर प्रदेश के एक-दो मित्रों ने, जो टंडनजी और मेरे साझा मित्र थे, मुझसे जानना चाहा तो मैंने उन्हें बताया कि मैं टंडनजी का बहुत आदर करता हूँ, परंतु उनकी नीतियों की वजह से मेरे लिए उन्हें वोट देना संभव नहीं होगा। उन्होंने अपने अनेक भाषणों में अनेक प्रकार से कांग्रेस सरकार की नीतियों की निंदा की है।

मुझे इसमें कोई संदेह नहीं है कि टंडनजी ने शरणार्थी सम्मेलन में अच्छा प्रभाव डाला। फिर भी उनकी उपस्थिति एवं अध्यक्षता से सम्मेलन को एक महत्त्व और प्रतिष्ठा मिली तथा सम्मेलन में लिये गए निर्णय पूरी तरह आपत्तिजनक थे। अन्य निर्णयों के अतिरिक्त उन्होंने कुछ समय पश्चात् कुछ काररवाई करने की धमकी दी है।

हम कठिन समस्याओं से जूझ रहे हैं और कांग्रेस का मस्तिष्क असमंजस में है। मेरे विचार में वह गलत दिशा की ओर बढ़ रहा है। संसद् में बंगाल की स्थिति पर हुए दो दिवसीय विचार-विमर्श से यह स्पष्ट हो गया है। उस बहस ने अधिकतर शरणार्थी सम्मेलन में लिये गए निर्णयों की ओर अपना रुख किया। मैंने इन मुद्दों पर जोरदार ढंग से अपने विचार रखे। मेरे विचार में यह विशेष रवैया भारत के लिए घातक होगा।

हम सार्वजनिक नीतियों के रास्ते में व्यक्तिगत विचारों को बाधक बनने की अनुमति नहीं दे सकते। मुझे ऐसा लगता है कि आज सबसे महत्त्वपूर्ण बात यह है कि कांग्रेस में इस आंतरिक क्षय को रोका जाए। अगर यह जारी रहा तो कांग्रेस और इस देश के लिए कोई आशा शेष नहीं रहेगी। जनता के दिमाग में कोई शक नहीं है कि टंडनजी द्वारा कांग्रेस को यह नया मोड़ दिया जा रहा है। जब हम यह जान रहे हैं कि गलत किया जा रहा है, तब क्या हम चुप बैठ सकते हैं? कांग्रेस का और पूरे देश का भविष्य खतरे में है।

मुझे किसी भी समय टंडनजी से बात करने में खुशी होगी। मैं नहीं समझता कि जहाँ तक तथ्यों का संबंध है, उनके और मेरे बीच कोई गलतफहमी है। यह मूलभूत नीतियों की बात है, जिनके बारे में मैं लंबे अनुभव से जानता हूँ कि इसपर मतभेद है। मुझे आशा नहीं है कि मैं उनके मूलभूत दृष्टिकोण को बदल सकूँगा और न ही वे मेरे दृष्टिकोण को बदल सकेंगे। फिर भी हमें मीटिंग रखने में और चर्चा करने में कोई दिक्कत नहीं है। मैं उस दिन उनसे इलाहाबाद में मिला था। मैंने गंभीरता से उनसे अलग से बात नहीं की। हम दूसरों से मिले और मैंने कार्यकर्ताओं को संबोधित किया, जिसमें वे भी उपस्थित थे।

मैं समझता हूँ कि राष्ट्रीय मामलों की इस संकट की घड़ी में हमें जनता को अगुवाई करने देनी चाहिए। भ्रम की स्थिति का बने रहना ठीक नहीं है। संबंधित दृष्टिकोण संक्षिप्त एवं स्पष्ट रूप में प्रस्तुत किए जाने चाहिए, जिससे जनता का दिमाग काम कर सके और निर्णय ले सके। मैं नहीं समझता कि मैं उनकी उपेक्षा कैसे कर सकता हूँ।

मैंने एक वक्तव्य का मसौदा तैयार किया है, जो मैं आपको भेज रहा हूँ।

32

पुरुषोत्तमदास टंडन का समर्थन करते हुए सरदार पटेल द्वारा पं. नेहरू को लिखा पत्र

10 अगस्त, 1950

आपके 9 अगस्त के पत्र के लिए बहुत-बहुत धन्यवाद!

मैंने आपके वक्तव्य का प्रालेख देखा और इसकी विषयवस्तु पर मेरी कोई टिप्पणी नहीं है। लेकिन मैं आपको मनाने का एक और प्रयत्न करना चाहता हूँ कि आप इसे (वक्तव्य को) अपनी उम्मीदवारी वापस लेने के प्रश्न तक ही सीमित रखें। यह अच्छी बात है कि आपने किसी प्रत्याशी के पक्ष में खुलकर अपनी राय जाहिर नहीं की है। कार्य समिति के सदस्यों के साथ हुई अनौपचारिक वार्त्ता तथा अन्य बातें जो हो रही हैं, के मद्देजनर लोग यह मतलब निकालने को बाध्य होंगे या उन्हें मतलब निकालने को बाध्य किया जाएगा, टंडनजी का विरोध करना है। सर्वप्रथम मैंने पहले ही सुझाव दिया है कि उनकी बात सुने बिना उन्हें अपराधी ठहराना उचित नहीं होगा। दूसरे, उनकी परीक्षा की घड़ी तब आएगी जब नासिक सम्मेलन में पुराने सिद्धांतों और आदर्शों को पुनः स्पष्ट किया जाएगा। वे एक कर्तव्यनिष्ठ व्यक्ति हैं और यदि वे महसूस करते हैं कि अब सिद्धांतों और आदर्शों से उनका तालमेल नहीं बैठता तो वे ऐसा कहने में नहीं हिचकेंगे; लेकिन यदि वह उन्हें स्वीकार करते हैं तो उन्हें उनका निष्ठा के साथ पालन करना होगा और तदनुसार कार्य करना होगा। इस पड़ाव पर अप्रत्यक्ष रूप से उनके खिलाफ कुछ कहना उनके प्रति ही नहीं अपितु उनके लंबे और प्रतिष्ठित कांग्रेस कीर्तिमान के प्रति अन्याय करना होगा, और इस प्रकार यह कार्य, मैं कह सकता हूँ, उलट क्रम का होगा।

मैं जानता हूँ कि इन सिद्धांतों और आदर्शों का आप कितना सम्मान करते हैं। हम सब भी उनका इसी प्रकार आदर करते हैं, लेकिन समय और औचित्य का प्रश्न हमारे सामने है; हमें अपने उद्देश्य की प्राप्ति सूझ-बूझ के साथ करनी है।

किसी प्रकार की कड़वाहट या विवाद पैदा करने से न तो हमें कोई लाभ होगा और न ही हमारे उद्देश्य में सहायता मिलेगी। आवेश और पूर्वग्रह मुद्दे को धुँधला कर देते हैं। चाहे हमें अच्छा लगे या न लगे, व्यक्तित्व यदि भाग लेंगे तो

कानाफूसी और वाद-विवाद होगा। तब आदर्श और सिद्धांत पृष्ठभूमि में विलुप्त हो जाएँगे; हम दलगत राजनीति को निम्न स्तर पर देखेंगे। दुर्भाग्य से हमारे कुछ सहयोगी इसमें पारंगत हैं। मैं महसूस करता हूँ कि हमें इससे बचना चाहिए। इसलिए मैं पूरी निष्ठा के साथ आपको सुझाव देता हूँ कि आप इन मुद्दों को अभी न उठाएँ, बल्कि अखिल भारतीय कांग्रेस कमेटी के समक्ष उठाएँ। अन्यथा इस बात की पूरी संभावना है कि इन मुद्दों में व्यक्तित्व उलझ जाएँगे। अपने उद्देश्यों की प्राप्ति के लिए जो हमारे दिलों में है, यही रास्ता सर्वोत्तम, सबसे उचित तथा लोकतांत्रिक लगता है।

आशा है, आप मुझसे सहमत होंगे, और यदि हैं तो आप अपने मसौदे के प्रथम दो पैरा ही जारी करें।

33

पुरुषोत्तमदास टंडन के कांग्रेस अध्यक्ष के चुनाव के संबंध में सरदार पटेल द्वारा पं. नेहरू को लिखा पत्र

12 अगस्त, 1950

आपके 11 अगस्त, 1950 के पत्र के लिए आपका धन्यवाद।

मुझे दुःख है कि वक्तव्य के मसौदे के बारे में आप मेरी राय नहीं मान सके, आपकी कठिनाई को मैं समझता हूँ, लेकिन फिर भी, मैं महसूस करता हूँ कि जो सुझाव मैंने दिया था उससे आपके दृष्टिकोण के प्रति भी न्याय हो रहा था। फिर भी, चूँकि आपने वक्तव्य जारी कर दिया है, इसके बारे में और कुछ कहने को नहीं है।

मुझे विश्वास है कि आपने हाउस में चारों ओर से टंडनजी की प्रशंसा के बारे में पढ़ा होगा, जिसमें बागी समूह और मुसलिम विधायक भी शामिल थे, जब उन्होंने अध्यक्ष पद से इस्तीफा दिया, और टंडनजी का वक्तव्य भी पढ़ा होगा। उन्होंने बिलकुल स्पष्ट कर दिया कि कांग्रेस के निर्णयों के संबंध में उनका रवैया सामान्यतः कैसा रहता है। उदाहरण के लिए, उन्होंने कहा कि अध्यक्षता के मुद्दे पर वह कार्य समिति के दृष्टिकोण से सहमत नहीं हैं, फिर भी वह अनुशासनप्रिय हैं। उन्होंने आगे कहा कि लोगों से उनके मतभेद हो सकते हैं, चाहे वह व्यक्ति कितना ही बड़ा हो, परंतु अपने संगठन के दृष्टिकोण से नहीं। इस बात को ध्यान में रखते हुए, जो उन्होंने सार्वजनिक रूप से कहा, मुझे संदेह है कि कांग्रेस के आदर्श और सिद्धांतों के अनुरूप स्वयं को ढालने में उनके असमर्थ रहने का हमारा डर न्यायोचित

है; और इस प्रकार के भय का मतलब मामले में पहले से ही निर्णय लेना होगा। यह आशंका मैंने आपसे पहले भी जताई थी और इसलिए मैंने महसूस किया था कि कांग्रेस की नीतियों एवं आदर्शों पर वक्तव्य जारी करने का सही समय नासिक कांग्रेस के समय होगा।

टंडनजी ने उत्तर प्रदेश विधानसभा में जो कुछ कहा उससे मेरे दृष्टिकोण की पुष्टि होती है। मैं समझता हूँ कि आपको कांग्रेस कार्य समिति के सदस्य बने रहने और यहाँ तक कि सरकार में बने रहने में कठिनाई के प्रति आशंकित नहीं होना चाहिए। अध्यक्ष हमेशा किसी की पसंद का नहीं हो सकता। हमें पहले भी इस प्रकार के अध्यक्षों के साथ काम करना पड़ा है। मुझे कोई संदेह नहीं है कि इसमें कोई दिक्कत पेश आएगी। मैं ऐसे अध्यक्ष के बारे में कल्पना नहीं कर सकता, जो इस बारे में परेशानियाँ खड़ी करेगा। अध्यक्ष को नियत सिद्धांतों और कार्यक्रम के अनुसार कार्य करना होता है या फिर पद छोड़ना होता है। यदि टंडनजी चुने जाते हैं तो मैं नहीं समझता कि बादवाली स्थिति आएगी। वह स्वयं इतने अनुशासनप्रिय हैं कि ऐसी समस्या पैदा ही नहीं होगी। इसलिए उनके चुने जाने पर किसी विशेष योजना पर अपना ध्यान केंद्रित करना जल्दबाजी होगी। मैं यह नहीं मान सकता हूँ कि वह कांग्रेस के आदर्शों व सिद्धांतों से टकराव की नीति अपनाएँगे। हमें प्रतीक्षा करनी चाहिए।

34

नासिक में कांग्रेस अध्यक्ष के चुनाव के संबंध में सरदार पटेल द्वारा पं. नेहरू को लिखा पत्र

27 अगस्त, 1950

आपके 26 तारीख के पत्र के लिए धन्यवाद। कल जब आपने मुझसे और राजाजी से विदा ली तो मुझे लगा कि आप आश्वस्त हो गए हैं। मुझे यह जानकर दु:ख हुआ कि ऐसा नहीं था और आपकी व्यथा अभी विद्यमान है। इतने विलंब के चरण में कुछ न कर पाने की मेरी असमर्थता के कारण मेरे ऊपर भारी बोझ बढ़ता जा रहा है।

कल की वार्ता से पहले, एक तो देहरादून में टंडनजी के सवाल पर आपसे विस्तृत बात हुई थी और दूसरी यहाँ, जब आपने कांग्रेस कार्य समिति की अनौपचारिक बैठक बुलाई थी। हमारे बीच कुछ पत्राचार भी हुआ था। इन वार्ताओं के दौरान और

पत्राचार में आपके त्यागपत्र का जिक्र 11 अगस्त को किया गया, जब आपने कहा था कि 'जैसा कि मैंने आपको बताया है कि मुझे कांग्रेस कार्य समिति का सदस्य बने रहने में और यहाँ तक कि सरकार में बने रहने में कठिनाई हो सकती है।' 12 तारीख के अपने पत्र में उत्तर देते हुए मैंने आपको यह बताने की कोशिश की थी कि इस सवाल पर आपकी आशंकाएँ समय से पूर्व हैं और नासिक कांग्रेस में, न कि अध्यक्षीय चुनाव के समय, इसकी परीक्षा की जानी चाहिए।

जहाँ तक आपके टंडनजी के साथ 8 अगस्त के पत्राचार का संबंध है, जिसकी एक प्रति आपने मुझे भेजी थी, उसमें आपने उनके चुने जाने पर अपना इस्तीफा देने की मंशा का कोई जिक्र नहीं है। यह अपने दृष्टिकोण को व्यक्त करने की आवश्यकता तक ही सीमित है। वास्तव में, टंडनजी को लिखे अपने 13 अगस्त के पत्र में, जिसकी प्रति आपने मुझे भेजी थी, आपने कहा था कि आप विभिन्न मुद्दों पर उनसे बात करना चाहेंगे या उन्हें लिखेंगे। इसी बीच आपने प्रेस में अपना वक्तव्य जारी कर दिया और टंडनजी के बारे में हम दोनों के बीच जो पत्राचार हुआ और मेरी राजाजी से जो बातचीत हुई, उस सबसे मुझे ऐसा लगा, जैसा राजाजी ने भी महसूस किया, कि आप नासिक कांग्रेस की प्रतीक्षा करेंगे और उस समय तक कोई निर्णयात्मक कदम नहीं उठाएँगे। इसी कारण से आपके 25 तारीख के पत्र से मुझे दुःख हुआ। मेरे 12 तारीख के पिछले पत्र और आपके 25 तारीख के पत्र के दौरान इस विषय पर आपने कभी मेरी राय नहीं माँगी और इसलिए आपके रवैए में या वरीयता में हुए परिवर्तन को जानने का मुझे मौका नहीं मिला।

टंडनजी के बारे में अन्य प्रत्याशियों की तुलना में, उनके प्रति मेरी अभिरुचि के अतिरिक्त आपके और मेरे विचारों में यह अंतर है कि मैं उन्हें एक मौका देना चाहता हूँ और यदि वह नासिक कांग्रेस में किए जानेवाले निर्णयों के अनुरूप सामंजस्य नहीं बैठा पाते तो निस्संदेह उन्हें जाना होगा। आपके हटने का कोई प्रश्न ही नहीं है। इसके विपरीत, आप अभी से उन पर दोषारोपण कर रहे हैं और महसूस करते हैं कि उनके चुने जाने का मतलब आपकी नीतियों की हार होगी, इत्यादि। मेरे विचार में बादवाली बात मुद्दा नहीं है, क्योंकि कांग्रेस द्वारा पूर्व में लिये गए निर्णय और नीतियाँ सभी अध्यक्षीय उम्मीदवारों को बाध्य करती हैं, और अध्यक्ष भी इनसे उतना ही बँधे रहते हैं जितना कि कांग्रेस का एक साधारण सदस्य। यह बड़ा अजीब लगता है—कृपलानी के अपने दृष्टिकोण से मिलता-जुलता, जैसा कि उनके वक्तव्य की संलग्न प्रति (छपी नहीं), जो कुछ दिन पूर्व प्रकाशित हुई, से स्पष्ट है।

जहाँ तक उम्मीदवारों की बात है, आप और मैं देहरादून में सहमत थे कि

कृपलानी का प्रश्न ही नहीं उठता। मैंने व्यक्तिगत कारणों से टंडनजी का पक्ष लिया और शंकरराव देव को वरीयता नहीं दी। आपने टंडनजी का विरोध किया और शंकरराव का 'अपेक्षाकृत कम बुरा' के सिद्धांत के आधार पर पक्ष लिया। मेरा शुरू से ही यह मानना है कि टंडनजी पर आपका दोषारोपण उचित नहीं है और समय से पूर्व है। आपने मुझे विश्वास में नहीं लिया, जब हाल ही में आपकी वरीयता शंकरराव के स्थान पर कृपलानी के लिए बदल गई। जैसा कि मैंने आपको कल लिखा है, मुझे शुरू में इस पर विश्वास नहीं हुआ, अभी भी मैं विस्मित हूँ, क्योंकि टंडनजी के विरुद्ध आपके दृष्टिकोण के संबंध में, मेरा व्यक्तिगत मानना है कि कृपलानी से आपके विरुद्ध इतनी अधिक विनाशकारी और छिद्रान्वेषी भूमिका निभाई जैसा कि टंडनजी ने कभी नहीं किया। प्रेस में दिया गया उनका भाषण और लेख इसकी पर्याप्त पुष्टि करते हैं।

वास्तव में मैं नहीं जानता कि इस मुकाम पर मैं क्या करूँ, विशेषकर चुनाव की पूर्व संध्या पर। मैंने देहरादून में एक विकल्प के रूप में नाम सुझाया था—राजाजी। उनको अध्यक्ष बनाना संभव था। मानसिक कष्ट की इस स्थिति में मैं एक संयुक्त बयान, जिसका प्रारूप (छपा नहीं) संलग्न है, जारी करना चाहता हूँ, बशर्ते आप उसे अनुमोदित करें। यद्यपि मैं महसूस करता हूँ कि इस मुकाम पर दिए जानेवाले किसी वक्तव्य से, इस तरफ या उस तरफ, गलत मतलब निकाला जा सकता है। मैं यह नुकसान उठाने को तैयार हूँ, यदि इसके द्वारा मैं आपकी आशंकाओं को निर्मूल कर सकूँ।

35

टंडनजी के कांग्रेस अध्यक्ष चुने जाने पर अपने संदेह और आशंकाएँ व्यक्त करते हुए पं. नेहरू द्वारा सरदार पटेल को लिखा पत्र

27-28 अगस्त, 1950

मैं नहीं समझता कि पिछले दो महीनों के या उससे अधिक की घटनाओं पर चर्चा करने से मेरे किसी उपयोगी उद्देश्य की पूर्ति होगी। इन दो महीनों में और उससे पूर्व में भी मेरे दिमाग में कोई शंका नहीं थी कि टंडनजी का निर्वाचन कांग्रेस और देश के लिए बुरा होगा, उसका विरोध किया जाना चाहिए। जब भी मौका मिला, मैंने यह स्पष्ट किया। आगे मैंने आज की घटनाओं के विशेष संदर्भ में स्पष्ट किया कि उनके निर्वाचन से मेरी स्थिति प्रभावित होगी तथा कार्य समिति

में बने रहना मेरे लिए मुश्किल होगा और इसे स्पष्ट करने के लिए कार्य समिति की बैठक बुलाई गई। मैंने स्पष्ट रूप से उन्हें बता दिया और किसी के दिमाग में कोई शक नहीं छोड़ा।

मुझे दुःख है कि मैं आपके दिमाग में स्पष्ट छाप न छोड़ सका। चूँकि मामला नाजुक था और दुर्भाग्य से इस पर हमारे बीच मतभेद हैं, इसलिए मैंने इसे दोहराना ठीक नहीं समझा। मेरे विचार में आपको अपनी स्थिति स्पष्ट करने के बाद इसे बार-बार बताने की आवश्यकता नहीं थी।

यह सच है कि मैं नासिक कांग्रेस तक प्रतीक्षा करने को तैयार था, लेकिन मैंने दूसरी तरह से ऐसा किया, वैसे नहीं जैसा आप चाहते थे। मेरे लिए इसका मतलब अपने निर्णय की घोषणा को स्थगित करना था, उसे बदलना कांग्रेस के प्रस्ताव की प्रतीक्षा करना नहीं था। मेरा निर्णय था कि यदि टंडनजी अध्यक्ष बनते हैं तो मैं कार्य समिति में कार्य नहीं कर पाऊँगा।

मैं उसी जिद पर अड़ा हूँ; कांग्रेस जो भी निर्णय ले। यह निर्णय दो मुख्य कारणों से लिया गया—टंडन पिछले दो वर्षों से तथा अब भी उस नीति का अनुसरण कर रहे हैं जो मेरे विचार में बिलकुल गलत तथा नुकसानदेह है। उनके निर्वाचन से इस नीति को बल मिलेगा, मुझे इससे पूरी तरह अपने को अलग कर लेना चाहिए। दूसरे, यह चुनाव भिन्न नीतियों के बीच अधिक-से-अधिक टकराव पैदा कर रहा था एवं टंडन एक नीति के प्रतीक बन गए थे। हिंदू महासभा और राष्ट्रीय स्वयंसेवक संघ जैसे तत्त्वों से उन्हें व्यापक समर्थन मिल रहा था। इन हालात में कार्य समिति में बने रहना मेरे लिए एक प्रकार का आत्मसमर्पण होता, चाहे मैं इसको कितना भी स्पष्ट या सीमित रखूँ, लेकिन मेरे लिए यह अनुचित और अशोभनीय होता।

इससे और परिणाम निकलते हैं—क्या मैं प्रधानमंत्री बना रह सकता हूँ। मेरा विचार था—मैंने कार्य समिति के सदस्यों को स्पष्ट किया, नासिक कांग्रेस तक प्रतीक्षा करनी है और टंडनजी (अध्यक्ष के रूप में) को सूचित करना है कि कार्य समिति में मुझे शामिल न करें। कांग्रेस के निर्णयों से इसका कोई लेना-देना नहीं था, या शायद यह कहना अधिक सही होगा कि इससे कोई संबंध नहीं था।

फिर भी, इस दुर्भाग्यपूर्ण अभियान के दौरान हुई अन्य घटनाओं के मद्देनजर, मैं महसूस करने लगा कि मुझे नासिक कांग्रेस तक इंतजार नहीं करना चाहिए और इससे पूर्व ही अपनी स्थिति स्पष्ट कर देनी चाहिए। इतना भ्रम और काट-छाँट की गई कि मुझे लगा कि एक स्पष्ट वक्तव्य देना जरूरी है। यद्यपि यह एक छोटा सा मुद्दा है और यदि मुझसे कहा गया तो मैं नासिक कांग्रेस तक कोई

कदम उठाने से बचूँगा। लेकिन मुझे नहीं लगता कि इस कदम से कांग्रेस पर कोई प्रभाव पड़ने वाला है।

आपने कृपलानी के लिए मेरे बाद की पसंद का जिक्र किया है। मैंने आपको बताया कि वास्तव में क्या हुआ। जब मुझसे पूछा गया, मैंने स्पष्ट रूप से शंकरराव को वरीयता दी। जब मुझसे पूछा गया कि यदि कृपलानी निर्वाचित होते हैं तो आप क्या करेंगे? मैंने कहा कि मुझे डर है कि संघर्ष और मुसीबतें पैदा होंगी; लेकिन कृपलानी को मैं उस प्रतीक के रूप में नहीं देखता जो मुझे सख्त नापसंद है।

मुझे दुःख है कि मैंने आपको उससे संबंधित लंबा पत्र लिखा है। जैसा मैं चाहता था। बहस का कोई अंत नहीं है। इस मुद्दे पर मेरे विचार बिलकुल स्पष्ट हैं तथा मुझे पश्चात्ताप है कि किसी मौके पर मैंने जनता के सामने इसका खुलासा नहीं किया। यह एक भूल थी, लेकिन आप समझ सकते हैं कि यह एक नाजुक बात थी, जिसकी वजह से मैंने संयम से काम लिया। मेरे लिए चुनाव का उतना महत्त्व नहीं है जितना कि मेरे मित्रों और सहयोगियों के उस मुद्दे पर भावनाओं का, जिन्हें मैं बहुत महत्त्व देता हूँ। इसी वजह से मैं असहाय महसूस करता हूँ तथा जिस पद पर मैं हूँ उसके लिए स्वयं को अयोग्य और अनुपयोगी या प्रभावहीन पाता हूँ—चाहे वह कार्य समिति हो या सरकार में पद।

मुझे संशय है कि जिस संयुक्त वक्तव्य का आपने सुझाव दिया है उससे कुछ भला होगा। इसमें वह नहीं है जो मैं सोचता हूँ—वास्तव में कुछ हद तक यह उसके विरोध में है। जो भी हो, अब वक्तव्य जारी करने के लिए बहुत देर हो चुकी है।

36

कांग्रेस अध्यक्ष के निर्वाचन पर जल्दबाजी में निष्कर्ष न निकालने के लिए सरदार पटेल द्वारा पं. नेहरू को लिखा पत्र

29 अगस्त, 1950

आपके 27-28 अगस्त के पत्र के लिए बहुत-बहुत धन्यवाद। मुझे दुःख है कि मैं कल इसका उत्तर न दे सका, क्योंकि पिछले कुछ दिनों के कठिन परिश्रम के कारण मैं बेहद थकान महसूस कर रहा था।

मुझे यह जानकर बहुत दुःख हुआ कि मैं आपको समझाने में असफल रहा तथा आप अभी भी मानसिक कष्ट में हैं। फिर भी, मुझे संतोष है कि आप कुछ समय देने को राजी हो गए हैं। इस दौरान मुझे पूर्ण आशा है कि तनाव कम हो

जाएगा और हम शांतिपूर्वक एवं आवेग से बचकर कुछ सोच–विचार कर सकेंगे।

मुझे अफसोस है कि संयुक्त बयान जारी करना आपके लिए संभव न हो सका। मैंने आपके मस्तिष्क से दबाव और तनाव दूर करने के लिए यह सुझाव दिया था, यदि इस उद्देश्य की पूर्ति नहीं होती तो मेरे इस पर दृढ़ बने रहने की कोई उपयोगिता नहीं।

फिर भी, मैं आपसे एक और निवेदन पूरी निष्ठा एवं ईमानदारी से करना चाहता हूँ। कृपया संगठन के बारे में अपने निर्णय स्थगित रखें और उन व्यक्तियों की, जो संकट के समय इन वर्षों में आपके प्रति वफादार और निष्ठावान् रहे हों, सिद्धांतों के आधार पर परीक्षा लें, व्यक्तित्व के आधार पर नहीं। आपको प्रतीक को इतना महत्त्व नहीं देना चाहिए, महत्त्व वास्तविकता का होता है। उन सिद्धांतों और आदर्शों का महत्त्व है जिनके लिए संगठन बना और बना रहेगा।

मेरा आपसे निवेदन है कि इन शब्दों पर आप विचार करें और आपके द्वारा उठाए जानेवाले कदम की सावधानी व शांति के साथ उसके परिणामों की समीक्षा करें और जल्दबाजी में या समय से पहले कोई निर्णय न लें।

37

सरदार पटेल द्वारा पं. नेहरू को उनके जन्मदिन पर लिखा बधाई-पत्र

नई दिल्ली

14 नवंबर, 1950

प्रिय जवाहरलाल,

आपके जन्मदिन पर मेरी सस्नेह शुभकामनाएँ। हमारे आपसी संबंध औपचारिकताओं से परे हैं, मैं इससे अधिक कुछ नहीं कह सकता। यह मेरी तीव्र एवं हार्दिक प्रार्थना है कि आप दीर्घजीवी हों और स्वस्थ्य रहें, जिससे सभी कठिनाइयों में देश का नेतृत्व कर सकें एवं शांति, सुख और समृद्धि के युग की स्थापना कर सकें।

मैं आपको इससे पहले लिखना चाहता था, लेकिन मैं कल सुबह से इतनी अस्वस्थता महसूस कर रहा हूँ कि ऐसा नहीं कर सका।

भवदीय

वल्लभभाई पटेल

माननीय जवाहरलाल नेहरू

नई दिल्ली

38

राजस्थान के मुख्य न्यायाधीश की नियुक्ति के संबंध में पं. नेहरू द्वारा सरदार पटेल को लिखा पत्र

नई दिल्ली

21 नवंबर, 1950

प्रिय वल्लभभाई,

राजस्थान के मुख्य न्यायाधीश की नियुक्ति संबंधी फाइल देखकर मैं परेशान हूँ। नियुक्ति हो सकती है और इसे मंजूरी दी जा सकती है। लेकिन जिस असावधानी से इस मामले में प्रक्रिया अपनाई गई, उससे लगता है कि मुझे टिप्पणी दर्ज करनी चाहिए। मैं इस संबंध में आपको कष्ट देकर दुःखी हूँ, क्योंकि आप अस्वस्थ हैं तथा मैं आपका बोझ और नहीं बढ़ाना चाहता। मुझे इस बात का दुःख है कि सचिव, निजी सचिव आपकी तरफ से पत्र लिखते हैं और शायद आपको इसका भान भी न हो। यदि यह प्रक्रिया अपनाई जाती है तो अनेक प्रकार की जटिलताएँ पैदा हो सकती हैं। मैं टिप्पणी की एक प्रति भेज रहा हूँ, जो मैंने फाइल पर लिखी है।

भवदीय

जवाहरलाल

माननीय सरदार वल्लभभाई पटेल
नई दिल्ली

अनुलग्नक

प्रधानमंत्री सचिवालय

21 नवंबर, 1950

जब यह फाइल मुझे मिली तो मैंने यह निष्कर्ष निकाला कि जस्टिस के.एन. वांचू राजस्थान उच्च न्यायालय में मुख्य न्यायाधीश की नियुक्ति हेतु उचित पात्र हैं। मेरी अपनी सूचना के अनुसार वह एक अच्छे न्यायाधीश थे। मैंने तदनुसार राष्ट्रपति को अनुशंसा की और राष्ट्रपति ने सहर्ष उसका अनुमोदन कर दिया।

तथापि, इसके तुरंत बाद मैं इस नियुक्ति के मामले में किसी बात से व्यथित हुआ और मैंने गृह मंत्रालय से फाइल वापस भेजने को कहा। मैंने फिर से इसपर सावधानीपूर्वक विचार किया। जस्टिस वांचू के बारे में मेरी राय बदलने का कोई कारण नजर नहीं आया। इन हालात में उनकी नियुक्ति ही ठीक थी।

फिर भी जिस बात से मुझे तकलीफ पहुँची, वह यह कि जिस तरह से यह

सब किया गया। जैसे ही मैंने फाइल पढ़ी तो मुझे आश्चर्य हुआ। उच्च न्यायालय के न्यायाधीश की नियुक्ति एक बड़ा मसला है। इसमें न केवल बहुत सावधानी बरतनी चाहिए अपितु उच्च स्तर पर भी विचार-विमर्श होना चाहिए। मुख्य रूप से इस नियुक्ति से जिन व्यक्तियों का संबंध है, वे हैं—उच्च न्यायालय के मुख्य न्यायाधीश (बी.बी. मलिक), राज्य सरकार, भारत के मुख्य न्यायाधीश (हरीलाल कानिया), गृह मंत्री, प्रधानमंत्री तथा अंत में राष्ट्रपति।

वर्तमान मामले में यह स्पष्ट नहीं है कि पहल किसके द्वारा की गई। सबसे पहले के पत्रों में इलाहाबाद के मुख्य न्यायाधीश का पत्र श्री वी. शंकर के नाम है, जो गृहमंत्री के निजी सचिव हैं। ये पत्र 23 और 25 फरवरी, 1950 के हैं। इनमें श्री शंकर द्वारा मुख्य न्यायाधीश को लिखे गए पत्रों का उल्लेख है। इससे ऐसा लगता है कि पहल श्री वी. शंकर द्वारा की गई। 28 फरवरी, 1950 को श्री शंकर ने श्री एन.एम. बुच (संयुक्त सचिव, राज्यमंत्री) को इस विषय में पत्र लिखा, जिससे ऐसा आभास होता है कि वह भारत के मुख्य न्यायाधीश एवं इलाहाबाद के मुख्य न्यायाधीश, दोनों से इस विषय पर पहले से वार्त्तालाप कर रहे थे। यह पत्र अपने आप में असामान्य है तथा श्री शंकर अनेक उच्च न्यायालय के न्यायाधीशों के बारे में अपनी व्यक्तिगत राय देते हैं कि किसे चुना जाना चाहिए, उन्हें कितने भत्ते दिए जाने चाहिए आदि। इस मामले में श्री शंकर की राय की कोई प्रासंगिकता नहीं है। मुझे लगता है कि इस मामले में एक निजी सचिव का सीधे मुख्य न्यायाधीशों से बात करना अनुचित है। इसमें शिष्टाचार और शालीनता का अभाव है और इस प्रक्रिया से जटिलताएँ पैदा हो सकती हैं। मुख्य न्यायाधीश या अन्य कोई यह नहीं जान सकेंगे कि निजी सचिव स्वयं राय दे रहा है या गृहमंत्री। वस्तुतः इन पत्रों में गृहमंत्री का कोई जिक्र नहीं है तथा श्री शंकर ने व्यक्तिगत हैसियत से मामलों पर विचार-विमर्श किया, मानो कि आकलन करना और राय देना उनका कार्य था।

बाद के कागजात इंगित करते हैं कि भारत के मुख्य न्यायाधीश ने प्रस्ताव का अनुमोदन नहीं किया कि जस्टिस वांचू की नियुक्ति की जाए। एक लंबी टिप्पणी में उन्होंने अपनी असहमति व्यक्त की। राष्ट्रपति ने भी टिप्पणी लिखी कि राजस्थान के कार्यवाहक मुख्य न्यायाधीश श्री नवल किशोर को ही स्थायी कर दिया जाए।

मुझे सभी कागजों का हवाला देने की जरूरत नहीं है, लेकिन मैं यह इंगित करना चाहता हूँ कि इस पूरे पत्राचार में श्री शंकर का हवाला बार-बार दिया गया है मानो कि वह निर्णायक अधिकारी हों। इलाहाबाद के मुख्य न्यायाधीश उन्हें लिखते हैं, श्री वांचू उनकी राय माँगते हुए उन्हें लिखते हैं और इसी प्रकार अन्य

भी। ऐसा अनुमान लगाया जा सकता है कि वह गृहमंत्री की ओर से लिख रहे थे। लेकिन ऐसा कोई संकेत नहीं है। जो भी हो, जैसा मैंने कहा है कि यह प्रक्रिया अवांछनीय है।

वी.पी. मेनन की 19 जुलाई की टिप्पणी से ऐसा लगता है कि उन्होंने भारत के मुख्य न्यायाधीश से बात की और मुख्य न्यायाधीश ने कहा कि उन्हें जस्टिस वांचू की नियुक्ति में कोई आपत्ति नहीं है, यदि उनकी सेवाएँ उपलब्ध होती हैं। हालाँकि उन्होंने उन्हें कोई अतिरिक्त पारिश्रमिक दिए जाने पर आपत्ति की। यह काफी स्पष्ट है। आगे भी 4 नवंबर को मुख्य न्यायाधीश लिखते हैं कि वह अपनी पिछली टिप्पणी में कुछ नहीं जोड़ना चाहते। इस टिप्पणी में उन्होंने जस्टिस वांचू की नियुक्ति पर आपत्ति दर्ज की थी। यह स्पष्ट विरोधाभास प्रदर्शित करता है कि ऐसे मामलों में बातचीत पर विश्वास करना कितना जोखिम भरा हो सकता है। यह स्पष्ट है कि श्री वी.पी. मेनन ने मुख्य न्यायाधीश की बात का कुछ और मतलब निकाला। इसलिए मेनन को मुख्य न्यायाधीश के पास पुनः जाना पड़ा। इस दौरे के परिणामस्वरूप भारत के न्यायाधीश जस्टिस वांचू के नाम पर अंततः सहमत हो गए; परंतु इस शर्त के साथ कि यह नियुक्ति अस्थायी रूप से होगी। स्पष्टतः यह श्री वी.पी. मेनन के वार्त्तालाप के परिणामस्वरूप हुआ और संभवतः उनकी उपस्थिति में हुआ। उसके तुरंत बाद यह पता चला कि इस प्रतिबंध को नोट नहीं किया जा सकता। स्पष्ट रूप से इसकी उपेक्षा करने का प्रयास किया गया। इस पर गृहमंत्री ने सही तरह से भारत के मुख्य न्यायाधीश को लिखा कि मुख्य न्यायाधीश की नियुक्ति अस्थायी रूप से नहीं की जा सकती। मुख्य न्यायाधीश ने अंततः समर्पण कर दिया और वह इस प्रतिबंध को हटाने पर सहमत हो गए।

किसी भी नियुक्ति के संबंध में कई कदम उठाए जाते हैं, प्रक्रिया अपनाई जाती है। जिस तरह वार्त्तालाप में गलतफहमी पैदा हुई, कुछ करवाने या न करवाने के प्रयत्न किए गए, इससे कितना भ्रम पैदा हुआ, इस पर आपत्ति की जा सकती है। उच्च न्यायालय के मुख्य न्यायाधीश की नियुक्ति में तो यह और भी असामान्य बात है। पूरा मामला सचिव स्तर पर, यहाँ तक कि निजी सचिव स्तर पर बहुत असावधानी से निपटाया गया।

सामान्यतः इस प्रक्रिया से नियुक्ति निष्प्रभावी हो जाती है। लेकिन, क्योंकि मैं संतुष्ट हूँ कि जस्टिस वांचू का इसमें कोई दोष नहीं है और वह एक अच्छे न्यायाधीश हैं, मेरा विचार है कि नियुक्ति प्रभावी रहेगी। तथापि यह आवश्यक है कि इस प्रक्रिया की अनियमितताओं की ओर विशेष ध्यान दिया जाए, जो इस

नियुक्ति में अपनाई गईं, जिससे यह सुनिश्चित किया जा सके कि उनकी पुनरावृत्ति न हो।

जवाहरलाल नेहरू

39

राजस्थान के मुख्य न्यायाधीश के रूप में वांचू की नियुक्ति के संबंध में सरदार पटेल द्वारा डॉ. राजेंद्र प्रसाद को लिखा पत्र

नई दिल्ली
1 दिसंबर, 1950

प्रिय राजन बाबू,

मैं समझता हूँ कि प्रधानमंत्री ने वांचू की राजस्थान के मुख्य न्यायाधीश के रूप में नियुक्ति के संबंध में दर्ज की गई टिप्पणी की एक प्रति आपको भेजी है। मैं आपको उनके पत्र की एक प्रति (अनुलग्नकों के बिना), जो उन्होंने मुझे लिखा तथा अपना उत्तर आपको भेज रहा हूँ।

भवदीय
वल्लभभाई पटेल

डॉ. राजेंद्र प्रसाद
राष्ट्रपति,
शासकीय आवास,
नई दिल्ली

40

सरदार पटेल द्वारा सुभाष चंद्र बोस को लिखा पत्र

24 जनवरी, 1939

पटेल द्वारा बोस के लिए :

आपके तार की प्रशंसा करता हूँ। कर्तव्यपरायणता वक्तव्य देने को विवश करती है, और कुछ नहीं। मतभेद सिद्धांतों में है, व्यक्तियों में नहीं। यदि प्रतियोगिता अवश्यंभावी है, तो मुझे आशा है कि यह बिना कड़वाहट और बिना आरोप-प्रत्यारोप के होगी। दोबारा चुनाव देश हित में नुकसानदेह होगा।

41

कांग्रेस प्रत्याशी के संदर्भ में सलाह देते हुए सुभाष चंद्र बोस द्वारा सरदार पटेल को लिखा पत्र

24 जनवरी, 1939

बोस द्वारा पटेल को :

तार आज सुबह मिला। सिलहट से यात्रा के दौरान मौलाना का बयान पढ़ा। मौलाना के नाम वापस लेने के बाद, मेरे विचार से पट्टाभि को खड़ा करना उचित नहीं होगा। आगामी वर्ष 1937 की तुलना में हर दृष्टि से अधिक संकटपूर्ण और असाधारण होगा। मेरा दृढ़ विचार है कि कार्य समिति के किसी सदस्य को सहकर्मियों के चुनाव में किसी का पक्ष नहीं लेना चाहिए। आपके प्रस्तावित वक्तव्य से दक्षिणपंथी और वामपंथी खेमों में मनमुटाव बढ़ेगा, जिससे बचना चाहिए। डॉ. पट्टाभि अगले संघर्ष में देश का विश्वास मजबूत नहीं कर पाएँगे। कृपया कांग्रेस को विभाजित मत कीजिए।

42

सुभाष चंद्र बोस के संबंध में सरदार पटेल द्वारा पं. नेहरू को लिखा पत्र

बारदोली

25 जनवरी, 1939

जवाहरलाल नेहरू

अल्मोड़ा

मैं आपकी परेशानी समझता हूँ। मैं चाहूँगा कि आप एक स्वतंत्र बयान जारी करें कि यह संघर्ष सिद्धांतों के बीच है, व्यक्तियों के बीच नहीं; यदि प्रतियोगिता (चुनाव) अवश्यंभावी है तो यह ऊँचे स्तर की होनी चाहिए।

वल्लभभाई

43

सरदार पटेल द्वारा कांग्रेस कार्यसमिति की सदस्यता से अपना त्यागपत्र देने की इच्छा व्यक्त करते हुए सुभाष चंद्र बोस को लिखा पत्र

बंबई

7 फरवरी, 1939

प्रिय राजन बाबू,

मैंने आज सुभाष बाबू को जो पत्र लिखा है उसकी एक प्रति आपको संलग्न कर रहा हूँ।

भवदीय

वल्लभभाई

ग्न-पत्र

7 फरवरी, 1939

प्रिय सुभाष,

आपके निर्वाचन के तुरंत बाद प्रेस ने यह छापा कि हम सबने कार्य समिति से त्यागपत्र दे दिया है। ए.पी. के प्रतिनिधि ने बारदोली में इस बारे में मुझसे जानना चाहा। मैंने उनसे उस समय इस रिपोर्ट का प्रतिवाद करने को कहा।

उसके बाद मुझे मौलाना साहब का तार मिला, जिसमें उन्होंने हम सबको त्यागपत्र देने का सुझाव दिया है। मैंने सोचा कि आपके निर्वाचन के तुरंत बाद हमारे त्यागपत्र देने से गलतफहमी पैदा होगी तथा आपको उलझन हो सकती है। अब राजन बाबू ने मुझे लिखा है कि यदि इस समय हम इस्तीफा दें तो इससे मदद मिलेगी और इस सुझाव के समर्थन में जो तर्क उन्होंने दिए हैं, वे मुझे उचित लगते हैं।

हमारे संविधान के अनुसार निवर्तमान कार्य समिति विषय समिति का कार्यक्रम तय करती है। अंतिम क्षण तक कार्य समिति में बने रहना अनुचित होगा और इस प्रक्रिया से अगले वर्ष के लिए आपको कार्यक्रम तय करने में परेशानी होगी। यह आपका अधिकार है कि आपको अपना कार्यक्रम तय करने की स्वतंत्रता मिले।

हम सब त्यागपत्र देने को तैयार हैं, जैसे ही आप हमें सूचित करते हैं कि

आपको इससे कोई परेशानी नहीं होगी। यदि आप चाहते हैं कि हम थोड़ा इंतजार करें, तो हम आपकी बात मानेंगे, लेकिन उतना ही जितना आपको सुविधाजनक हो।

कृपया इस विषय पर अपनी इच्छा तार द्वारा सूचित करें।

भवदीय

वल्लभभाई

44

सरदार पटेल द्वारा दुःख प्रकट करते हुए लिखा पत्र, कि उनमें से कुछ व्यक्ति सुभाष के साथ काम नहीं कर पाएँगे

पुरुषोत्तम मेंसन

ओपेरा हाउस के सामने

बंबई-4

8 फरवरी, 1939

प्रिय राजन बाबू,

मुझे आपका 3 फरवरी का पत्र मिला, जो आपने रेलगाड़ी में लिखा था। तत्पश्चात् मैंने अपने पत्र की एक प्रति कल सुभाष बाबू को भेज दी है। बापू ने भी उन्हें वही सब लिखा है। मौलाना सीमा प्रांत गए हुए हैं और वह 20 तारीख से पहले वापस नहीं आएँगे। उनके आने के तुरंत बाद हमें मिलना है। मुझे नहीं पता कि जवाहरलालजी का क्या रवैया है। उन्होंने मुझसे संपर्क नहीं किया है, लेकिन यह स्पष्ट है कि हमें मिलकर देश के सामने अपनी स्थिति स्पष्ट कर देनी चाहिए। बहुत गलतफहमी और भ्रम की स्थिति है। निहित स्वार्थवाले लोगों ने संसदीय उप-समिति पर आक्रमण करना शुरू कर दिया है; लेकिन वास्तविक प्रश्न यह है कि अब जब हम जो चाहते थे वह हमें मिल चुका है, तो हमें बुनियादी बातों पर समझौता नहीं करना चाहिए। हमारे लिए उनके साथ काम करना संभव नहीं है और वह भी चाहते हैं कि उन्हें स्वतंत्र रूप से कार्य करने दिया जाए, तो इसमें हमें कोई दिक्कत नहीं होनी चाहिए। बंगाल प्रेस उनके विचारों को व्यक्त करता है, इससे कहीं कोई संदेह बाकी नहीं रहता।

हमारे उड़ीसा मंत्रालय के लिए तो कांग्रेस अधिवेशन तक कार्य कर पाना मुश्किल होगा। उन्हें कांग्रेस अध्यक्ष की सहानुभूति प्राप्त नहीं है। प्रांतीय संगठन उन लोगों के हाथों में चला गया है जो उनके विरोधी हैं तथा जो अनैतिक हैं। मैंने

कृपलानी को यहाँ बुलाया है बजाय इसके कि वह कार्यालय से वहाँ चिपके रहें। वहाँ उनके रहने लायक वातावरण नहीं है।

भवदीय

वल्लभभाई

45

सरदार पटेल द्वारा पं. नेहरू को स्पष्टीकरण देते हुए लिखा पत्र, कि सुभाष के विरुद्ध संयुक्त बयान गांधीजी के अनुरोध पर जारी किया

बंबई

8 फरवरी, 1939

प्रिय जवाहर,

मुझे आपका पिछला पत्र बारदोली में मिला, जो आपने संयुक्त बयान पर हस्ताक्षर करने या स्वतंत्र बयान जारी करने के मेरे निवेदन के उत्तर में लिखा था। मैंने बापू के अनुरोध पर आपसे यह निवेदन किया था। मैंने उन्हें आपका जवाब दिखाया था और उन्होंने मुझसे जो कुछ मैं महसूस करता हूँ, पत्र में लिखने को कहा। वह स्वयं उस पत्र से अप्रसन्न थे, लेकिन मैंने आपको परेशान करना ठीक नहीं समझा। संयुक्त बयान भी उनके अनुरोध पर जारी किया गया। वास्तव में मैंने उनसे कहा था कि इससे मेरे विरुद्ध गाली-गलौज करने का और भी बहाना मिलेगा; परंतु उन्होंने जोर दिया तथा मैंने उनकी आज्ञा का पालन किया। मौलाना अंतिम क्षण में पीछे हट गए।

मुझे खुशी है कि हम हार गए। समरूप कार्य समिति के अभाव में कोई प्रभावी कार्य संभव नहीं है और मैं हमेशा से इस अवसर की प्रार्थना करता रहा हूँ।

मुझे घृणा इस बात से है कि अपने को वामपंथी होने को दावा करनेवाले लोगों द्वारा जो तरीके अपनाए गए, और उससे भी अधिक अध्यक्ष (सुभाष चंद्र बोस) द्वारा अपनाया गया, जिन्होंने हमारे ऊपर ब्रिटिश सरकार के साथ षड्यंत्र रचने का आरोप लगाया और यह कि हमने एक संघीय मंत्रिमंडल अस्थायी तौर पर बनाया हुआ है। हमारे शत्रुओं ने भी हमारी ईमानदारी का श्रेय हमें दिया; परंतु हमारे अध्यक्ष (सुभाष चंद्र बोस) ने नहीं। जो भी हो, हमें कोई संदेह नहीं है कि हमें क्या करना है और हमने सुभाष (अध्यक्ष) को लिख दिया है कि हम उनकी सुविधानुसार

सदस्यता छोड़ने को तैयार हैं। जीवट इस पत्र की एक प्रति आपको दिखा देंगे, जो मैंने कल उन्हें भेजा है।

मुझे आपके विचार ज्ञात नहीं हैं, लेकिन मुझे आशा है कि जो कुछ हम करने जा रहे हैं, उसके लिए आप हमें दोष नहीं देंगे।

मैं सोचता हूँ कि मेरे भाग्य में गाली खाना लिखा है। बंगाल प्रेस बहुत गुस्से में है और नारीमन तथा खरे घटना के लिए मुझे दोष दे रहे हैं; हालाँकि मेरे सभी सहयोगी इसके लिए संयुक्त रूप से जिम्मेदार हैं। वास्तव में डॉ. खरे के मामले में सुभाष मीटिंग में आरंभ से अंत तक उपस्थित थे और उन्हीं के द्वारा सबकुछ संचालित किया गया।

बड़ौदा में भी मैंने तूफान ला दिया है तथा महाराष्ट्र प्रेस मेरे विरुद्ध विष-वमन कर रहा है और वे मेरे खून के प्यासे हो गए हैं।

पूरा काठियावाड़ राजकोट की वजह से धधक रहा है। बड़ी जागृति पैदा हो गई है और राजकुमारों द्वारा आसानी से समर्पण कर दिया गया होता, यदि रेजीडेंट द्वारा उन्हें नहीं कसा गया होता।

आशा है, आप स्वस्थ होंगे।

भवदीय

वल्लभभाई

46

कार्यसमिति से सरदार पटेल का त्यागपत्र दुःख के साथ स्वीकार करते हुए और उनसे सहयोग की अपेक्षा रखते हुए सुभाष चंद्र बोस का सरदार पटेल को लिखा पत्र

38/2, एलगिन रोड,

कलकत्ता

26 फरवरी, 1939

प्रिय सरदारजी,

आपका संयुक्त त्यागपत्र 22 फरवरी को वर्धा में ठीक समय पर प्राप्त हो गया। मेरी अस्वस्थता के कारण इसका उत्तर पहले देना संभव न हो सका।

सामान्यतया मुझे आपसे आपके निर्णय पर पुनर्विचार के लिए कहना चाहिए था और त्रिपुरी में मिलने तक इस त्यागपत्र को रोकना चाहिए था। लेकिन मैं जानता

हूँ कि आपने खूब सोच-विचारकर निर्णय लिया है तथा निर्णय लेने से पहले आपने सभी परिस्थितियों पर विचार किया होगा। यदि इस समय मुझे जरा सी भी संभावना होती कि आप अपने त्यागपत्र पर पुनर्विचार करेंगे, तो मैं आपसे इस्तीफा वापस लेने की अनुनय-विनय करता। लेकिन वर्तमान परिस्थिति में औपचारिक प्रार्थना से काम नहीं बनेगा, अत: मैं आपका त्यागपत्र बहुत दु:ख के साथ स्वीकार करता हूँ।

फिर भी, मैं मानता हूँ कि आपके त्यागपत्र का मतलब मेरे कर्तव्य-पालन में आपका सहयोग और सहायता वापस लेना नहीं है। यह बताना मेरे लिए जरूरी है कि आपका सहयोग और सहायता मेरे लिए अमूल्य होगी। मुझे आशा है और विश्वास भी कि त्रिपुरी कांग्रेस में हमारी सहमति के बिंदु असहमति के बिंदुओं से अधिक होंगे और परिणामत: भविष्य में हम दल को मजबूत बनाए रख सकेंगे।

मुझे रोजाना बुखार आ रहा है और स्वास्थ्य लाभ की गति बहुत धीमी है।

भवदीय

सुभाष बोस

47

सुभाष द्वारा प्रधानमंत्री (उड़ीसा) को लिखा पत्र, जिसमें युद्ध की स्थिति में उसमें भाग न लेने का सुझाव था

जीलगोरा पी.ओ.

जिला मानभूम, बिहार

18 अप्रैल, 1939

गोपनीय

प्रिय प्रधानमंत्री,

आज उड़ीसा के प्रधानमंत्री का संदेश मुझे फोन पर मिला है, जिसमें महा-महिम राज्यपाल ने जानना चाहा है कि जंग छिड़ने पर कांग्रेस सरकार का क्या रवैया रहेगा। अखिल भारतीय कांग्रेस कमेटी और कार्य समिति के आदेशों के विचाराधीन रहते हुए मैं सुझाव देता हूँ कि जब कभी आपके प्रांत के राज्यपाल द्वारा आपसे यह प्रश्न पूछा जाए तो आप फैजपुर और हरीपुरा के युद्ध विरोधी प्रस्ताव के अनुरूप निम्न रूप से उत्तर दें—

'कांग्रेस के दो वार्षिक सत्रों में जंग छिड़ने की सूरत में अखिल भारतीय कांग्रेस का रवैया स्पष्ट रूप से व्यक्त किया गया है। यह रवैया असहयोग का होगा।

भारत उपनिवेश युद्ध में भाग नहीं लेगा और ब्रिटिश साम्राज्य के हित में अपने लोगों और स्रोतों की बलि नहीं देगा। यदि ऐसा संकट पैदा होता है और भारत का शोषण करने का प्रयत्न किया जाता है या इस युद्ध में भारत को और उसकी जनता को शामिल करने का प्रयत्न किया जाता है, तो अहिंसात्मक रूप से इसका विरोध किया जाएगा। कांग्रेस द्वारा असहयोग की नीति अपनाए जाने की दिशा में क्या विस्तृत कदम उठाए जाएँगे, वह तत्कालीन परिस्थितियों और ब्रिटिश सरकार के रवैए पर निर्भर करेगा।'

भवदीय
सुभाष बोस

सरदार वल्लभभाई पटेल
को प्रति प्रेषित

48

कांग्रेस अध्यक्ष सुभाष द्वारा ब्रिटिश सरकार को अल्टीमेटम देने के विरुद्ध सुझाव के रूप में सरदार पटेल का वक्तव्य

11 मई, 1939

'वर्तमान समय में चेतावनी देने का माहौल नहीं है।' पिछली शाम एक विशाल जनसमूह के सामने हिंदी में भाषण देते हुए सरदार वल्लभभाई पटेल ने घोषणा की। उन्होंने कहा कि कांग्रेस के पास सेना नहीं है। इसकी शक्ति केवल सत्य और अहिंसा है। कांग्रेस संगठन में अनबन, अनुशासनहीनता और भ्रष्टाचार व्याप्त है। देश में, ब्रिटिश भारत में और प्रांतों—दोनों में अहिंसा बढ़ी है और हिंदू-मुसलिम दंगे सब जगह हो रहे हैं। ऐसी स्थिति और वातावरण में चेतावनी की बात करना अविवेक की पराकाष्ठा होगी। यह समय सत्याग्रह की लड़ाई शुरू करने का नहीं है। यदि सत्याग्रह आरंभ किया जाता है तो देश में अराजकता फैलेगी। 'हम कमजोर हैं और यदि हम चेतावनी देते हैं और असफल रहते हैं तो हमारी बदनामी होगी।' सरदार ने आगे कहा।

उन्होंने कांग्रेस संगठन के शुद्धीकरण पर और कांग्रेस संविधान में ऐसे परि र्तन करने पर जोर दिया, जिससे उच्च निष्ठावाले लोगों को कांग्रेस में स्थान मिले और कांग्रेस मजबूत हो।

सरदार पटेल ने श्री बोस के अध्यक्ष के रूप में निर्वाचन और कार्य समिति के

संगठन की स्थिति के संबंध में विचार व्यक्त किए। उन्होंने महसूस किया कि वर्तमान वातावरण में भाषणों से काम नहीं बनेगा, बल्कि उनके कार्यों से ही उनके बारे में गलतफहमियाँ दूर हो पाएँगी। उन्होंने कम-से-कम 20 वर्षों से देश की सेवा की है। उनका कोई स्वार्थपरक प्रयोजन नहीं है। वह कोई कपट नहीं रखते। उन्होंने इंगित किया कि कार्य समिति के 13 सदस्यों का विचार है कि श्री बोस को कांग्रेस की अध्यक्षता के लिए स्वयं को प्रस्तुत नहीं करना चाहिए। एक तरफ श्री बोस और दूसरी तरफ 13 सदस्यों के बीच मतभेद विचारणीय हैं।

49

सरदार की अपने अनुयायियों को सलाह कि वामपंथियों की परवाह किए बिना वे अपना कार्य करते रहें

25 जून, 1939

बंबई से अपने एक पूर्व संदेश में 'हिंदुस्तान टाइम्स' के संवाददाता ने कहा, अखिल भारतीय कांग्रेस कमेटी की दोपहर बाद होनेवाली बैठक के संबंध में पूरे शहर में हो रही समूह सभाओं के साथ दिन की शुरुआत हुई।

श्री सुभाष बोस के खेमे में, कार्यालय के कर्मचारियों के निर्वाचन के लिए सदस्य इकट्‌ठे हुए और प्रारंभिक विचार-विमर्श के लिए समन्वय समिति बनाई गई है, यद्यपि समिति के पूरे पदाधिकारी घोषित नहीं किए गए हैं।

अखिल भारतीय कांग्रेस कमेटी की सभा में जाने से पहले बहुमत दल के सदस्य, जिन्होंने पिछली रात अपने नेता के साथ अंतरंग व्यक्तिगत विचार-विमर्श किए थे, आज सुबह फिर मिल रहे हैं।

सरदार पटेल की सदस्यों के साथ पिछली रात को हुई अंतरंग बातचीत के बाद ऐसा कहा जा सकता है कि दक्षिणपंथियों की नई स्थिति से निपटने की योजनाएँ पूरी तरह तैयार कर ली गई हैं। दक्षिणपंथियों को दूसरे समूहों के विरुद्ध प्रतिकूल प्रचार में घसीटे जाने का कोई इरादा नहीं है। अपने अनुयायियों को सरदार की हिदायत थी कि वे पहले की तरह अपना कार्य शांति से करें और फॉरवर्ड ब्लॉक या दूसरे प्रचारकर्ताओं के अनुसरण से बचें, जिससे वे उनका मुकाबला कर सकें।

जो लोग कांग्रेस कार्यपालिका पर धीमी प्रगति का आरोप लगा रहे हैं; इसके बारे में उनका उत्तर था कि यद्यपि वे धीमी गति से बढ़ते हुए लग रहे हैं, लेकिन वे

उन लोगों से पहले अपना लक्ष्य प्राप्त कर लेंगे, जो समझते हैं कि वे तेज गति से कार्य कर रहे हैं।

श्री सुभाष के खेमे में सबकुछ ठीक नहीं लगता। यद्यपि ऊपरी तौर पर वामपंथियों के बीच समन्वय के लिए एक संगठन बनाने हेतु एक प्रारूप तैयार किया गया है। उन्होंने स्वयं पिछली रात की बैठक में निराशा व्यक्त की कि विलय के उनके प्रयासों को अभी तक सफलता नहीं मिली है।

श्री सुभाष के भाषण का मुख्य बिंदु दक्षिणपंथी नेताओं के विरुद्ध उनका आरोप था कि वे पराजयवादी भावना से ग्रस्त हैं और उनकी घोषणा है कि 'ब्रिटिश साम्राज्य के विरुद्ध अंतिम प्रहार का समय आ गया है।' उनके भाषण में इस बात से ज्यादा सकारात्मक कुछ और नहीं था।

दक्षिणपंथी खेमे में यह भावना है कि श्री सुभाष बोस ने यह स्पष्ट नहीं किया है कि वामपंथी क्या चाहते हैं। श्री बोस को अध्यक्ष के रूप में अपना कार्यक्रम देश के सामने रखने और उसका क्रियान्वयन करने की पूरी स्वतंत्रता दी गई; लेकिन उन्होंने अध्यक्ष पद से नाम वापस लेकर इस प्रस्ताव को अस्वीकार कर दिया। अब वह दक्षिणपंथियों से क्या अपेक्षा रखते हैं? क्यों वे अपने सिद्धांतों के विरुद्ध जाएँगे? श्री बोस के भाषण की यह संक्षिप्त प्रतिक्रिया रही।

अपने प्रातःकालीन संस्करण में 'बॉम्बे क्रॉनिकल' ने कहा है—'यह दयनीय है, जबकि श्री बोस सभी वामपंथियों के बीच एकता को अपनी ताकत का स्रोत मानते हैं। कांग्रेस में सभी कांग्रेसियों के बीच ऐसी एकता को शक्ति का स्रोत मानने को महत्त्व नहीं देते।'

यह इंगित करता है कि दक्षिणपंथियों पर दोषारोपण के आधार पर वामपंथियों में एकता स्थापित करने के उनके प्रयत्न कांग्रेस में एकता स्थापित करने में गलत साबित होंगे। यह भी स्पष्ट हो चुका है कि अनेक स्वार्थी दल फॉरवर्ड ब्लॉक के प्रचार का अपने स्वार्थ हेतु गलत ढंग से फायदा उठा रहे हैं।

बृहस्पतिवार की बैठक में मद्य-निषेध संबंधी परचे खूब बाँटे गए। लोग संपत्ति-कर से दुःखी दिखाई दिए। वक्ताओं के बीच विषमताएँ दृष्टिगत हुईं, जिससे उनके परस्पर विरोधी विचार सामने आए। केवल एक बात सभी ने प्रकट की— वर्तमान हाई कमान के प्रति विद्वेष।

श्री एम.एन. राय कांग्रेस में 'क्रांतिकारी नेतृत्व' चाहते थे, जब एक अन्य वक्ता 'आमूल सुधारवाद' पर बोले, लेकिन किसी ने भी यह स्पष्ट नहीं किया कि वह वर्तमान कार्यक्रम में क्या परिवर्तन चाहते हैं, जिससे उग्र सुधारवाद या सक्रियतावाद

लाया जा सके। उनके आक्रमण का तरीका यह था—गांधीजी या हाई कमान पर आरोप लगाकर उनकी जोरदार भर्त्सना शुरू कर दो। उदाहरण के लिए, सरदार सार्दूल सिंह कविशार ने मनगढ़ंत आरोप लगाया कि वर्तमान हाई कमान ने थोड़े से परिवर्तन के साथ संघ शासन के लिए सहमति दे दी है और फिर एक लंबा उग्र भाषण दे डाला। वह इस दावे के लिए भी उत्तरदायी थे कि महात्मा गांधी खुल्लमखुल्ला ब्रिटिश सरकार का सहयोग कर रहे हैं। इस प्रकार की भाषा के प्रयोग द्वारा बहुत से भाषण दिए गए और न तो किसी नीति पर प्रकाश डाला गया, न ही एकता स्थापित करने के सुझाव या आंदोलन को आगे बढ़ाने के सुझाव दिए गए।

फॉरवर्ड ब्लॉक के दुष्प्रचार का एक परिणाम यह रहा कि समाजवादी दल अपने मतभेदों में सामंजस्य कर रहे हैं और एक दल के रूप में अपने को संगठित कर रहे हैं।

अखिल भारतीय कांग्रेस कमेटी के 50 सदस्यों द्वारा एक अलग आंध्र प्रांत का प्रस्ताव मतदान में दसवें नंबर पर आया। इस पर विचार-विमर्श की अच्छी संभावना है।

श्री चक्रवर्ती राजगोपालाचारी मद्य-निषेध पर कल एक जनसभा को संबोधित करने जा रहे हैं। सरदार पटेल उसकी अध्यक्षता करेंगे।

50

अ.भा.कां.क. के निर्णयों की अवहेलना करने पर सुभाष चंद्र बोस को कारण बताओ नोटिस देने की तैयारी करने के लिए सरदार पटेल द्वारा डॉ. राजेंद्र प्रसाद को लिखा पत्र

पुरुषोत्तम मेंसन
ओपेरा हाउस के सामने
बंबई

12 जुलाई, 1939

प्रिय राजेंद्र बाबू,

मुझे 11 जुलाई का आपका परिपत्र प्राप्त हुआ। मैं आपसे सहमत हूँ कि महात्माजी और जवाहरलाल की अनुपस्थिति में हम इस प्रश्न पर अंतिम निर्णय नहीं ले सकते। अगस्त के प्रथम सप्ताह में दोनों वापस लौटेंगे, तब हम कार्य समिति की बैठक रख सकते हैं। मेरा दृढ़ विचार है कि क्षय को रोकने के लिए हमारी राय का

एक शीघ्र एवं स्पष्ट संकेत जानना आवश्यक है। जब हम अगस्त में मिलेंगे, जब तक यदि हम पहले से तैयारी पूरी न कर लें तब तक उनके विरुद्ध कोई काररवाई नहीं कर पाएँगे। अत: मेरा सुझाव है कि सुभाष बाबू के अखिल भारतीय कांग्रेस कमेटी के निर्णयों के विरुद्ध देशव्यापी आंदोलन और विद्रोह आयोजित करने के उनके निर्णय के स्पष्टीकरण के लिए एक नोटिस दिया जाए, क्योंकि बंगाल प्रांतीय कांग्रेस कार्यपालिका के अध्यक्ष होने के नाते उन निर्णयों का आदर करने और कार्यान्वयन करने के लिए वे बाध्य हैं। जहाँ तक बंगाल प्रांतीय कार्यपालिका का संबंध है, बेहतर होगा कि उसे भी ऐसा नोटिस दिया जाए। उन्होंने आपकी सलाह की उपेक्षा की है, अनुशासन भंग किया है। उन्हें अपना स्पष्टीकरण भेजने दीजिए और अगली बैठक में हम उन पर काररवाई करने के प्रश्न पर विचार करेंगे। इस समय हमारी ओर से कमजोरी दिखने से अनुशासनहीनता फैलेगी और हमारा संगठन कमजोर होगा। आपने बंबई सरकार की मद्य-निषेध नीति पर सुभाष बाबू का बयान देखा होगा। उन्होंने हमारे शत्रुओं से भी अधिक बुरा व्यवहार किया है। अब महात्माजी के वक्तव्य के जवाब में वह एक अन्य बयान जारी कर रहे हैं।

मुझे आपका 11 जुलाई का पत्र भी प्राप्त हुआ है। जमशेदपुर की मजदूर समस्या तथा डिग्बोई हड़ताल के मामलों की प्रगति के बारे में मुझे अपने संपर्क में रखिएगा।

भवदीय
वल्लभभाई

बाबू राजेंद्र प्रसाद
कांग्रेस अध्यक्ष,
राँची

51

सरदार पटेल (अध्यक्ष आजाद हिंद फौज राहत समिति) द्वारा 'अमृत बाजार पत्रिका' के संपादक को निधि भेजने के लिए लिखा पत्र

आजाद हिंद फौज जाँच एवं राहत समिति

26 दिसंबर, 1945

प्रिय महोदय,

मैं कलकत्ता में कार्य समिति द्वारा अपनी पिछली बैठक में आजाद हिंद फौज

के जाँच एवं राहत के उद्देश्य से पास किए गए प्रस्ताव, जिसके द्वारा एक अखिल भारतीय समिति की नियुक्ति की गई, की एक प्रति आपको संलग्न कर रहा हूँ। संपूर्ण भारत में विभिन्न स्थानों पर एकत्र किए गए कोष का प्रभार केंद्रीय समिति के पास रहेगा। नीति की एकरूपता की दृष्टि से एवं निधि के उचित नियमन एवं वितरण हेतु यह आवश्यक समझा गया कि विभिन्न स्थानों पर एकत्र किए गए फंड के नियंत्रण और प्रबंधन का केंद्रीयकरण किया जाए।

मैं समझता हूँ कि आपने भी अपने प्रतिष्ठित समाचार-पत्र के माध्यम से इसी उद्देश्य के लिए एक फंड खोला है। अध्यक्ष और कोषाध्यक्ष होने के नाते मेरा आपसे निवेदन है कि फंड यथाशीघ्र से भेज दिया जाए और भविष्य में जब भी फंड एकत्रित हो, उसे भेजते रहें।

भवदीय
वल्लभभाई पटेल
अध्यक्ष

संपादक,
अमृत बाजार पत्रिका,
कलकत्ता

अनुलग्नक

(आजाद हिंद फौज जाँच एवं राहत समिति के विषय में कांग्रेस कार्य समिति का प्रस्ताव 8 दिसंबर, 1945)

आजाद हिंद फौज के कर्मचारियों के संबंध में कानूनी और रक्षा संबंधी अनेक कठिनाइयों के अतिरिक्त अन्य समस्याओं को ध्यान में रखते हुए एक समिति के गठन का निश्चय किया गया, जो पहले से गठित आजाद हिंद फौज रक्षा समिति से अलग होगी, ताकि सूचना एकत्र करके, जहाँ आवश्यक हो, इन कर्मचारियों को राहत प्रदान की जा सके। इस समिति को 'आजाद हिंद फौज जाँच एवं राहत कमेटी' के नाम से जाना जाएगा। कमेटी आजाद हिंद फौज की सेवा में मृत कर्मचारियों के आश्रितों के विषय में पूरी जानकारी एकत्र करने का प्रबंध करेगी। राहत पहुँचाने का तरीका, अत्यावश्यक और तुरंत सहायता के अतिरिक्त उत्पादक कार्य प्रदान भी करने होंगे।

निम्नलिखित लोग आजाद हिंद फौज जाँच एवं राहत समिति के सदस्य होंगे—

1. सरदार वल्लभभाई पटेल (अध्यक्ष)

2. जवाहरलाल नेहरू
3. जे.बी. कृपलानी
4. शरच्चंद्र बोस
5. रफी अहमद किदवई
6. एम. दाऊद गजनवी
7. श्रीप्रकाश (सचिव)
8. रघुनंदन सरन
9. खुर्शीद नैरोजी
10. राव साहब पटवर्धन
11. सरदार प्रताप सिंह
12. बंबई आजाद हिंद फौज समिति का एक प्रतिनिधि, जिसके पास अपनी संख्या बढ़ाने का अधिकार होगा।

अखिल भारतीय कांग्रेस कमेटी का कोषाध्यक्ष आजाद हिंद फौज जाँच एवं राहत कार्य के लिए एकत्र की गई निधि (फंड्स) का प्रभारी होगा।

52

आजाद हिंद फौज निधि में उदारता से दान करने के लिए सरदार पटेल द्वारा जनता से अपील

(यह सरदार पटेल की अपने देशवासियों से अपनी ओर से तथा डॉ. बी.सी. राय, कांग्रेस मेडिकल मिशन के संगठनकर्ता, की ओर से की गई जोरदार अपील थी)

16 फरवरी, 1946

ग़त दिसंबर में, भारतीय स्वाधीनता लीग तथा मलाया और बर्मा में आजाद हिंद फौज के सदस्यों द्वारा चिकित्सा मदद माँगने की अपील पर कांग्रेस कार्य समिति ने जरूरतमंद लोगों को राहत देने के लिए मलाया, बर्मा इत्यादि में कांग्रेस की ओर से एक चिकित्सा मिशन भेजने का निश्चय किया और डॉ. विधान चंद्र राय को, मेरे परामर्श से, एक मिशन गठिन करने तथा उसे शीघ्र ही भेजने का प्रबंध करने के लिए अधिकृत किया गया।

हमने भारत सरकार से इस मिशन को मलाया और बर्मा भेजने की अनुमति माँगी। कुछ देरी के बाद, हमें सचिव, भारत सरकार ने अभी-अभी सूचित किया है

कि मिशन मलाया में अपना कार्य कर सकेगा। सरकार के कॉमनवेल्थ विभाग ने भी केंद्रीय सभा को और जनता को सूचित किया है कि मलाया के लिए मिशन तुरंत भेजा जा सकता है। हमने देश के विभिन्न भागों से कर्मचारी नियुक्त कर लिये हैं, जिन्होंने हमारी औपचारिक अपील के बिना ही अपनी सेवाएँ स्वेच्छा से समर्पित की हैं। यह कहना व्यर्थ होगा कि उनमें से अनेक को बंगाल में पिछले चार वर्षों में अकाल (सूखा) में किए गए राहत कार्य करने के अनुभव के आधार पर चुना गया है।

डॉ. विधान चंद्र राय और मैं अब जनता से अपील करते हैं कि वे नगदी और सामान देकर इस कार्य में मदद करें। हमें बताया गया है कि मलाया में जीवन की दैनिक आवश्यकता की वस्तुएँ दुर्लभ हैं और बहुत महँगी हैं। इसलिए हमने निश्चय किया है कि लोगों को उनके पूरे उपकरण और आवश्यक वस्तुएँ, भोजन छोड़कर, जो तीन महीने चल सके, दी जाएँ। खाकी यूनीफॉर्म, कमीजें, चादर, तकियों के कवर, मच्छरदानियाँ, मोजे, जूते इत्यादि उन्हें यहीं से दिए जाएँ, जिससे वे मलाया में चिकित्सा राहत मुहैया कराने में अपना पूरा ध्यान लगा सकें। हम उन्हें आवश्यक दवाइयाँ तथा तीन महीने के लिए पर्याप्त सामान दे रहे हैं। उनके लिए दो गाड़ियों का प्रबंध भी कर रहे हैं, जिनमें सचल औषधालय (मोबाइल डिस्पेंसरी) काम करेगा, ताकि चिकित्सा-अधिकारी केंद्र से दूर-दराज के इलाकों में जा सकें। परिवहन सुविधा के उपलब्ध होते ही हमारे कर्मचारियों की प्रथम टोली कुआलालंपुर पहुँच जाएगी और अपनी आगे की काररवाई के बारे में निर्णय लेगी।

इन दूर-दराज के लोगों ने अनेक प्रकार के असंख्य कष्ट उठाए हैं; हमें पता चला है कि अभी हमें जितनी चिकित्सा राहत भेजने की अनुमति मिली है, उससे कहीं अधिक मदद की जरूरत है। लेकिन हमें आशा है कि भारत और ब्रिटिश सरकार सभी एजेंसियों—सरकारी या गैर-सरकारी—के सहयोग से मुसीबत में फँसे असंख्य लोगों के लिए प्रभावी चिकित्सा राहत उपलब्ध कराने की आवश्यकता को समझेगी, ताकि शीघ्रातिशीघ्र पीड़ित लोगों तक अधिक-से-अधिक राहत पहुँच सके। हालाँकि स्थानीय निवासियों को भी राहत की जरूरत है; परंतु आजाद हिंद फौज और भारतीय स्वाधीनता लीग बड़ी मुसीबत में हैं, क्योंकि वे विदेशी जमीन पर हैं। हमारी जनता से अपील है कि उदारता से चंदा देकर मिशन की यथासंभव मदद करें। सभी तरह की राहत सामग्री अखिल भारतीय आजाद हिंद फौज जाँच एवं राहत कमेटी के कार्यालय, जो कि कांग्रेस हाउस, विट्ठलभाई पटेल रोड, बंबई-4 में स्थित है, को भेजी जाए।

53

सरदार पटेल द्वारा फॉरवर्ड ब्लॉक और कांग्रेस की एकता के बारे में आर.एस. रुइकर को लिखा पत्र

17 मार्च, 1946

प्रिय रुइकर,

मुझे मौलाना अबुल कलाम, अध्यक्ष, भारतीय राष्ट्रीय कांग्रेस के नाम खुले पत्र[1] की एक प्रति प्राप्त हुई। यह मुझे 15 तारीख को प्राप्त हुई जब कार्य समिति[2] विसर्जित होनेवाली थी और कुछ सदस्य जा चुके थे। इसलिए पत्र कार्य समिति के समक्ष पेश नहीं किया गया; परंतु मैं इस पर आपको अपनी व्यक्तिगत राय बता सकता हूँ।

आपने यह पत्र अखिल भारतीय फारवर्ड ब्लॉक के अध्यक्ष की हैसियत से लिखा है, जिसपर प्रतिबंध लगा है। मेरे विचार से प्रतिबंध केवल नाम के लिए है और इसके कुछ एक सदस्य ही नजरबंद हैं। मैं नहीं जानता कि क्या आप ब्लॉक के उन सभी सदस्यों का प्रतिनिधित्व करते हैं जो नजरबंद नहीं हैं। लेकिन मैं यह जानता हूँ कि उनमें से कई लोगों ने ब्लॉक को भंग करने की इच्छा प्रकट की है, और यह भी कि इसके सदस्यों को कांग्रेस संगठन में शामिल हो जाना चाहिए।

पहले भी अनेक लोग ब्लॉक को जीवित रखने की नीति से सहमत नहीं थे और वे कांग्रेस में शामिल हो गए हैं। लेकिन यह ब्लॉक के संगठन की बात है, जिससे मेरा इस समय कोई सरोकार नहीं है।

अखिल भारतीय कांग्रेस कमेटी के पिछले बंबई अधिवेशन में जो नीति लागू की गई थी, ब्लॉक के उपस्थित सदस्यों ने उससे सहमति व्यक्ति की थी। प्रस्ताव पद स्वीकार करने के बारे में विचार करता है और उसी आधार पर चुनाव लड़े गए। यह भारत छोड़ो आंदोलन के विरोध में न होकर उसके अनुरूप है। मैं आपके दृष्टिकोण से सहमत नहीं हूँ कि कांग्रेस पद ग्रहण करके संघ के संरक्षण में ब्रिटिश शासन चलाएगी। नकारने की नीति, जिसकी आप वकालत करते हैं, वह नेताजी सुभाष चंद्र बोस की नीति नहीं है। उनकी अनुपस्थिति में उनके विचारों का हवाला देना, जो इन परिस्थितियों में कुछ और हों, उचित नहीं है।

यदि हम कांग्रेस के तरीके से दूसरी जंग छेड़ना चाहते हैं तो यह ब्रिटिश कैबिनेट घोषणा में अविश्वास करने से इनकार करके ही प्रभावी ढंग से छेड़ सकते

हैं। आपकी नीति डेलीगेशन से कोई वास्ता न रखने और अभी से उसका बहिष्कार करने की है। यदि आवश्यक हुआ तो कांग्रेस संघर्ष करने के लिए अच्छी स्थिति में है, जिससे डेलीगेशन से वार्त्ता करके विश्व को दिखाया जा सके कि कांग्रेस द्वारा शांतिपूर्ण एवं धैर्यपूर्वक संधिवार्त्ता करके सत्ता के हस्तांतरण के लिए यथासंभव उपाय किए गए। इस संधिवार्त्ता को अस्वीकार करना कांग्रेस के हित में नहीं होगा और उससे इसकी संघर्ष प्रारंभ करने की शक्ति कमजोर पड़ जाएगी, जो कि एकमात्र विकल्प शेष रहेगा, जिसे तुरंत शुरू करना होगा। इसलिए यदि भारत के प्रति ब्रिटिश सरकार के रवैए में कोई परिवर्तन नहीं होता तो हमें वार्त्ता से इनकार करके उनकी नेकनीयत को असत्य प्रमाणित करने का यह अवसर नहीं खोना चाहिए।

आपका 'युद्ध रोको आदेश' का तर्क असंगत है। कांग्रेस ने जंग छेड़ने का कोई आदेश ही नहीं दिया है। कांग्रेस द्वारा संघर्ष शुरू ही नहीं किया गया है। सन् 1942 का संघर्ष एक रक्षात्मक संघर्ष था, जो कांग्रेस पर थोपा गया था। कांग्रेस की ताकत लगभग चुक गई थी, जब कांग्रेस कार्य समिति को मुक्त किया गया। आजाद हिंद फौज ने जो लड़ाई छेड़ी थी, उसका भी अंत हो गया था—जब फौज ने युद्ध विराम मान लिया था तथा बहुत समय पहले समर्पण कर दिया था। सन् 1942 के आंदोलन से जो सीख आप हमें देना चाहते हैं, कांग्रेस कार्य समिति या अखिल भारतीय कांग्रेस समिति कांग्रेसियों को जो सीख देना चाहती है, वह उससे भिन्न है। हमारे असावधानी से पकड़े जाने का प्रश्न ही नहीं है। कांग्रेस पूरी तरह सजग है और एक दोहरे कार्यक्रम से कार्य कर रही है। या तो यह सत्ता के शांतिपूर्ण हस्तांतरण में पूर्णतः सफल होगी या अंतिम संघर्ष की मजबूत नींव रखी जाएगी। आपकी नीति छोटे-मोटे व्यक्तिगत एवं छुटपुट झगड़ों में अपनी ऊर्जा नष्ट करने की है, जिसमें कांग्रेस को भी घसीटा जाता है। मुझे कोई संदेह नहीं है कि यदि कांग्रेस अपनी नेतृत्व की नीति छोड़ देती है और दूसरों के द्वारा घसीटे जाने की इजाजत देती है, तो यह आत्महत्या करने जैसा होगा।

फॉरवर्ड ब्लॉक के सदस्यों को यह निर्णय करना होगा कि क्या वे कांग्रेस के अंतर्गत एक दल के रूप में कार्य करेंगे या वे ब्लॉक का कांग्रेस में विलय कर देंगे। राय देना मेरा काम नहीं है। कांग्रेस में दूसरे दल भी कार्य कर रहे हैं। आप कांग्रेस से किस नीति पर चलने की अपेक्षा रखते हैं, यह मैं नहीं समझ पाया हूँ। आपका सुझाव है कि कांग्रेस के संरक्षण में देश की सभी साम्राज्य विरोधी शक्तियाँ संगठित होकर एक उदार एवं लोकतांत्रिक नीति अपनाएँ। वह नीति क्या हो तथा वर्तमान

नीति, जिसका कांग्रेस अनुसरण कर रही है, उससे वह कैसे भिन्न हो, यह आपके पत्र में इंगित नहीं किया गया है। अच्छा होता कि आप कोई ठोस सुझाव उस नीति के संबंध में बताते, जिससे अगली बैठक में कार्य समिति द्वारा उनपर विचार करना संभव हो पाता।

बंबई नौसैनिक रेटिंग्स के मामले में मैं समझता हूँ कि मैंने आपको पूरा मामला समझा दिया है—जब आप पिछली बार मुझसे बंबई में मिले थे। आपके पत्र से मुझे लगता है कि आपके विचार इस विषय पर बिलकुल अलग हैं।

आपने जबलपुर में कमेटी द्वारा पारित प्रस्तावों की प्रतियाँ भेजी हैं, जिनमें विभिन्न कांग्रेस समितियों द्वारा कांग्रेस के अंतर्गत राजनीतिक दलों के लोकतांत्रिक कार्यों में अड़ंगा डालने की प्रवृत्ति बढ़ने की शिकायत की गई है। यह शिकायत अत्यंत सामान्य ढंग से की गई है, बेहतर होता कि आप इन समितियों के उन कार्यों का विशेष रूप से उल्लेख करते, जो आपको आपत्तिजनक लगते हैं।

आपका सुझाव है कि यह अत्यंत वांछनीय है कि सभी दलों और समूहों को अपनी निश्चित राजनीतिक विचारधारा और कार्यक्रम के अनुसार लोकतांत्रिक तरीके से कांग्रेस में कार्य करने की इजाजत मिले। यह भी बहुत अस्पष्ट आरोप है और यदि आप कुछ काररवाई की अपेक्षा करते हैं तो और सुस्पष्ट रूप में लिखें।

भवदीय

वल्लभभाई पटेल

श्री आर.एस. रुइकर

नागपुर सिटी

---

1. अनुलग्नक देखें।
2. बंबई में आयोजित कार्य समिति की बैठक के संदर्भ में।

अनुलग्नक

(अध्यक्ष, भारतीय राष्ट्रीय कांग्रेस के नाम श्री आर.एस. रुइकर के 8 मार्च, 1946 के खुले पत्र से उद्धृत)

भारत के इतिहास में कार्य समिति की बैठक एक नाजुक और महत्त्वपूर्ण समय पर हो रही है और मैं अखिल भारतीय फॉरवर्ड ब्लॉक के अध्यक्ष की हैसियत से अपने कर्तव्य-पालन से विमुख होऊँगा—यदि मैं आपके और कार्य समिति के संज्ञान में उन नीतियों के बारे में अपना विचारशील दृष्टिकोण न लाऊँ, जिन्हें आप, महात्मा गांधी और कार्य समिति के अन्य सदस्य ब्रिटिश सरकार और कांग्रेस के

अंतर्गत कार्य करनेवाले अन्य समूह के प्रति अपना रहे हैं।...अखिल भारतीय फॉरवर्ड ब्लॉक अभी भी एक गैर-कानूनी संगठन है। हाल ही में हम अनौपचारिक रूप से जबलपुर में मिले थे और आप मेरा विश्वास कीजिए कि मेरे विचार जो मैं प्रकट कर रहा हूँ, फॉरवर्ड ब्लॉक के उन नेताओं के विचार हैं जो नेताजी सुभाष चंद्र बोस के राजनीतिक नेतृत्व की उच्च एवं शालीन परंपरा का पालन करने का यत्न कर रहे हैं।

हमारा यह स्पष्ट मानना है कि वर्तमान संविधान के अंतर्गत पद स्वीकार करना, केंद्र में या प्रांत में, भारत छोड़ो आंदोलन के प्रस्ताव के पूर्णरूपेण विरुद्ध है और हम महसूस करते हैं कि 'भारत छोड़ो प्रस्ताव' पर चुनाव लड़ने के बाद, विदेशी प्रांतीय राज्यपालों या वायसराय के निर्देशन और मार्गदर्शन में पद स्वीकार करना 'भारत छोड़ा प्रस्ताव' की भावना के विरुद्ध ही नहीं है अपितु वास्तव में संघीय शासन के संरक्षण के अंतर्गत राजा की सरकार का हुक्म बजाना है। हम यह भी महसूस करते हैं कि पद स्वीकार करने की नीति नेताजी सुभाष चंद्र बोस के राजनीतिक कार्यक्रम और नेतृत्व के अनुरूप नहीं है।

महात्मा गांधी ने आश्वस्त किया है कि हमें ब्रिटिश घोषणाओं पर अविश्वास नहीं करना चाहिए। आपने भी आश्वस्त किया है कि विदेशियों द्वारा भारतीय हाथों में सत्ता के हस्तांतरण में अब कुछ समय की देर है। महात्मा गांधी ने अपनी सहज शालीनता में और आगे बढ़कर एक प्रश्न पूछा है—'क्या सरकारी शिष्टमंडल इस महान् राष्ट्र को धोखा देने के लिए आ रहा है?' लेकिन हम लोग जो फॉरवर्ड ब्लॉक में हैं, आपके या महात्मा गांधी के विश्वास और आशावादिता को बाँटने में असमर्थ हैं। सत्य रंजन बख्शी, श्रीमती लीला राय और जयप्रकाश नारायण जैसे सैकड़ों बंदियों के कैंपों में नजरबंद रहते हुए एवं आजाद हिंद फौज के हजारों अफसरों और सिपाहियों के हिरासत में रहते हुए व ए.आइ.एफ. और सी.एस.पी., किसान सभा एवं लाल सेना के प्रतिबंधित होते हुए और मगनलाल बाँगड़ी तथा अष्टी एवं चिमूर कैदियों के जेल में लंबी सजा काटते हुए यह विश्वास लगभग असंभव प्रतीत होता है कि ब्रिटिश मंत्रिमंडल मिशन सत्ता हस्तांतरण के उद्देश्य से भारत आ रहा है।

हाल ही में हमने ब्रिटिश साम्राज्य का बंबई में आतंक का राज्य फैलते हुए देखा है। हमारे बहादुर आर.आई.एन. लड़कों के प्रति किया गया व्यवहार भी हम देख रहे हैं। बंबई में आर.आई.एन. की हड़ताल स्वाधीनता और विद्रोह की भावना का शानदार उदाहरण है, जो तरुण भारत की नसों में दौड़ रही है। सन् 1942 में

कांग्रेस द्वारा शुरू किया गया स्वाधीनता संघर्ष लोगों में व्याप्त हो चुका है और जब तक भारत पूर्ण स्वतंत्रता प्राप्त न कर ले, इसे रोका नहीं जा सकता। यदि युद्ध रोकने का आदेश, जैसा कि लाहौर में आपके हाल के वक्तव्य से प्रचारित किया गया है, लागू होता है कि कोई हड़ताल नहीं होनी चाहिए, और आज के अस्थायी अधिकारियों की अवज्ञा नहीं हो, तो ब्रिटिश सरकार की ओर से भी युद्ध-विराम होना चाहिए।

नेताजी हमारी प्रेरणा और मार्गदर्शन के स्रोत हैं। जब तक नेताजी की स्मृति भारत में जीवित है, अखिल भारतीय फॉरवर्ड ब्लॉक कांग्रेस के अंतर्गत एक क्रांतिकारी वामपंथी समाजवादी दल के रूप में कार्य करेगा। हम नेताजी के अंतिम शब्दों से पूरी तरह से सहमत हैं कि 'कांग्रेस और हम एक शरीर हैं।' हम कांग्रेस के अंतर्गत एक दल के रूप में कार्य करने के इच्छुक हैं, जैसा कि सन् 1939 में अखिल भारतीय फॉरवर्ड ब्लॉक की स्थापना के समय नेताजी ने अंतिम संदेश में हमसे कहा था। मुझे आशा है कि आप, महात्मा गांधी और कार्य समिति इस पत्र पर कुछ काररवाई करेंगे।

आर.एस. रुइकर
अध्यक्ष,
अखिल भारतीय फॉरवर्ड ब्लॉक

54

सुभाष चंद्र बोस की पुत्री को आर्थिक मदद देने के बारे में सरदार पटेल द्वारा पं. नेहरू को लिखा पत्र

नई दिल्ली

21 जुलाई, 1948

प्रिय जवाहरलाल,

आजाद हिंद फौज के बजट के संबंध में आपका 15 जुलाई, 1948 का पत्र प्राप्त हुआ।

मैं आपकी इच्छानुसार 50 हजार रुपए की धनराशि जुलाई-सितंबर महीनों के खर्च के लिए और भेज रहा हूँ। मेरा सुझाव है कि 1 अक्तूबर को जो भी पैसा शेष रहता है, उसे सुभाष बाबू की पुत्री की मदद के लिए ट्रस्ट में डाल दिया जाए, जिसके बारे में कुछ समय पहले हमारे बीच पत्र-व्यवहार हुआ था। ऐसा नहीं

लगता है कि शरत् बाबू (शरत चंद्र बोस—सुभाष बाबू के बड़े भाई) उनकी कुछ मदद कर पाएँगे।

भवदीय
वल्लभभाई पटेल

माननीय पं. जवाहरलाल नेहरू
नई दिल्ली

55

सुभाष चंद्र बोस की पुत्री के लिए एक हजार रुपए भेजने पर सहमति व्यक्त करते हुए पं. नेहरू द्वारा सरदार पटेल को लिखा पत्र

नई दिल्ली
22 जुलाई, 1948

प्रिय वल्लभभाई पटेल,

आजाद हिंद फौज के बजट के बारे में आपका 21 जुलाई का पत्र प्राप्त हुआ।

सुभाष बाबू की पुत्री की सहायता के लिए ट्रस्ट में कुछ रुपया अलग से रखने का आपका विचार मुझे अच्छा लगा। शरत् बाबू ने कुछ भी करने से पल्ला झाड़ लिया है, परंतु क्या यह कदम आजाद हिंद फौज के राहत कोष के उद्देश्य के अनुरूप है? आजाद हिंद फौज से इस मामले पर विचार-विमर्श करना किसी भी रूप में वांछनीय होगा।

मुझे पता नहीं कि कितना पैसा शेष है। मैं नहीं समझता कि उनकी पुत्री के लिए बड़ी धनराशि अलग से रखे जाने की आवश्यकता है। संभवतः 25 हजार से काम चल जाएगा।

मेरी राय है कि इस बीच कुछ रुपया, जैसे 1 हजार रुपए माँ को पुत्री के लिए भेज दिया जाए। इसका प्रबंध (ए.सी.एन.) नांबियार के माध्यम से आसानी से हो सकता है, जो स्विट्जरलैंड से अगले महीने के शुरू में वापस आ रहे हैं और जो माँ से अच्छी तरह से परिचित हैं। वह हमें माँ-बेटी के बारे में अन्य जानकारी भी दे सकते हैं।

भवदीय
जवाहरलाल

माननीय सरदार वल्लभभाई पटेल

56

सरदार पटेल द्वारा पं. नेहरू को सुभाष चंद्र बोस की पुत्री की मदद की आवश्यकता की जानकारी लेने हेतु लिखा गया पत्र

नई दिल्ली

26 जुलाई, 1948

प्रिय जवाहरलाल,

आजाद हिंद फौज के बजट के बारे में आपका 22 जुलाई, 1948 का पत्र प्राप्त हुआ। आजाद हिंद फौज की निधि से सुभाष चंद्र बोस की पुत्री के लिए मदद को न्यायोचित सिद्ध करना आसान होगा। सुभाष चंद्र बोस आजाद हिंद फौज के सर्वोच्च सेना प्रमुख थे, अतः आजाद हिंद फौज की निधि से उनके परिवार को मदद दी जा सकती है।

जहाँ तक मैं समझता हूँ, उनकी पुत्री के लिए अलग से मदद के लिए हमारे पास बहुत पैसा है। इसी बीच मैंने धीरूभाई (देसाई)* से नाथालाल के संपर्क में रहने को कहा है, जो पहले से यूरोप में हैं और अधिकतम एक हजार रुपए की सहायता-वस्तुएँ पुत्री को भेजने का प्रबंध करने को कहा है कि वे वहाँ मौजूद हैं। मैंने उनसे सुभाष बाबू के परिवार के विषय में कुछ अधिक जानकारी एकत्र करने को भी कहा है।

भवदीय

वल्लभभाई पटेल

माननीय पं. जवाहरलाल नेहरू

नई दिल्ली

---

* भूलाभाई देसाई के पुत्र और स्विट्ज़रलैंड में भारत के राजदूत।

57

सरदार पटेल द्वारा पुष्टि कि सुभाष बाबू जीवित नहीं रहे

23 दिसंबर, 1949

श्री सुरेश चंद्र मजूमदार को उत्तर देते हुए सरदार पटेल ने लिखा कि सरकार के पास उपलब्ध सभी सूचनाओं से यह निष्कर्ष निकलता है कि ''सुभाष बाबू

जीवित नहीं हैं; लेकिन उनके भाई के इस विषय पर अलग विचार हैं—यह माननीय सदस्य संभवत: जानते हैं।''

सरदार पटेल ने कहा कि जाँच करने पर यह निष्कर्ष निकाला गया कि सुभाष बाबू की ताइकू में एक हवाई जहाज दुर्घटना में मृत्यु हो गई।

58

सुभाष बाबू की पत्नी के लिए गुजारा-भत्ता तय करने हेतु पं. नेहरू द्वारा सरदार पटेल को लिखा पत्र

नई दिल्ली

11 अगस्त, 1950

प्रिय वल्लभभाई,

आपको याद होगा कि करीब दो वर्ष पूर्व मैंने आपको सुभाष बाबू की पत्नी और पुत्री के संबंध में लिखा था, जो वियना में हैं। मैंने तब सुझाव दिया था कि उन्हें कुछ धनराशि भेजी जानी चाहिए। मुझे याद आता है कि आपने कुछ धन शायद 1 हजार रुपए नाथालाल के माध्यम से भेजे थे। मेरा इस संबंध में धीरू देसाई* के साथ हाल ही में पत्र-व्यवहार हुआ है और उनके परामर्श से हमने तय किया है कि उस महिला को कुछ गुजारा-भत्ता दिया जाना चाहिए। यह रुपया 285.83 प्रतिमाह बनता है। हम छह महीने का भत्ता 1,715 रुपए वियना में हमारे वाणिज्य दूत के माध्यम से भेजने का प्रबंध कर रहे हैं। वे हर माह उन्हें पैसा भुगतान कर सकते हैं।

मैं नहीं जानता कि आपकी आजाद हिंद फौज निधि की क्या स्थिति है और यदि आपके पास कुछ धन शेष है, तो आप इस धनराशि से 6 महीने या एक वर्ष का भुगतान कर सकते हैं। यदि ऐसा है तो क्या आप मुझे चेक भेज सकते हैं?

भवदीय

जवाहरलाल

माननीय सरदार वल्लभभाई पटेल

नई दिल्ली

---

* स्विट्जरलैंड में भारत के तत्कालीन राजदूत।

59

सुभाष बाबू के परिवार को गुजारा-भत्ता देने के संबंध में सरदार पटेल द्वारा पं. नेहरू को पत्र

नई दिल्ली

12 अगस्त, 1950

प्रिय जवाहरलाल,

सुभाष बाबू की पत्नी और पुत्री के संबंध में आपका 11 अगस्त, 1950 का पत्र मिला।

मैंने स्वयं धीरू को लिखा है कि मैं यहाँ उनके संबंधियों से संपर्क बनाए रखूँगा और देखूँगा कि उनका क्या कहना है? मैंने धीरू के पत्र की एक प्रति भेजते हुए अमिय बोस को लिखा है और पूछा है कि जैसी रिपोर्ट मिली है और इस मामले में शरत् बाबू की रुचि जानकर, क्या परिवार उनके लिए कुछ करना चाहेगा? अमिय ने मुझे लिखा है कि वह सितंबर में यूरोप जाएँगे और सुभाष बाबू की पत्नी से संपर्क करेंगे, जिससे कुछ इंतजाम किया जा सके। मुझे आशा है कि उनके दौरे के फलस्वरूप, परिवार के पैसे से उनके लिए कुछ करना संभव होगा। यदि नहीं, तो हमें आजाद हिंद फौज की ओर से कुछ करना होगा। इसलिए इस समय कुछ प्रबंध छह महीने के लिए कर दिया जाए। अमिय के वापस आने के बाद हम कुछ स्थायी प्रबंध करने के विषय में विचार करेंगे।

मैं अंतरिम गुजारा-भत्ता के रूप में 1,715 रुपए का चेक संलग्न कर रहा हूँ।

भवदीय

वल्लभभाई

माननीय पं. जवाहरलाल नेहरू
नई दिल्ली

60

सरदार पटेल द्वारा उन लोगों की आलोचना, जो गांधीजी का नाम अपनी स्वार्थ-पूर्ति के लिए लेते हैं

द हिंदुस्तान टाइम्स

3 अक्तूबर, 1949

एक सभा में सरदार पटेल, जो स्वयं उपस्थित न हो सके, का संदेश पढ़कर सुनाया गया—'यदि हम गांधीजी के सिद्धांतों की स्वयं को याद दिलाएँ, जिन्हें हम भूल चुके हैं और सही रास्ते पर वापस आ जाएँ, तो यह उनको स्मरण करने का सच्चा तरीका होगा।'

संदेश में आगे कहा गया—'करीब दो वर्ष पूर्व गांधीजी ने अपने उद्देश्य व सिद्धांतों के लिए अपने जीवन का सर्वोच्च बलिदान दिया था। उनकी मृत्यु के समय एक प्रकार का राष्ट्रीय जागरण हो गया था और हम सबने अनुभव किया था कि गांधीजी का जीवन हमारे व राष्ट्र के लिए कितना आवश्यक था; परंतु हम उस जागृति की अवस्था में थोड़े समय ही रह पाए। हम फिर उन्हीं गलतियों में उलझ गए जो हम उनकी मृत्यु से पहले करते थे।

'आज लोग उनका नाम कई तरीकों से लेते हैं। हममें से कुछ उन्हें तब याद करते हैं जब किसी परेशानी में फँसे होते हैं और महसूस करते हैं कि यदि आज वे जीवित होते, तो उनका मार्गदर्शन और सलाह हमें मिलती। हममें से कुछ लोग उनके नाम की शरण लेकर अपनी गलतियाँ छिपाना चाहते हैं। हममें से कुछ लोग अस्त्रों का, जो उन्होंने हमारे हाथ में दिए, का प्रयोग अपने स्वार्थ सिद्धि के लिए करते हैं। वे छोटी सी बात के लिए उपवास करने की धमकी देते हैं। यदि उनमें व सरकार में कोई मतभेद होते हैं तो वे सत्याग्रह करने की धमकी देते हैं या सीधी कारवाई की धमकी देते हैं। इस सबसे उनकी साख गिरती है, उन्हें इस बात पर गर्व करना चाहिए कि अपने जीवनकाल में गांधीजी द्वारा उन्हीं सिद्धांतों के आदेश दिए जाते थे जिनके लिए उन्होंने संघर्ष किया और हम उनसे उन सिद्धांतों के पालन का सबक ले सकते हैं, न ही हमें यह शोभा देता है कि हम इस ढंग से गांधीजी की स्मृति को सँजोए रखें।

'गांधीजी ने हमारे सामने सदैव आत्मतुष्टि का विचार रखा। इसे उन्होंने दो रूप में रखा, जैसे हमें अपने भोजन और कपड़े की जरूरतें पूरी करनी चाहिए। यदि

हम यह सलाह 50 प्रतिशत भी मानते तो वर्तमान आर्थिक संकट में कभी नहीं फँसते। पिछले दो वर्षों से मैं इन सिद्धांतों पर चलने की आवश्यकता पर भी जोर देता रहा हूँ। मैं आपका ध्यान उन खतरों की ओर खींचना चाहता हूँ, जिनसे हम गुजर रहे थे और आज भी गुजर रहे हैं। लेकिन मुझे दुःख है कि अंततः हम ऐसी स्थिति में पहुँच गए हैं, जहाँ हम इन दोनों वस्तुओं की कमी के कारण भारी कठिनाइयों का सामना कर रहे हैं। जब गांधीजी हमारे बीच थे, उन्हें खुश करने के लिए हम उनके द्वारा बताए गए सिद्धांतों का पालन करते थे; यह हमें स्वयं को धन्यवाद देने की बात नहीं थी या किसी पर अहसान करने की बात नहीं थी। हाँ, हमारी परीक्षा यह थी कि उनकी मृत्यु के बाद उनसे मिली हुई मशाल को हमें जलाकर रखना था, जिससे उनके द्वारा दिए गए मार्गदर्शन का हमें पूरा लाभ मिलता।

'गांधीजी ने अपने जीवनकाल में समस्याएँ सुलझाने के इतने रास्ते हमें दिखाए थे कि यदि हम उनके जीवन-इतिहास से आदेश ग्रहण करते तो हमारे मतलब के लिए पर्याप्त होता। यह सच है कि उनकी प्रेरणादायक उपस्थिति हमारे बहुत काम आती। फिर भी यदि हम उनके द्वारा हमारे लिए निर्धारित मार्ग पर चलते तो हमारा काम बन जाता; परंतु हम अपनी दिशा बदलते रहते हैं और फिर हमें अपने कदम वापस करने में कठिनाई होती है। उन्होंने हमारे लिए जो रचनात्मक कार्यक्रम निश्चित किया, उसे देखो। उसमें कितने कार्यक्रमों का हमने उनकी दृष्टि के सामने पालन किया; लेकिन अब बेचारे रचनात्मक कार्यकर्ता पूरी तरह भटक जाते हैं। यदि हम उनके जन्मदिन के शुभ अवसर पर इन बातों पर विचार करें, उनके सिद्धांतों को याद करें, जो हम भूल चुके हैं तथा सही रास्ते पर वापस आ जाएँ, तो हम गांधीजी को स्मरण करने का सही तरीका खोज लेंगे।

61

गांधीजी द्वारा सरदार पटेल की प्रशंसा

नवजीवन

9 मार्च, 1930

सरदार पटेल मजाक में कहा करते थे कि उनकी हथेली में जेल जाने की रेखा नहीं दिखाई देती। जो लोग जेल और महल को एक श्रेणी में रखते हों उनके लिए जेल है ही नहीं या उनके लिए जेल और महल में कोई फर्क नहीं। हम सबको उस महल में जाना है जहाँ सरदार है। लेकिन जेल जाने का मौका उसी को मिलता

है जो इसके लिए योग्यता रखता है। अब हमें अवसर मिला है कि हम दिखाएँ कि हम सरदार की अमूल्य सेवाओं के योग्य हैं। उन्हें गुजरात से बहुत आशाएँ थीं। क्या उन्होंने मजदूरों की सेवा नहीं की? क्या डाक कर्मचारियों और रेल कर्मचारियों ने उनसे स्वराज्य का पाठ नहीं पढ़ा? अहमदाबाद में कौन ऐसा नागरिक है जिसे यह पता न हो कि अपना सबकुछ बलिदान कर उन्होंने इस शहर की सेवा की। जब शहर में प्लेग फैला, वल्लभभाई ने इस महामारी के शिकार लोगों की सेवा के सारे प्रबंध किए; अकाल के समय वल्लभभाई अकालग्रस्त लोगों की सहायतार्थ दौड़ पड़े; जब भीषण बाढ़ से लाखों लोगों के घर उजड़ गए, खेत में फसलें नष्ट हो गईं, तो पूरे गुजरात की मदद के लिए उन्होंने सैकड़ों स्वयंसेवकों की सेना का गठन किया और सरकार से एक करोड़ रुपए प्राप्त किए। क्योंकि उन्होंने बारदोली के लोगों का विजय अभियान में नेतृत्व किया था, उपकृत लोग उन्हें सरदार वल्लभभाई के नाम से संबोधित करते थे। आखिरकार, जब वही वल्लभभाई लोगों को पूर्ण स्वतंत्रता की लड़ाई के लिए तैयार कर रहे थे, तो वे अपना कर्तव्य-पालन करते हुए जेल गए। अब हमें क्या करना चाहिए? उत्तर बहुत स्पष्ट है। हमें निराश नहीं होना चाहिए, अपितु दोगुनी दृढ़ता और दोगुने जोश के साथ तैयारी करनी चाहिए।

हमें सविनय अवज्ञा के लिए स्वयं को तैयार करना चाहिए और जेल जाने की तथा यदि मौत हमारे मार्ग में आती है, तो उस मार्ग पर चलने को तैयार रहना चाहिए। हमें कायरतापूर्ण प्रश्न नहीं करना चाहिए कि अब सरदार नहीं हैं तो हमारा नेतृत्व कौन करेगा? राज्य कांग्रेस कमेटी के किसी भी निर्देश का पूर्ण रूपेण पालन करना चाहिए। जिस संबंध में राज्य कांग्रेस कमेटी से निर्देश न मिले, उसमें स्थानीय नेता जो कहें, वह करना चाहिए। यदि स्थानीय नेता भी न हों तो अपनी आत्मा से पूछो और उसके निर्देश का पालन करो।

शांति भंग नहीं होनी चाहिए। कोने में छुपकर मत बैठो। यदि विदेशी वस्त्रों का कूड़ा-कचरा अभी भी तुम्हारे पास हो तो उसे फेंक दो या जला दो; खादी पहनो। नमक बनाने को तैयार रहो। निश्चय करो कि नमक पर कर समाप्त करवाना है।

इस युद्ध में एक चीज की आवश्यकता है। यदि हम विनम्रता से अपना सब कुछ बलिदान करने को तैयार हो जाएँ तो स्वाधीनता हमारी पहुँच में है।

जब तक सरकार मुझे रिहा नहीं करती, अपना रास्ता मैं साफ-साफ देख सकता हूँ। मैं राक्षसी नमक कानून को तोड़ना चाहता हूँ और इसे रद्द करवाना चाहता हूँ। मैं स्वराज्य की पहली सीढ़ी चढ़ता हूँ या मृत्यु आने तक इसी दिशा में कार्य करना चाहता हूँ। दूसरों को भी इसी प्रकार कार्य करना चाहिए। यदि आप

ऐसा करने को इच्छुक नहीं हैं या आप ऐसा करने का साहस नहीं जुटा पाते, तो ऐसा ही कोई काम खोजो और उसी दिशा में आगे बढ़ो। जो सविनय अवज्ञा में भाग लेना चाहता है, उसके पास अनेक साधन हैं और सरकार नए साधन पैदा कर रही है। क्योंकि जैसे यह हमारे लिए जीवन-मरण का प्रश्न है, उसी प्रकार यह सरकार के लिए भी है। ऐसा लगता है कि इसका अस्तित्व स्वतंत्र दिमागवाले लोगों का दमन करना है। अन्यथा यह (सरकार) वल्लभभाई को गिरफ्तार क्यों करती, जो कि शांति स्थापित करने के लिए प्रसिद्ध हैं? हमारे अस्तित्व का आधार है कि हम सरकार से नहीं दबें; उसके अनैतिक कानूनों और आदेशों का उल्लंघन करें।

मोहनदास करमचंद गांधी

62

जेल में सरदार पटेल के साथ निंदनीय व्यवहार पर गांधीजी की प्रतिक्रिया

यंग इंडिया

12 मार्च, 1930

सरदार वल्लभभाई एक ऐसे व्यक्ति हैं जो इस अशांति के समय में गुजरात में शांति बनाए रखने के लिए जिम्मेदार हैं। वही एक ऐसे व्यक्ति हैं जिनके अहमदाबाद नगर बोर्ड के प्रशासन को सरकार से अत्यधिक सराहना मिली। वे ही एक ऐसे व्यक्ति हैं जिनके अथक प्रयास ने 1927 में गुजरात के बाढ़ पीड़ितों में साहस पैदा किया और जब सरकारी तंत्र छिन्न-भिन्न हो गया तब उनके कर्मचारियों ने हजारों लोगों की जान बचाई। यह वल्लभभाई ही थे, जिन्होंने एक शांतिपूर्ण युद्ध छेड़ा, जिसकी परिणति दोनों पक्षों के बीच सम्मानजनक समझौते के रूप में हुई। यह व्यक्ति शांति का समर्थक, गुजरातियों का भक्तिभाजन, उनका बेताज बादशाह अब एक कैदी है, इसलिए कि उसने भाषण निषेध की आज्ञा को नहीं माना; क्योंकि इससे दूर-दूर तक शांति भंग होने का खतरा नहीं था। अधिकारी जानते थे कि वह नमक कानून के प्रावधानों की अवज्ञा करने नहीं गए। वह सिर्फ मेरी यात्रा की तैयारी के लिए गए थे। उन्हें किसी-न-किसी तरह हटाया जाना था। वायसराय को मेरे द्वारा कानून की अपेक्षित अवहेलना किए जाने का दुःख है। कानून के नाम पर व्यक्ति की स्वतंत्रता बाधित करनेवाले इस भ्रष्टाचारी शासन एवं कानून के दुरुपयोग

के बारे में क्या कहा जाए?

सरदार कहाँ हैं और कैसे हैं? वह एक सामान्य कोठरी में हैं, खुले में सोने में असमर्थ, अँधेरे में रह रहे हैं। उन्हें जो भोजन दिया जा रहा है, उससे उन्हें पेचिश लग सकती है, जो उनकी प्रवृति में है। लेकिन इस गरमी के मौसम में किसी सामान्य व्यक्ति को आसमान के नीचे सोने से क्यों रोका जाए, यदि उससे सुरक्षा को कोई खतरा नहीं है? किसी को लिखने-पढ़ने के लिए रोशनी क्यों न दी जाए, यदि उसे इसकी जरूरत है? क्या एक हत्यारा पढ़कर शिक्षित नहीं हो सकता? और वल्लभभाई को वह भोजन क्यों नहीं दिया जा सकता, जो उनके स्वास्थ्य के लिए जरूरी है। लेकिन यह जेल सुधार का विषय है। सरदार वल्लभभाई ऐसे व्यक्ति नहीं हैं, जिन्हें आवश्यक सुविधाएँ न मिलने पर जिनका धैर्य टूट जाएगा।

गुजरात ही नहीं, भारतवर्ष सर्वोच्च कानून की सत्ता की स्थापना की तैयारी में है, जिससे कानून के नाम पर होनेवाले गैर-कानूनी छल-कपट का सफाया हो जाएगा। अधिकारियों ने वल्लभभाई को इस आशा से कैद किया है कि हमारा कार्य ढीला पड़ जाएगा। शीघ्र ही उन्हें अहसास हो जाएगा कि कार्य उसी प्रकार चलेगा जैसे कि वह सशरीर लोगों के बीच में हों।

63

अपनी गिरफ्तारी पर सरदार पटेल गुजरात के लोगों को गांधीजी का समर्थन करने के लिए प्रोत्साहित करते हुए

इंडियन रिव्यू

मार्च 1930

जैस ही सरदार को गिरफ्तार किया गया, उन्होंने इन शब्दों के साथ लोगों से विदा ली—

'मैं आशा करता हूँ कि इस आंदोलन की पूर्व संध्या पर सर्वप्रथम जेल जाने का भाग्य से जो सम्मान मुझे मिला है, उसका आप खुशी से स्वागत करेंगे तथा गुजरात अपने प्रति कांग्रेस एवं गांधीजी की आशाओं को पूरा करेगा। गुजरात को यह नहीं भूलना है कि अब समय आ गया है कि साबरमती के तट पर पंद्रह वर्षों से गांधीजी ने जो कठोर तपस्या की, उसका बदला चुकाया जाए। यदि सरकार में थोड़ी सी भी समझ है तो वह इस साधु पुरुष को नहीं छुएगी।

'यह हमारा कर्तव्य है कि जब तक वे आजाद हैं, उनके आदेशों का पालन

करें। परंतु जब उन्हें भी गिरफ्तार किया जाए तो आप वही करें जो मैंने अपने भाषण में बताया था।

'हमारी जीत हमारे कष्ट सहने और बलिदान करने की क्षमता पर ही निर्भर है। हमारे कार्य की प्रगति उसी गति से होगी जिस गति से हम सरकार से अपने संबंध तोड़ लेते हैं।

'यह मेरी प्रार्थना है कि ईश्वर गुजरात को इस उपलब्धि के योग्य बनाए।'

64

गांधीजी के बिना कोई भारतीय गोलमेज सम्मेलन में भाग लेने का साहस न कर सका—सरदार पटेल

टाइम्स ऑफ इंडिया

7 जुलाई, 1930

···शांति वार्त्ता के संदर्भ में श्री पटेल ने कहा कि जब तक गांधीजी जेल में हैं, कांग्रेस की ओर से कोई कदम नहीं उठाया जाएगा। यदि किसी भारतीय ने गोलमेज सम्मेलन में भाग लेने का साहस किया तो वह स्वयं भुगतेगा। उन्होंने इच्छा जताई कि उदारवादी नेता, जो गांधीजी की शर्तों से सहमत थे, ने स्पष्ट किया कि जब तक गांधीजी को निमंत्रित नहीं किया जाता, वे सम्मेलन में सहयोग नहीं करेंगे। जहाँ तक उनका संबंध है, वह देखेंगे कि गुजरात में कोई किसान कर न दे और इस तरह से सरकार का कामकाज असंभव बना दें।

65

सरदार पटेल कहते हैं कि वे अपने लोगों को तब तक नहीं सोने देंगे जब तक वे गांधीजी को जेल से बाहर नहीं लाते

गृह विभाग (विशेष) : सुरक्षा विभाग मंत्रालय

24 जुलाई, 1930

···जलालपुर तालुका और कालियांवाड़ी के लोगों से मुझे यह कहना है कि आप लोग गांधीजी को जेल भेजने के लिए जिम्मेदार हैं। आपने उनके पीछे चलने का वादा किया था और अब यदि आप सोते हैं तो आप गो हत्या, ब्राह्मण हत्या के

भागी होंगे। मैं आपको सोने नहीं दूँगा। मैं नहीं जानता कि मैं कब तक (जेल के) बाहर रहूँगा, परंतु जेल में रहने पर भी मैं आपको सोने नहीं दूँगा। आप उनके उपकारों के बदले में अन्याय कर रहे हैं। यह तुम्हारा और मेरा कर्तव्य है कि उन्हें जेल से बाहर निकाला जाए।···

आपका एकमात्र उद्देश्य होना चाहिए—उन सब लोगों को जेल से बाहर लाने के लिए किसी भी कीमत पर कांग्रेस के आदेशानुसार मदद करना, जो जेल में हैं। सरकार को अपने हाथ से एक पाई भी नहीं देनी है जब तक गांधीजी जेल में हैं। हम अपने हाथों से धन देते हैं और उस धन से वे पुलिस की व्यवस्था करते हैं। मैं जेल जाने से पहले गुजरात के किसानों से कहूँगा कि वे चुल्लू भर पानी में डूबकर मर जाएँ, पर जब तक कांग्रेस का आदेश न हो, एक पाई भी सरकार को न दें। अगर तुम्हें पीटा जाता है तो लाठी खाओ, किसी भी प्रकार के कष्ट सहो, जो तुम्हें दिए जाएँ, लेकिन एक भी पाई सरकार को मत दो। यदि आप (किसान) मेरी बात मानते हो तो बारह दिन के भीतर हम इस सरकार को धूल चटा देंगे।···

गांधीजी अपने तीन बेटों के साथ जेल में हैं और इस वृद्धा (श्रीमती कस्तूरबा गांधी) को शराब की दुकानों पर पहरा देना पड़ रहा है। क्या आपको इस पर शर्म महसूस नहीं होती। आपको विदेशी वस्त्र नहीं पहनने चाहिए, न ही उनका व्यापार करना चाहिए।···

66

कराची में अपने अध्यक्षीय भाषण में सरदार पटेल ने कांग्रेस के कार्यक्रम को जोरदार शब्दों में दोहराया

नवजीवन

5 अप्रैल, 1931*

···मैं आपको बता दूँ कि अंग्रेज़ी माल के बहिष्कार की धारणा उतनी ही पुरानी है जितनी कि कांग्रेस। गांधीजी के भारतीय राजनीति में प्रवेश के बाद हमने विदेशी माल के बहिष्कार का बीड़ा उठाया था, केवल ब्रिटिश माल के बहिष्कार का नहीं। गांधीजी ने हमें बताया था कि देश का आर्थिक एवं सामाजिक उत्थान हमारे विदेशी माल के बहिष्कार पर निर्भर है। केवल ब्रिटिश माल का बहिष्कार एक प्रतिरोधात्मक कदम समझा जाएगा। इसलिए पिछले सत्याग्रह आंदोलन में हमने

विदेशी माल के बहिष्कार का सामयिक कदम उठाया। हमने देखा कि हमें इसका लाभ मिला।''

---

* कराची में कांग्रेस का अध्यक्षीय भाषण 29 मार्च, 1931 को हुआ।

67

सरदार पटेल का भूमि राजस्व समझौते पर मतभेद*

जून 1931

सरदार को बहुत परेशान देखकर बापू ने कहा, ''यदि हम इस पर अलग होना चाहते हैं तो हो सकते हैं।''

सरदार—''इस समय अलग होने से क्या हासिल होगा, आधे किसान राजस्व दे चुके हैं। लोग (सरकार) माँग की सूचना जारी कर रहे हैं। बाकी लोग भी भुगतान कर देंगे। हम लोगों को सही मार्ग-निर्देशन नहीं दे पा रहे हैं।''

बापू—''क्यों नहीं?''

सरदार—''यह स्पष्ट मार्ग-निर्देश नहीं है कि जो दे सकता है वह दे दे। मैं हमेशा आपसे कहता रहा हूँ कि ये लोग (सरकार) चोर हैं। यदि हम मुद्दों को उनके विवेक पर छोड़ देंगे तो हमारा ही नुकसान होगा; परंतु आप कहते रहते हैं कि वे वास्तव में आवश्यक होने पर दो साल तक के लिए वसूली स्थगित कर देंगे। सरकार ऐसा कुछ करती नहीं दिखाई देती। हम अपने लोगों को भूमि राजस्व निर्धारण दो वर्ष तक देने को कैसे कह सकते हैं?''

बापू—''लेकिन हम उन लोगों को, जो देने में समर्थ हैं, कैसे कह सकते हैं कि वे नहीं दें।''

सरदार—''हम जानते हैं कि बहुत से लोग देने में असमर्थ हैं। भयभीत होने पर हर व्यक्ति दे देगा, चाहे उसकी जो कीमत चुकानी पड़े।''

बाद में, उसी दिन सरदार को विरोध जताने का एक मौका और मिला। इस समय गांधीजी भी आहत लगे। उन्होंने कहा,''तब तुम्हारा मतलब है कि मैंने यह समझौता तुम्हारे विरोध के बावजूद किया था, तुम्हारी आपत्तियों की अनदेखी करके किया?'' इस पर सरदार ने भी तल्खी से कहा, ''क्या यह मेरा कसूर है कि मैंने आपसे अलग होने को नहीं कहा?''

बापू—"मैं अपने अपराध के बारे में सोच रहा हूँ।"

घर आने पर सरदार बापू की विचारधारा से सहमत से लगे और उन्होंने मुझसे (महादेव भाई) से कहा, "मुझे लगता है कि बापू बहुत आहत हुए हैं, लेकिन किया क्या जा सकता है? मुझे अपना मार्ग स्पष्ट नहीं दिखाई दे रहा है। सबकुछ इतना उलझ चुका है।"

अगली सुबह बापू ने कहा—

"मैं अब समझ गया हूँ, जब लोग कहें कि वे गांधी की शर्तों पर नहीं लड़ सकते, का क्या मतलब है। हम लड़ सकते हैं, तो सरदार की विचारधारा पर; उनके तर्क का आधार यह है कि वह किसानों को मुझसे अधिक समझते हैं। हमारे लिए यह उचित नहीं होगा कि हम उनसे कहें कि जो दे सकते हों वे दे दें, क्योंकि उनके पास भेड़ों की शक्ति है, शेरों की नहीं। इसलिए हमें उनसे एक साल का लगान देने की बात करनी चाहिए। कुछ लोग जो दे सकते हैं, वे भी न दें, क्योंकि यदि वे देते हैं तो उनकी भेड़ों की सामूहिक शक्ति को नुकसान पहुँचेगा।

---

1. नरहरि डी. पारीख, सरदार वल्लभभाई पटेल, भाग-2, पृष्ठ 63-64।

68

किसानों को पुलिस द्वारा उत्पीड़ित किए जाने पर सरदार पटेल द्वारा गांधीजी को लिखा पत्र*

बारदोली

21 जुलाई, 1931

पुलिस उत्पीड़न असहनीय होता जा रहा है। किसानों की भीड़ शिकायतें लेकर आश्रम में इकट्ठा हो रही है। कल साँकली के अनेक परिवार कोठरी में बंद रखे गए। पुलिस सामने ही गश्त लगाती रही। टिंबेर्वा के अनेक किसानों को पुलिस ने काम पर नहीं जाने दिया। उनको दूसरे गाँव जाकर ऊँची ब्याज पर पैसा उधार लेना पड़ा। राजपुरा के किसानों को पुलिस टिंबेर्वा पकड़कर ले गई। आज रिपोर्ट मिली है कि पुलिस ने खोज और पार्दी गाँवों की पूरी तरह घेराबंदी की हुई है। सुबह से लोगों और उनके मवेशियों को बाहर नहीं निकलने दिया जा रहा है। जिनपर पैसा बकाया है उनकी पूरी तरह घेराबंदी कर ली गई है। बारदोली में कई घरों पर लोगों का प्रवेश रोकने के लिए पुलिस तैनात की गई है। स्त्री-पुरुष पुलिस द्वारा भद्दी गालियाँ दिए

जाने की शिकायत कर रहे हैं। भगवान् के लिए अगर इसे रोका नहीं जा सकता तो संघर्ष की इजाजत दें।

वल्लभभाई

महात्मा गांधी
शिमला

* नरहरि डी. पारीख, सरदार वल्लभभाई पटेल, भाग-2, पृष्ठ 66-67।

69

गांधी जयंती पर सरदार पटेल द्वारा फंड के लिए अपील

बॉम्बे क्रॉनिकल

24 सितंबर, 1931

भूखी जनता के कष्टों के निवारण में मदद के लिए खादी खरीदकर महात्मा गांधी का जन्मदिन मनाए जाने की वल्लभभाई की मार्मिक अपील की बुधवार शाम सर कोबासजी जहाँगीर हॉल में आयोजित विशाल जनसभा में जोरदार प्रतिक्रिया हुई।...

अपने भाषण में सरदार वल्लभभाई ने महात्मा गांधी को हिंदुस्तान की भूखी जनता का मसीहा बताया। महात्मा ने अपने उत्कृष्ट त्याग द्वारा स्वयं को प्रत्येक हिंदुस्तानी का प्रिय बना लिया है। उनका जन्मदिन एक महान् राष्ट्रीय पर्व है। हममें से प्रत्येक व्यक्ति इस अवसर को यह ध्यान में रखकर मनाएगा कि गांधीजी ने जिस उद्देश्य के लिए अपना पूरा जीवन लगा दिया, उसमें हमारा पूर्ण योगदान कैसे हो? यदि हम उनके कार्यों पर नजर डालें तो तुरंत स्पष्ट हो जाएगा कि उनको यदि कोई एक वस्तु सबसे प्रिय थी तो वह था—चरखे का संदेश।

गांधीजी द्वारा चरखे को अपनाए जाने का मुख्य कारण इस देश की हजारों भूखी जनता की पुकार थी। महात्माजी ने चरखे को लोकप्रिय बनाने की जी-जान से कोशिश की और इस उद्देश्य से उन्होंने अखिल भारतीय चरखा संघ शुरू कियां। पूरे भारत में इस संगठन की शाखाएँ हैं। हजारों लोग, जिन्हें भूख ने निगल लिया होता, यदि उन्होंने चरखा नहीं अपनाया होता और उससे 6 पैसे और उससे अधिक कमाकर अपना गुजारा न किया होता। इन गरीब लोगों द्वारा काते गए सूत को चरखा संघ ने खरीदा और कपड़ा बनाया।...

सरदार ने आगे कहा कि प्रत्येक भारतीय का यह कर्तव्य है कि चरखे के

सिद्धांत को लोकप्रिय बनाए। वे खद्दर खरीदकर ऐसा कर सकते हैं। गांधी सप्ताह के दौरान उनका यह कर्तव्य होना चाहिए कि संघ के पास पड़े हुए सारे स्टॉक को खरीदकर गरीब किसानों की सहायता करें। उन्होंने हजारों बेरोजगार व्यक्तियों की जीती-जागती तसवीर प्रस्तुत की। विदेशों में बेरोजगारी की समस्या इतनी विकट होती तो चीख-पुकार मच गई होती, परंतु भारत में हर कोई इसे विनम्रता से झेल रहा है और अपनी दुर्गति के लिए भाग्य को कोस रहा है। महात्माजी ने उन्हें बताया कि वे भाग्य को दोष न दें, बल्कि लोगों की भलाई के लिए कार्य करें। चरखे का मुख्य प्रयोजन लोगों की हालत सुधारना ही है।

अंत में सरदार वल्लभभाई ने कहा कि वे महात्मा की जयंती मना रहे हैं, जबकि गांधीजी लंदन में हैं। वह भारतीयों की माँग पूरी स्पष्टता से सामने रख रहे हैं, क्योंकि 35 करोड़ भारतीय मजबूती से उनके पीछे खड़े है। गांधीजी अपना कर्तव्य-पालन कर रहे हैं। यह लोगों का कर्तव्य है कि गांधीजी की अपेक्षा के अनुसार वे लोग कार्य करें और स्वराज्य-प्राप्ति में उनकी मदद करें।

70

गांधीजी के लंदन में रहने के समय सरकार द्वारा भारतीयों के उत्पीड़न पर सरदार पटेल के विचार

बॉम्बे क्रॉनिकल

3 अक्तूबर, 1931

भारतीय राष्ट्रीय कांग्रेस के अध्यक्ष, सरदार वल्लभभाई पटेल द्वारा बंबई में नागरिकों की एक आम सभा में गांधी जयंती सप्ताह का उद्घाटन किया गया।

सरदार पटेल ने जब कुरसी पर बैठे हुए अपना भाषण प्रारंभ किया तो उनका जोरदार स्वागत हुआ। उन्होंने कहा, "इस देश में महात्मा गांधी की अनुपस्थिति में नौकरशाही ने कांग्रेस और भारतवर्ष को चुनौती दी है। उन्होंने जैसे ही भारत से प्रस्थान किया, सरकार ने फिर दमनचक्र शुरू कर दिया। हम गरीबों के नमक के लिए वे बारह महीने लड़े और आज सरकार व्यापार-कर बढ़ाने का प्रस्ताव ला रही है। इस चुनौती में ब्रिटिश साम्राज्य की शक्ति का प्रदर्शन करना प्रतीत होता है। हम इस चुनौती को सही अर्थों में स्वीकार करेंगे। तभी हम महात्माजी की शिक्षा के प्रति सच्चे कहलाएँगे।"

उन्होंने आगे कहा, "हमें नौकरशाही से संघर्ष के लिए तैयार रहना है, परंतु

अहिंसा ही हमारा शस्त्र होगा। आपने महात्मा गांधी के इस आदेश को कभी नहीं त्यागना है। यह हमारी सफलता के लिए अनिवार्य है। हमें सत्य और अहिंसा के दो सिद्धांतों का सदैव पालन करना है। हमें अपने उद्देश्य की प्राप्ति के लिए सबकुछ न्योछावर करने को तैयार रहना है। एक और बात, जो महात्माजी ने हमें सिखाई है, वह है—गरीबों की सेवा। भारत में हजारों भूखे लोग हैं और यह हमारा कर्तव्य है कि हम उनके भूखे पेट में रोटी डालें। इसी उद्देश्य की पूर्ति के लिए उन्होंने हमें चरखा दिया है। चरखा केवल लोगों की भूख मिटाने के लिए ही नहीं है, अपितु हिंदुस्तान के मृतप्राय कुटीर उद्योग को पुनर्जीवित करने के लिए भी है। वास्तव में इसका उद्देश्य भारत के प्राचीन गौरव को पुनर्जीवित करना है।''

अंत में उन्होंने कहा, ''जब महात्माजी जा रहे थे तो उन्होंने हमसे आशीर्वाद माँगा। हमारा आशीर्वाद है : 'वे अपने उद्देश्य में सफल हों' और हम अपनी प्रार्थना में यह भी जोड़ें कि उन्हें दीर्घायु मिले तथा वे अपने जीवन के उद्देश्य में सफल हों।'' (तालियाँ)

71

गांधीजी के 61वें जन्मदिन पर सरदार पटेल द्वारा बधाई

अक्तूबर 1931

देश अनेक समस्याओं से जूझ रहा है, क्योंकि यह विदेशी शासन से छुटकारा चाहता है। आपने हमारे संघर्ष में हमें आत्मबलिदान, क्रोध और दुर्भावना के त्याग के रूप में एक नया अस्त्र प्रदान किया है। अपने चरखे से आपने लोगों में एक नई चेतना का संचार किया। कांग्रेस अध्यक्ष की हैसियत से तथा हिंदुस्तान की जनता की ओर से मैं अपको आपके 61वें जन्मदिन पर बधाई देता हूँ और ईश्वर से प्रार्थना करता हूँ कि आपको दीर्घायु करे, जिससे आप अपने उद्देश्य की प्राप्ति कर सकें। आपके जैसे सशक्त हाथों में देश पहले कभी नहीं रहा।

वल्लभभाई

महात्मा गांधी
लंदन

72

सरदार पटेल की नाक की समस्या पर जेल से गांधीजी द्वारा लिखा पत्र

वाई.जी. जेल

20 मार्च, 1933

प्रिय मेजर भंडारी,

मैंने अनेक बार सरदार वल्लभभाई की नाक की समस्या के बारे में आपको बताया। आप जानते हैं कि इस पर बात करने की उनकी अनिच्छा ही रहती है। लेकिन हम लोग जो इसके बारे में जानते हैं, आशंकित हैं। जब तक इसका दौरा समाप्त नहीं होता, वह तड़पते रहते हैं। आपने और मेजर मेहता ने जो इलाज सुझाए सब नाकाम रहे। दौरे जल्दी-जल्दी पड़ रहे हैं और अधिक कष्टप्रद होते जा रहे हैं। गत शनिवार को सबसे भयंकर दौरा पड़ा। 30 घंटे से अधिक नाक बहती रही। आँखें खून जैसी लाल हो गई थीं और नाक भी। पूरे दिन उन्होंने कुछ नहीं खाया, सुबह केवल चाय ली और शाम को दूध, फल और उबली हुई सब्जियाँ खाईं। वह अपना सामान्य भोजन नहीं ले पा रहे हैं। मैं महसूस करता हूँ कि विशेषज्ञों द्वारा उनकी जाँच कराने का समय आ गया है।...

भवदीय

एम.के. गांधी

73

जेल में सरदार पटेल के मातृवत् स्नेह से गांधीजी अभिभूत हुए*

8 मई, 1933

''मेरे जीवन के महानतम सुखों में से एक था कि मुझे सरदार के साथ जेल में रहने का अवसर प्राप्त हुआ। मैं उनके अजेय साहस तथा देश के लिए अद्वितीय प्रेम के बारे जानता था, लेकिन उनके साथ 16 महीने का लंबा समय बिताने का सौभाग्य पहले कभी मुझे प्राप्त नहीं हुआ था। उनके अनुराग और प्रेम से मैं इतना अभिभूत हो गया कि मुझे अपनी प्रिय माँ का स्मरण हो आया। मैंने कभी कल्पना भी नहीं की थी कि उनमें मातृवत् स्नेह जैसे गुण मौजूद हैं। यदि मैं थोड़ा सा भी अस्वस्थ होता तो वे हाजिर हो जाते और मेरी छोटी-से-छोटी आवश्यकता पर व्यक्तिगत रूप से ध्यान देते। उन्होंने और उनके सहयोगियों ने अपने बीच निश्चय

किया कि वे मुझे कुछ भी कार्य नहीं करने देंगे। मैं आशा करता हूँ कि सरकार मेरा विश्वास करेगी कि जब भी हमने राजनीतिक चर्चा की, वह ऐसे व्यक्ति थे जो सरकार की मुश्किलों को महसूस करते थे। बारदोली और कैरा के किसानों की चिंता और कष्टों के प्रति वह कितना चिंतित रहते थे, यह मैं कभी नहीं भूलूँगा।''

---

* नरहरि डी. पारीख, सरदार वल्लभभाई पटेल, भाग-2, पृष्ठ 136।

74

सरदार पटेल द्वारा गांधीजी से अधिक श्रम न करने की विनय करते हुए लिखा पत्र

यरवदा मंदिर

5 जून, 1933

आदरणीय बापू,

लगभग एक मास बाद मुझे आपका हस्तलेख देखने का सौभाग्य मिला। हम बहुत प्रसन्न हुए। हम दोनों ठीक हैं। चिंता करने का क्या फायदा, मेरी चिंता का कोई प्रभाव नहीं हो सकता। आपकी फिक्र करने को ईश्वर है।

अपने हाथ से पत्र लिखने में जल्दबाजी न करें। शरीर में ताकत आने दें। तब तक आप महादेव को लिखने का आदेश दें और आप केवल पत्रों पर हस्ताक्षर करें, इतना ही काफी है।

वल्लभभाई की शुभकामनाएँ
और प्रणाम

75

सरदार पटेल द्वारा अपने भाई के दाह-संस्कार में शामिल होने के लिए पेरोल पर जाने को अस्वीकार करते हुए लिखा पत्र

केंद्रीय कारागार, नासिक रोड

29 अक्तूबर, 1933

आदरणीय बापू,

आपका कल का पत्र आज मिला। मुझे बंबई से एक मित्र का पत्र मिला था।

उसने लिखा कि बंबई में बहुत से लोगों की इच्छा है कि दाह संस्कार के लिए मैं बाहर आऊँ। मैंने उन्हें कल उत्तर भेजा है, जो मैं नीचे उद्धृत करता हूँ—

''तुमने मुझे बाहर आने को लिखा, जिसके जवाब में मेरा कहना है कि ऐसा सोचना गलत है। वर्तमान स्थिति में जेल से बाहर आने की माँग करना न तो मुझे शोभा देता है और न ही राष्ट्र को। सत्याग्रही के लिए यह उचित नहीं है कि वह सरकार पर अनुचित दवाब डाले, जिसमें ऐसी स्थिति से फायदा उठाया जाए। इसलिए यह विचार छोड़ो और जो ऐसा कहते हैं उन्हें समझाओ। मैं समाचार-पत्रों में अपने विचार व्यक्त नहीं कर सकता और मुझे भी एक कैदी की सीमाएँ ज्ञात होनी चाहिए। यदि मैं कुछ प्रकाशित करना चाहता हूँ तो मुझे सरकार की अनुमति प्राप्त करनी चाहिए।''...

वल्लभभाई का प्रणाम

76

सरदार पटेल का स्पष्टीकरण कि गांधीजी समाजवादी कार्यक्रम नहीं अपनाएँगे*

गुजरात समाचार

11 सितंबर, 1934

एक साक्षात्कार के दौरान वल्लभभाई ने कहा कि गांधीजी ऐसा वक्तव्य जारी करेंगे, ऐसी आशा थी। परिपक्व सोच और अनंत विचार-विमर्श का नतीजा था। उनकी दृष्टि में समय आ गया है कि कांग्रेस को या तो गांधीजी को अपना नेता स्वीकार करना होगा, उनकी नीतियों को स्वीकार करना होगा अथवा उन्हें सेवा-निवृत्त करने की अनुमति देकर दूसरी नीति बनाकर उसे अपनाना होगा।

वर्तमान परिस्थिति में कांग्रेस के प्रबुद्ध वर्ग ने यद्यपि गांधीजी के कार्यक्रम के पक्ष में वोट दिया, परंतु उसका अनुसरण करने में असफल रहा और अंत में कार्यक्रम की असफलता के लिए नेता को दोषी ठहरा रहा है। उनके विचार में ऐसी स्थिति के स्थान पर नई परिस्थिति उपयुक्त होगी।

गांधीजी ने बिलकुल स्पष्ट कर दिया है कि वह कोई दूसरा प्रोग्राम नहीं लाएँगे और सब लोगों के लिए अंतिम निर्णय लेना बहुत लाभकारी होगा।

समाजवादी संदेह करते हैं कि कांग्रेस की सदस्यता के लिए हाथ से कातने की शर्त, जिससे वे सहमत नहीं हैं, और जिसका उन्होंने विरोध किया, स्वीकार करने से उलझन की स्थिति पैदा होगी और इसका नतीजा प्रत्यक्ष रूप से उनका

कांग्रेस से निष्कासन होगा।

दूसरे वर्ग का विचार है कि जब गांधीजी ने सदस्यता बनाए रखने के लिए शर्तें लगाई हैं और वर्तमान परिस्थिति में कांग्रेस और देश, दोनों को उनके नेतृत्व की आवश्यकता है, तो कांग्रेस को उनका कार्यक्रम स्वीकार कर लेना चाहिए।

सर्वमान्य विचाराधारा यह है कि हथकरघे द्वारा सदस्यता की शर्त अधिकांश लोगों द्वारा अस्वीकार की जा सकती है; लेकिन कांग्रेस के प्रभावशाली नेताओं को इस मुद्दे पर सहमति की आशा है, जिससे राष्ट्र के लिए गांधीजी का नेतृत्व सुरक्षित रहेगा। यह बहस हो कि कांग्रेस संसदीय दल कांग्रेस की सदस्यता की शर्त यानी हथकरघा (सूत कातना) को अस्वीकार कर दे, क्योंकि संसदीय बोर्ड कानूनी ढाँचे के अंतर्गत कार्य करने के इरादे से बनाया गया था।

---

* 10 सितंबर, 1934 को वर्धा में 'गुजरात समाचार' के साथ सरदार का साक्षात्कार।

77

सरदार पटेल द्वारा गांधीजी के कार्यक्रम का विरोध करनेवालों की भर्त्सना*

बंबई समाचार

21 सितंबर, 1934

मैं चाहता हूँ कि महात्मा गांधी द्वारा सुझाए गए कांग्रेस संविधान में मूलभूत परिवर्तनों को पार्टी के बंबई अधिवेशन में निरस्त कर देना चाहिए; क्योंकि मेरा मानना है कि यह देश के लिए अत्यंत हानिकारक होगा, यदि भारतीय राष्ट्रीय कांग्रेस किसी प्रस्ताव को पास करे और उस पर अमल न किया जाए। महात्मा गांधी जैसे महान् व्यक्ति की इस विडंबना में भागीदारी नहीं होनी चाहिए। यदि महात्मा के प्रस्ताव को लागू करने का निश्चय किया जाता तो कांग्रेस स्वाधीनता-प्राप्ति की दिशा में कई कदम आगे बढ़ गई होती। लेकिन यह आशा नहीं है कि कांग्रेस ऐसा कोई निश्चय करेगी। जो लोग नए रास्ते अपनाना चाहते हैं, उन्हें वे जैसा करना चाहें, उसकी अनुमति उन्हें दी जानी चाहिए।...

यदि महात्मा गांधी को कांग्रेस संगठन के भारी उत्तरदायित्व से मुक्त कर दिया जाए, तो वह अपने प्रोग्राम के लिए आसानी से कार्य कर पाएँगे। यदि कांग्रेस संगठन में मूलभूत परिवर्तन नहीं किए जाते तो उसके लिए अपनी इच्छानुसार कार्य करना संभव

नहीं होगा। मुझे विश्वास है कि संगठन, जो परिवर्तन नहीं चाहता, उस पर दबाव डालने की गांधीजी की बिलकुल इच्छा नहीं है। उन्होंने अनुभव से सीखा है कि बहुत से लोग प्रस्तावों के पक्ष में वोट दे देते हैं, परंतु उनके अनुसार कार्य करने की इच्छा नहीं रखते। यदि महात्मा कांग्रेस के बाहर रहते हैं, तो अधिक कुशलता से कार्य होगा और वह (महात्मा) अधिक सहायता कर पाएँगे। यदि वह संगठन में रहते हैं तो वे बाधा पहुँचाकर इस संगठन को कमजोर कर देंगे।···

* 20 सितंबर, 1934 को 'मुंबई समाचार' के साथ एक साक्षात्कार।

78

सरदार पटेल और डॉ. राजेंद्र प्रसाद की गांधीजी को कांग्रेस से संन्यास न लेने की सलाह

बॉम्बे क्रॉनिकल

24 सितंबर, 1934

महात्मा गांधी के निष्ठावान् अनुयायी होने के नाते दोनों कांग्रेस अध्यक्ष, सरदार वल्लभभाई पटेल, सेवानिवृत्त होनेवाले कांग्रेस अध्यक्ष बाबू राजेंद्र प्रसाद गांधीजी को कांग्रेस में बने रहने के लिए राजी करने को बहुत इच्छुक लगते हैं और इस उद्देश्य को ध्यान में रखकर एक समझौते की सभी संभावनाएँ तलाश रहे हैं, जो गांधीजी तथा उन बहुत से कांग्रेसियों को, जिन्होंने गांधीजी द्वारा प्रस्तावित कुछ संशोधनों का विरोध किया था, विशेष रूप से खद्दर के विशेषाधिकार के मामले में, स्वीकार्य हो।

79

सरदार पटेल का गांधीजी से सत्र में भाग न लेने का अनुरोध

बॉम्बे क्रॉनिकल

27 सितंबर, 1934

यह भी अफवाह है कि सरदार पटेल गांधीजी से कांग्रेस सत्र में भाग न लेने की संभाव्यता पर बात करेंगे, जिससे भिन्न विचार रखनेवाले प्रतिनिधियों को अपने विचार खुलकर प्रकट करने का अवसर मिल सके, अन्यथा गांधीजी की उपस्थिति का प्रभाव पड़ सकता है।···

८०

गांधी, हिंदुस्तान और विश्व पर सरदार पटेल के विचार

1 अक्तूबर, 1948

…मैं जीवन भर एक सिपाही रहा हूँ। मैं न ही कोई शासक हूँ और न ही राजनीतिज्ञ। मैं भारत की स्वतंत्रत-सेना में भरती हुआ, जिसने कठिन संघर्ष के बाद—लंबी लड़ाई के बाद—देश को गुलामी से आजाद करवाया और हालाँकि उसके सेनाध्यक्ष (महात्मा गांधी) इस वर्ष इस क्षणभंगुर संसार से जा चुके हैं; आप सबने और हमने उन्हें अपनी श्रद्धांजलियाँ दीं, वह हमें छोड़कर अनाथ कर गए। उन्होंने आजादी की वास्तविक लड़ाई लड़ी। हमने जो आजादी की लड़ाई लड़ी, वह अलग तरह की थी और उसके सम्मान के नियम, आचरण के नियम, संघर्ष के नियम, जो हमारे द्वारा अपनाए गए, उनका दुनिया के स्वंतत्रता-संघर्ष के इतिहास में कोई सानी नहीं है।

सन् 1915 में महात्मा गांधी भारत आए। एक साल तक अहमदाबाद में वे अपने अस्थायी निवास में अलग रहकर देखते रहे कि देश में क्या हो रहा है। अपने नेता या गुरु गोपाल कृष्ण गोखले[1], जो उन्हें दक्षिण अफ्रीका से भारत लाए थे, एक साल तक सार्वजनिक जीवन से अलग रहे; लेकिन जैसे ही एक साल बीता, उन्होंने अलग-अलग क्षेत्रों में प्रयोग करना शुरू कर दिया। उन्होंने पहला प्रयोग चंपारन, (बिहार) में किया, जहाँ नील की खेती करानेवाले बिहार में वर्षों से रह रहे गरीब किसानों का शोषण कर रहे थे। संघर्ष के इतिहास[2] में उनके दु:खों और तकलीफों की दास्ताँ लिखी हुई है, उन्होंने स्वतंत्रता संग्राम की नींव रखी। थोड़े ही समय में हाथ में बिना किसी हथियार के—केवल आत्मिक शक्ति को अपना अस्त्र बनाकर—उन्होंने खेत मालिकों से समर्पण करवा लिया; उन्होंने बिहार सरकार और भारत सरकार को घुटने टेकने पर मजबूर कर दिया; अनेक वर्षों से आपको बिहार में कृषि मालिक नहीं दिखाई देते, वे सब गायब हो गए। बिहार के खेतिहर मजदूरों की गुलामी से बदतर कोई गुलामी नहीं होगी। उसके बाद उन्होंने कैरा में जंग छेड़ी और उसके साथ-साथ अहमदाबाद में महान् मजदूर संगठन की शुरुआत की, जिस समय हिंदुस्तान में किसी व्यापारिक संगठन आंदोलन का जन्म नहीं हुआ था। उन्होंने ही भारत में मजदूर आंदोलन की नींव रखी, और यह संगठन[3] आज देश का सर्वोत्तम सुसंगठित संगठन है, तो भी यह आंदोलन ऐसा था और इसकी नींव ऐसी थी, जिसमें पूँजीवादियों और मजदूरों में कोई टकराव नहीं था। इस प्रकार यह उद्योग

इतना फला-फूला कि अब यह भारत के सुसंगठित उद्योगों में है और मजदूर देश के अच्छे वेतन पानेवाले लोगों में माने जाते हैं। ऐसा इसलिए हो पाया क्योंकि वे टकराव के रास्ते से बचे और मजदूरों व पूँजीवादियों के बीच उठे किसी विवाद का हल आर्बीट्रेशन द्वारा सुलझाने की प्रणाली की नींव रखी।...

हम अपनी सेना विश्व में किसी देश पर आक्रमण करने के लिए नहीं रखना चाहते। हिंदुस्तान का इतिहास ऐसा नहीं है। इसकी सभ्यता बिलकुल भिन्न है। इतिहास में हिंदुस्तान ने कभी तलवार के बल पर किसी देश को नहीं हथियाया। यह कार्य इसने अपनी संस्कृति, सभ्यता, आत्मा की शक्ति द्वारा किया।...

यही संदेश हमें गांधीजी ने दिया और उस शक्ति, उस हथियार की सहायता से हमें लड़ने को कहा। हमने संघर्ष शुरू किया। लंबे समय के कठोर संघर्ष के बाद, जिसमें मुझे उनके दुःख, कष्ट, उनके आनंद में भागीदारी और जेल में लंबे प्रवास करने का सौभाग्य प्राप्त हुआ, हमें आजादी मिली और उसके फल का सुख हमें अब भोगना है। हम इसके योग्य हैं या नहीं, भविष्य का इतिहास ही बताएगा।

लेकिन विश्व की तेज प्रगति हुई है और यह बदल गया है। विदेशों में कुछ लोग यह कहकर हमारी आलोचना करते हैं कि 'ये लोग गांधीजी के बताए मार्ग पर नहीं चल रहे हैं।' जैसे कि वे गांधीजी के मार्ग के बारे में हमसे, जिन्होंने पूरी जिंदगी उनके साथ बिताई है, अधिक जानते हों। गांधीजी जानते थे कि विश्व उनका अनुसरण नहीं कर रहा है और यदि भारत उनका अनुसरण करता, तो विश्व भी उनका अनुसरण करता। अत: वे भारत की सीमाओं व कमजोरियों से परिचित थे, वे यह सब जानते थे तथा सेना के कार्य की सराहना करते थे। उनकी हार्दिक इच्छा थी कि विश्व को सेना नहीं रखनी चाहिए और सभी देशों को निरस्त्रीकरण अपनाना चाहिए।

---

1. गांधीजी के राजनीतिक गुरु, अति विशिष्ट उदारवादी नेता, तिलक समकालीन सर्वेंट्स ऑफ इंडिया सोसाइटी के संस्थापक, भारतीय राष्ट्रीय कांग्रेस के सन् 1905 में अध्यक्ष।
2. चंपारन के किसानों के दुःखों और कष्टों की कहानी तथा गांधीजी द्वारा उनके बीच किया गया चंपारन के सत्याग्रह में अद्वितीय कार्य, डॉ. राजेंद्र प्रसाद द्वारा विस्तृत रूप से एवं वस्तुपरक रूप से नवजीवन, अहमदाबाद प्रकाशन में लिपिबद्ध किया गया है।
3. सन् 1917 में गांधीजी के द्वारा अहमदाबाद के मिल मजदूरों को उचित मजदूरी दिलवाने के लिए किए गए उपवास के संदर्भ में अहमदाबाद में मजूर-महाजन का जन्म हुआ और उनके द्वारा की गई देखभाल से यह शीघ्र ही एक सशक्त वृक्ष के समान देश में मजदूरों के एक प्रबल एवं अनुशासित संगठन के रूप में विकसित हुआ।

81

सरदार पटेल द्वारा गांधीजी की प्रथम जयंती पर दी गई श्रद्धांजलि

द हिंदुस्तान टाइम्स

3 अक्तूबर, 1948

गांधी जयंती के अवसर पर रामलीला मैदान में गांधीजी को श्रद्धांजलि देने के लिए आयोजित एक सभा में एक संदेश पढ़ते हुए सरदार पटेल ने कहा था कि "केवल मौखिक सहानुभूति या बाह्य श्रद्धांजलि देने से इस महान् दिवगंत नेता से हमें प्राप्त हुई उनकी बेशकीमती यादगार और बहुमूल्य धरोहर का अपमान होगा।"

संदेश में कहा गया—"पिछली जनवरी में उनकी नृशंस एवं घृणित हत्या के बाद आज गांधीजी की प्रथम वार्षिक जयंती है, जिसके लिए पूरा हिंदुस्तान ही नहीं, पूरा विश्व शोकग्रस्त है। गांधीजी के जैसी जीवन की उपलब्धि विश्व-इतिहास में कुछ लोगों ने ही प्राप्त की होगी, परंतु उनसे अधिक किसी ने नहीं। उन्होंने एक नए नैतिक एवं आध्यात्मिक शक्ति का सूत्रपात किया, जिसने मानवीय प्रतिष्ठा को ऊपर उठाया और सामान्यतया मानवता का उत्थान किया, जिसका विश्व के भौतिकवाद के द्वारा पतन हो गया था। जातीय पूर्वग्रहों तथा जातीय अयोग्यता के विरुद्ध उनका संघर्ष सदैव एक उच्चकोटि का मानवीय प्रयत्न माना जाएगा।

"भारत की स्वाधीनता के लिए उनके संघर्ष ने सफलता और ख्याति अर्जित की, जबकि वे प्रसन्नतापूर्वक हमारे साथ रहे। उनकी शहादत उस कार्य के लिए हुई, जिसका उपदेश उन्होंने दिया और जिसके लिए उन्होंने अपना जीवन लगा दिया—हमारी शक्ति का स्रोत रहा। यह पैतृक संपत्ति एक पीढ़ी और न ही किसी युग की धरोहर है अपितु हर समय की धरोहर है। यह हमें, जो उनके वारिस हैं, देखना है कि हम उनकी शिक्षा और सिद्धांत, जिनका उन्होंने उपदेश दिया और स्वयं पालन किया, जिसमें उन्हें अद्‌भुत सफलता प्राप्त हुई, और हमारे लिए तथा पूरे देश के लिए बहुत हितकर रही, के अनुरूप कार्य करें।

"मात्र मौखिक सहानुभूति या कोरी श्रद्धांजलि देने से उनकी बेशकीमती यादगार और अमूल्य धरोहर, जो हमें अपने दिवंगत नेता से मिली, उनका अपमान होगा। हममें से प्रत्येक व्यक्ति द्वारा अपने ढंग से विनीत भाव से उनके उपदेशों एवं आदर्शों का अनुसरण करके हम उनकी सेवा व उन्हें चरम सुख प्रदान करेंगे। केवल इसी प्रकार हम उनकी स्मृति क़ा आदर कर सकते हैं और स्वयं को उनके योग्य अनुयायी सिद्ध कर सकते हैं।

82

आर.आर. दिवाकर की पुस्तक की प्रस्तावना में सरदार पटेल द्वारा गांधीजी की प्रशंसा

द हिंदुस्तान टाइम्स

25 जनवरी, 1949

आर.आर. दिवाकर द्वारा लिखित पुस्तक 'ग्लिंपसेज ऑफ गांधीजी' की प्रस्तावना में सरदार पटेल ने लिखा—"भारतवर्ष की ऊँची-नीची प्रगति के इतिहास में 30 जनवरी का दिन सबसे काले दिन के रूप में याद किया जाएगा। लेकिन गांधीजी के लिए यह उनके जीवन का सबसे महान् क्षण था। उनके मिशन की सफलता के लिए तथा उनके जीवन भर की शिक्षा की सच्ची समझ के लिए, उन्होंने इससे अच्छी मृत्यु की अभिलाषा न की होगी।

"गांधीजी के पास एक अजनबी को भी अपना बना लेने का अद्‌भुत गुण था। उनका हृदय उस सागर के जैसा था जो हजारों धाराओं और नदियों के जल को अपने में समा लेता है और अपनी छोटी-छोटी धाराओं के मिलने पर समान संवेगों के साथ फूल जाता है।

"हत्यारे ने उनके दुबले-पतले शरीर में गोलियाँ इस उद्‌देश्य से दागीं कि वह इस संसार के दृश्य से उस शक्ति को हटाकर अपने अनोखे स्वप्न की पूर्ति कर लेगा; परंतु उसने यह नहीं समझा कि वह गांधीजी के जीवन के मिशन की दिशा पर केवल एक मुहर लगा रहा था।

"अपने महान् गुरु की शहादत की प्रथम जयंती पर उनके निष्ठावान् अनुयायियों द्वारा की गई इस प्रशस्ति से पाठकों को जान लेना चाहिए कि शारीरिक शक्ति द्वारा आत्मा को कुचलना असंभव है और जब यह आत्मा उच्च प्रेरणा, उच्च आदर्श तथा ईश्वर में अक्षुण्ण विश्वास एवं जीवन के अपने मिशन के गौरव की दिशा में अग्रसर हो।"

महात्मा गांधी पूरे राष्ट्र के अभिभावक थे। जब वह हमारे पास थे तो हमें हमारी गलतियाँ बताते थे। लगता कि हमें जिस मार्ग पर चलना हो उसकी याद दिलाते रहते थे। अतः हमने साहस के साथ निडर होकर कार्य किया, क्योंकि हम जानते थे कि उनकी पैनी दृष्टि हमारे कार्यों को देखती रहती है और हमें सही मार्ग से भटकने नहीं देती। तथापि आज हम एक कदम बढ़ाने में हिचकिचाते हैं। हमें कोई कार्य करने से पहले स्वयं से पूछना चाहिए कि क्या हमारे कार्य को गांधीजी

की सम्मति प्राप्त होती है। हमारे पास उनके जैसी दूरदृष्टि नहीं है और इसलिए भय और आशंकाएँ हैं।

उन्होंने आगे कहा कि आज विश्व के सामने गंभीर समस्याएँ हैं। अधिक-से-अधिक लोग महसूस कर रहे हैं कि यदि हम गहरे संकट से उबरना चाहते हैं तो हमें गांधीजी का अनुसरण करना चाहिए। हालाँकि ये लोग संसार को गांधीजी द्वारा दिखाए गए रास्ते पर ले चलने में सक्षम नहीं हैं। उनके जीवनकाल में कुछ लोगों ने गांधीजी को अमेरिका और यूरोप जाकर लोगों को प्रेम व अहिंसा का पाठ पढ़ाने कि लिए भेजने को राजी करने के अनेक प्रयास किए। लेकिन गांधीज़ी ने हमेशा मना कर दिया, क्योंकि उनका कहना था कि जिन सिद्धांतों का उन्होंने समर्थन किया, उन्हें शेष विश्व के सामने रखने से पहले अपने देश में उनके परिणाम दिखाई देने चाहिए। भारतवर्ष में अपने मिशन की सफलता के प्रति वे आशावान् थे और भारतवासियों का यह कर्तव्य है कि संसार के सामने सिद्ध करें कि उनके महान् नेता ने जो उपदेश दिया, उससे प्रत्येक को शांति और प्रसन्नता प्राप्त हो सकती है।

सरदार पटेल ने घोषित किया कि महात्मा गांधी ने भारत को जो शक्ति प्रदान की, वह महान् थी।

83

गांधीजी की प्रथम पुण्यतिथि पर सरदार पटेल की श्रद्धांजलि

द हिंदुस्तान टाइम्स

31 जनवरी, 1949

उप-प्रधानमंत्री सरदार पटेल ने राष्ट्र के नाम एक प्रसारण में लोगों से एक अपील की कि "इस दिन सब महात्मा गांधी के चरण-चिह्नों पर चलने की कसम खाएँ। जो वर्ष गांधीजी के निधन के बाद बीता, वह एक युग की भाँति था।

"ठीक एक साल पहले, इसी दिन और इसी समय मैं और मेरे प्रिय बंधु (सहयोगी) ने टूटे हुए दिल से आपको एक संदेश दिया था कि भारत पर एक महान् विपत्ति आ पड़ी है और उसे एक गहरा आघात पहुँचाया गया है। उस समय हमारे हृदय दु:ख से भरे हुए थे और हम अधिक कुछ न कह पाए।"

उन्होंने आगे कहा, "अभी जो वर्ष बीता है, वह हमारे लिये महान् युग था। उनके जैसा महान् कोई नहीं हुआ। यह हमारा बड़ा सौभाग्य है कि वह हमारे लिए अमूल्य पैतृक संपदा छोड़ गए।

"उनकी कोमल तथा मधुर वाणी और स्नेही दृष्टि हमारे हृदय को चैन पहुँचाती थी और संघर्ष करने के लिए प्रोत्साहित करती थी। आज हमारे प्रयत्न संदेह और भय से आक्रांत हैं। फिर भी हमारा यह कर्तव्य है कि हम उनके द्वारा निर्धारित मार्ग पर चलें। हमें इसी मार्ग पर चलना है जो कि सही मार्ग है।

"इसी से उन्हें आजादी प्राप्त हुई। यदि वे उनके सिद्धांतों का पालन करें, तो उन्हें स्वयं एक सुखी जीवन जीने का तरीका प्राप्त होगा तथा संसार के लाखों परेशान लोगों के मस्तिष्क में उनकी शिक्षा में अधिक विश्वास पैदा करने में सफलता प्राप्त होगी।"

सरदार पटेल ने आगे कहा कि "भारतवर्ष के लोग गरीबी और कष्ट में हैं। गांधीजी ने इन्हीं लोगों की भलाई का काम सँभाला। गरीबों की भलाई के लिए काम करनेवाला उनसे बड़ा योद्धा कोई नहीं था। उन्होंने सदैव गरीब का समर्थन किया।

"जबकि आज हम उनका अनुसरण करने की शपथ लेते हैं, हम ईश्वर से प्रार्थना करें कि वह हमें इसके लिए शक्ति प्रदान करे।" उन्होंने समापन में कहा।

84

सरदार पटेल की गुजरातियों से गांधीजी का मिशन जारी रखने की अपील

द हिंदुस्तान टाइम्स

26 फरवरी, 1949

…सरदार पटेल ने कहा कि गुजरातियों के ऊपर बड़ी जिम्मेदारी है। महात्मा गांधी गुजराती थे; उन्होंने अपने मिशन की शुरुआत वहाँ से की थी। गुजरातियों का यह कर्तव्य है कि वे उनके कार्य को जारी रखें। उन्होंने सलाह दी कि वे ऐसा कोई कार्य न करें, जिससे महात्मा गांधी की प्रतिष्ठा कम हो।…

स्वराज्य के भवन की तीसरी दीवार थी—स्वदेशी यानी खादी

…इस भवन की चौथी दीवार है, अस्पृश्यता को हटाना। जब गांधीजी यहाँ आए तो उन्होंने एक हरिजन कन्या को गोद लिया।…

एक बार गांधीजी ने सांप्रदायिक एकता के लिए 21 दिन का उपवास रखा। इसी प्रकार उन्होंने अस्पृश्यता हटाने के लिए 21 दिन का उपवास रखा।

गांधीजी ने विश्व में भारतवर्ष की प्रतिष्ठा बढ़ाई है। हम उनकी पूजा तो करते है, लेकिन उनके दिखाए गए रास्ते पर चलने को तैयार नहीं हैं।

85

गांधीजी द्वारा स्वराज्य के चार भवन निर्मित करने पर सरदार पटेल के विचार

5 जनवरी, 1947

···उन्होंने चार दीवारों की नींव रखी और हम एक दीवार भी नहीं बना पाए। यह और अन्य सभी विश्वविद्यालय राष्ट्रीय शिक्षा प्रदान करने हेतु स्थापित किए गए। भारत में अनेक शिक्षा संस्थाओं की नींव रखी गई। विद्यार्थियों ने अपने स्कूल और कॉलेज छोड़ दिए, डिग्रियों का मोह छोड़ दिया और गांधीजी के सामने स्वतंत्रता की शपथ ली। उस समय हमने बहुत जोश देखा, जैसा इसमें भाग लेनेवाले जानते हैं। यह खिलाफत आंदोलन का समय था। हिंदू, मुसलमान और अन्य समुदाय के लोग संगठित हुए···आज नए कॉलेज आरंभ किए जा रहे हैं और छात्रों में विदेश जाने की ललक है।

दूसरी दीवार है—हिंदू-मुसलिम एकता। यदि हम वास्तविक स्वराज्य चाहते हैं तो हिंदुओं और मुसलमानों में एकता स्थापित करनी होगी। 6 अप्रैल, 1919 को पूरे देश में जुलूस निकाले गए, जिनमें हिंदुओं, मुसलमानों, पारसी, ईसाई, सिख और यहूदियों ने भाग लिया। कोई भी समुदाय नहीं छूटा—आदमी-औरत, जवान-बूढ़े, गरीब-अमीर सभी जुलूस में शामिल थे; लेकिन आज दोनों समुदाओं में दूरी बढ़ गई है।

86

नेहरू के पद-त्याग की धमकी पर सरदार पटेल द्वारा गांधीजी को लिखा पत्र

नई दिल्ली

7 जनवरी, 1947

पूज्य बापू,

मुझे आपका पत्र मिला।* इससे मुझे वास्तव में दुःख हुआ। लेकिन आपने मुझे मेरे विरुद्ध की गई शिकायतों और रिपोर्टों के आधार पर लिखा है, उसमें की गई शिकायतें झूठी ही नहीं हैं अपितु मेरी कल्पना से परे हैं।

यह आरोप कि मुझे पद का लालच है, बिलकुल बेबुनियाद है। जवाहर लाल अकसर पद छोड़ने की धमकी देते रहते हैं और मैंने इस पर ऐतराज किया

है, इससे कांग्रेस की प्रतिष्ठा कम होती है तथा सेवाओं पर हानिकारक प्रभाव पड़ता है। पहले हमें अंतिम निर्णय कर लेना चाहिए कि क्या हमें वाकई पद छोड़ना है। लेकिन खाली धमकियाँ देने से वायसराय के सामने हमने अपनी प्रतिष्ठा खो दी है, अब इन धमकियों से उनपर कोई प्रभाव नहीं पड़ता। जब उनके द्वारा मुझसे मेरा पद छोड़ने की बात पूछने पर, मैंने कोई धोखा नहीं किया, मैंने तुरंत इस्तीफा देने का निर्णय लिया और इससें उद्देश्य की पूर्ति हुई। पद से चिपके रहने से मेरा क्या भला होता? मैं चारपाई पर पड़ा था और यदि मैं इससे पीछा छुड़ा पाऊँ तो मुझे खुशी होगी। यह मेरी सोच के परे है कि आप लोग इसको इतना महत्त्व क्यों देते हैं।

यह कि मैं लीग के विरुद्ध अपमानजनक बातें कहता हूँ, एक ऐसा आरोप है, जो लीग के किसी नेता ने मेरे विरुद्ध नहीं लगाया।

कि मैं अपने भाषण लोगों को खुश करने और उनकी भावनाओं की संतुष्टि के लिए देता हूँ, मेरे लिए एक खबर है। इसके विपरीत, मेरी आदत लोगों के सामने कटु सत्य सीधे-सादे ढंग से कहने की है। आर.आई.एन. विद्रोह के दिनों में मैंने लोगों से बड़े अप्रिय लहजे में बातें कीं तब बहुत से लोगों को बुरा लगा।

मेरा यह कथन कि 'तलवार का सामना तलवार से' को मेरे एक लंबे वाक्य को तोड़ा-मरोड़ा गया है और आपसे उसकी शिकायत की गई है।

मृदुला द्वारा आपके कान भरे गए हैं, क्योंकि मुझे गाली देना उनका एक मनोरंजन बन गया है। आजकल वह एक गंदे मिथ्या प्रचार में लिप्त हैं कि मैं जवाहर से छुटकारा पाना चाहता हूँ और मैंने एक नया दल बना लिया है। उन्होंने कई स्थानों पर इसी तर्ज पर बोला है। वे लोग जवाहरलाल के दृष्टिकोण से अलग किसी भी दृष्टिकोण से बिलकुल समझौता नहीं करते।

यदि कार्य समिति में कोई मतभेद है तो कोई नई बात नहीं है। यह बहुत पहले से होता रहा है। इसके विपरीत, जैसा कि आज हम देखते हैं, हममें से अधिकांश लोग एक टीम के रूप में कार्य कर रहे हैं।

यदि ये शिकायतें मेरे किसी सहयोगी द्वारा आपसे की गई हैं तो मैं इसके बारे में अवश्य जानना चाहूँगा; क्योंकि उनमें से किसी ने भी इन शिकायतों के बारे में मुझसे चर्चा नहीं की।···

वल्लभभाई का प्रणाम

महात्मा गांधी
श्रीरामपुर, नोआखाली

* गांधीजी के 30 दिसंबर, 1946 के पत्र से—"मैंने आपके बारे में बहुत सी शिकायतें सुनी हैं। यदि किसी में कोई अतिशयोक्ति हो तो वह पूर्व नियोजित नहीं है। आपके भाषण भड़काऊ होते हैं और श्रोता उन्हें उछालते हैं। आपने हिंसा और अहिंसा के भेद को भुला दिया है। आप लोगों को हिंसा का मुकाबला हिंसा से करने की शिक्षा दे रहे हैं। आप मुसलिम लीग को अपमानित करने का कोई अवसर नहीं चूकते, चाहे आवश्यक हो या न हो। यदि यह सब सच है तो यह बहुत नुकसानदेह है। लोग कहते हैं कि आप पद पर बने रहने की बात करते हैं। जो कुछ मैंने सुना है, मैंने तुम्हारे विचारार्थ तुम्हें भेज दिया है।"...

87

लीग, कम्युनिस्टों और समाजवादियों द्वारा अड़चनें पैदा किए जाने पर सरदार पटेल द्वारा गांधीजी को लिखा पत्र

नई दिल्ली

1 फरवरी, 1947

पूज्य बापू,

आपका 24 तारीख का पत्र प्राप्त हुआ।[1] हमें देखना है कि क्या होता है? ऐसा लगता है कि राजा उचित व्यवहार नहीं करने जा रहे हैं। यहाँ कई बार आपकी सलाह की आवश्यकता होती है, लेकिन क्या किया जा सकता है? हम जो ठीक समझते हैं, कर रहे हैं, लेकिन मुश्किलें बढ़ती जा रही हैं।

भोजन और कपड़ों की कमी है। कम्युनिस्ट और लीग के लोग परेशानी पैदा कर रहे हैं और समाजवादी मुश्किलें बढ़ाने में उनका साथ दे रहे हैं। यह आश्चर्य की बात नहीं होगी यदि शरद बाबू[2] गलत रास्ते पर चले जाएँ। चारों तरफ से मुश्किलें बढ़ रही हैं और हम उन्हें झेल रहे हैं।

ईश्वर हमारी रक्षा करे।

आपका स्वास्थ्य ठीक होगा।

वल्लभभाई का प्रणाम

महात्मा गांधी

1. मुसलिम लीग के सदस्य अंतरिम सरकार में शामिल हो गए हैं, लेकिन विधानसभा की बहस में उन्होंने भाग नहीं लिया।

2. शरच्चंद्र बोस।

88

पश्चिम पाकिस्तान में पंजाब की शोचनीय स्थिति के संबंध में सरदार पटेल द्वारा गांधीजी को लिखा पत्र

नई दिल्ली

24 मार्च, 1947

पूज्य बापू,

मुझे आपका पत्र प्राप्त हुआ।*

इस पत्र के माध्यम से प्रस्ताव की व्याख्या करना कठिन होगा। इसे बहुत विचार-विमर्श के बाद बिना किसी जल्दबाजी के पारित किया गया। मुझे समाचार-पत्रों में पढ़ने को मिला कि आप इससे असंतुष्ट हैं। वास्तव में आप अपने विचार प्रकट करने के लिए स्वतंत्र हैं।

पंजाब की स्थिति की तुलना बिहार से नहीं की जा सकती। 50 हजार से अधिक लोग अपनी जान गँवा चुके हैं। इसके बावजूद स्थिति में सुधार के कोई संकेत नहीं हैं। हाजरा जिले में स्थिति सबसे नाजुक है। यह लीग का गढ़ है तथा वहाँ उनका शब्द फरमान समझा जाता है। रावलपिंडी, मुल्तान और अनेक गाँव जलकर राख हो गए हैं। हिंदू और सिख दोनों इस उन्माद के शिकार हुए हैं। लेकिन सिखों ने अधिक कष्ट सहा है। ये लोग बहादुरी से लड़े। अनेक स्त्रियाँ कुएँ में कूद गईं और मौत को गले लगा लिया। लोगों ने अपनी पूरी ताकत लगाकर मुकाबला किया और जब उन्होंने खुद को उग्र भीड़ से घिरा पाया तो आत्महत्या के दस्ते की तरह अपनी जान दे दी। अनेक लोग गोलियों का शिकार हो गए।

पंजाब में अभी भी अशांति है। वहाँ सेना तैनात कर दी गई है, पर ऊपर से व्यग्र शांति दिखाई दे रही है। लेकिन यह कल्पनातीत है और कभी भी अशांति भड़क सकती है। इसकी चिनगारियाँ दिल्ली तक पहुँच सकती हैं। यद्यपि हम संभवतः स्थिति पर नियंत्रण रख पाएँगे; लेकिन इससे अधिक मैं पत्र में नहीं लिख सकता।

जवाहरलाल आपको पहले ही लिख चुके हैं। उनकी वास्तविक इच्छा है कि आप यहाँ आएँ तथा कुछ दिन ठहरें। मैं भी ऐसा ही महसूस करता हूँ। यदि आप आने का निश्चय करते हैं तो कृपया मुझे सूचित करें कि आप कहाँ ठहरना चाहेंगे। यदि आप भंगी कॉलोनी में ठहरना चाहेंगे तो वहाँ पहले से कुछ प्रबंध करने होंगे।

यदि आप मेरे साथ ठहरना चाहेंगे, तो इसका प्रबंध आसानी से हो जाएगा। मुझे आपके शीघ्र उत्तर की प्रतीक्षा है।

वल्लभभाई का प्रणाम

महात्मा गांधी
कैंप : पटना

---

* गांधीजी के 22 मार्च, 1947 के पत्र से—''यदि आप कर सकते हो तो पंजाब प्रस्ताव के बारे में मुझे समझाओ। मुझे इससे कुछ समझ नहीं आ रहा है।''

89

सरदार पटेल द्वारा गांधीजी एवं नेहरू की प्रशंसा

7 अप्रैल, 1947

···यदि किसी ने ब्रिटिश सरकार पर सही अर्थों में डाका डाला है तो गांधीजी ने। मैं तो उनके कबीले का एक सदस्य मात्र हूँ। हम भाग्यशाली हैं कि हम सब अपने कार्यों का फल देख पा रहे हैं।

इस शासन को उखाड़ फेंकने में गांधीजी हमारे नेता रहे। प्रशासन में जवाहरलाल नेहरू हमारे नेता हैं। उनकी चतुराई, कार्यकुशलता और त्याग अतुलनीय हैं। मैं जवाहरलाल नेहरू की उसी निष्ठा से सेवा करने गया था जिस निष्ठा से मैंने गांधीजी की सेवा की। यह मेरा कर्तव्य है कि मैं अपनी सामर्थ्य के अनुसार सहायता करूँ, और वही मैं कर रहा हूँ।···

90

अधिकांश हिंदू रियासतों के भारतीय संघ में विलय पर सरदार पटेल द्वारा गांधीजी को लिखा पत्र

नई दिल्ली

13 अगस्त, 1947

पूज्य बापू,

···अधिकांश हिंदू राजा भारतीय संघ में शामिल हो गए हैं।[1] मुसलिम राजाओं में रामपुर, पालमपुर और अन्य छोटे राज्य शामिल हो गए हैं। अब केवल

भोपाल, निज़ाम और कश्मीर शेष हैं। भोपाल के पास संघ में शामिल होने के अतिरिक्त कोई उपाय नहीं है। हैदराबाद को कुछ वक्त लगेगा। लेकिन हमें देखना है कि कश्मीर क्या निर्णय लेता है। काठियावाड़ में केवल जूनागढ़ को शामिल होना है। शेष सभी शामिल हो गए हैं।

कल अंतिम दिन है।[2] तब नया कानून लागू किया जाएगा। यदि ईश्वर की कृपा रही तो सबकुछ सुगम हो जाएगा।

वल्लभभाई का प्रणाम

महात्मा गांधी
कलकत्ता

---

1. भारतीय संघ में।
2. शक्ति हस्तांतरण के लिए।

91

पंजाब में विस्फोटक स्थिति और एन.डब्ल्यू.एफ.पी. मंत्रालय को भंग करने की साजिश पर सरदार पटेल द्वारा गांधीजी को लिखा पत्र

नई दिल्ली

24 अगस्त, 1947

पूज्य बापू,

···पंजाब की स्थिति बहुत खराब है। लोग पागल हो गए हैं। शहर और गाँव जला दिए गए हैं तथा लोगों की हत्या ऐसे की जा रही है जैसे कोई कसाईघर हो। ऐसी सूचना मिली है कि पुलिस और सेना दंगाइयों का साथ दे रही हैं। हजारों लोग पलायन क़र रहे हैं और वे जहाँ भी जाते हैं, भय का वातावरण बन जाता है।

85 प्रतिशत पुलिस मुसलमान है। पुलिस दंगाइयों का साथ दे रही है। पाकिस्तान में क्या हो रहा है, यह सूचना मिलना मुश्किल हो रहा है। वहाँ से लाखों लोग पलायन कर गए हैं।···

स्थिति बड़ी विकट है। हमें बहुत प्रयत्न करना होगा कि पंजाब की स्थिति का देश के अन्य भागों पर प्रभाव न पड़े। पंजाब के बहुत से लोग, जिन्होंने पंजाब से पलायन किया है, दिल्ली में प्रवेश कर रहे हैं। वे हमें दिन-रात परेशान कर रहे हैं। वे वहाँ से मुसीबतों और भय के कारण भागकर आए हैं। उन्हें शांत कर पाना बहुत

मुश्किल हो रहा है।...

वल्लभभाई का प्रणाम

महात्मा गांधी
कलकत्ता

92

पंजाब में हिंदुओं और सिखों की दुर्दशा पर सरदार पटेल द्वारा गांधीजी को लिखा पत्र

नई दिल्ली

27 अगस्त, 1947

पूज्य बापू,

आपका पत्र मिला। अगर आप पंजाब जाते हैं तो क्या कर सकते हैं? आप वहाँ आग बुझा नहीं पाएँगे। हिंदू, सिख और मुसलमान वहाँ सौहार्द से नहीं रह सकते। भविष्य में हिंदुओं के लिए वहाँ रहना संभव हो सकता है, परंतु अभी नहीं। लेकिन मुसलमान वहाँ नहीं रह पाएँगे। हर घर में जहर घुल चुका है, यहाँ तक कि सेना में भी। लाखों लोग अपनी संपत्ति और घर-बार दोनों तरफ से छोड़कर भाग रहे हैं। कैंप में रहनेवालों को भयभीत किया जा रहा है। यहाँ तक कि जो लोग पलयान कर रहे हैं और भाग रहे हैं, उनकी हत्या की जा रही है। शरणार्थियों को सुरक्षित स्थान पर ले जाने का कोई प्रबंध नहीं है।...

वल्लभभाई का प्रणाम

महात्मा गांधी
कलकत्ता

93

कैरा आंदोलन की सफलता पर गांधीजी द्वारा सरदार पटेल की प्रशंसा

प्रजाबंधु

30 जून, 1918

एक नेता की कुशलता उसकी योजनाओं के कार्यान्वयन हेतु अपने

सहायकों के चुनाव में उसकी योग्यता के आधार पर आँकी जाती है। मेरी राय मानने के लिए बहुत से लोग तैयार थे, लेकिन मैं यह निश्चय नहीं कर सका कि मेरा उप-सेनापति बनने के योग्य कौन व्यक्ति हो सकता है। तब मुझे वल्लभभाई का विचार आया। मुझे स्वीकार करना होगा कि जब मैं वल्लभभाई से पहली बार मिला, तो मैं चकित हुआ कि यह सख्त दिखनेवाला व्यक्ति कौन है, और जो कुछ मैं अपेक्षा करता हूँ, क्या वह सब यह कर पाएगा। लेकिन जितना अधिक मैं उनके बारे में जानता गया, उतना मुझे लगने लगा कि मुझे उनकी सहायता लेनी चाहिए। वल्लभभाई भी इस निष्कर्ष पर पहुँचे कि यद्यपि उनकी कानूनी प्रैक्टिस फल-फूल रही थी और नगरपालिका में वह महत्त्वपूर्ण कार्य कर रहे थे, फिर भी उन्हें पूर्णकालिक जनसेवक बनकर देश की सेवा करनी चाहिए, इसलिए उन्होंने गोता लगाया। मुझे यह स्वीकार करना चाहिए कि यदि उन्होंने सहायता न की होती तो यह आंदोलन इतनी सफलता से संचालित नहीं हो सकता था।

94

गांधीजी द्वारा सरदार पटेल की प्रशंसा

यंग इंडिया

7 जुलाई, 1920

'यंग इंडिया' के सभी पाठकों को यह ज्ञात नहीं होगा कि गत वर्ष अप्रैल में किए गए कुकृत्यों के कारण अहमदाबादवासियों पर बड़ा जुर्माना ठोंका गया। अहमदाबाद निवासियों से जुर्माना वसूला गया, लेकिन कलेक्टर के विवेक पर कुछ लोगों को बरी कर दिया गया। जिन लोगों से जुर्माना वसूला जाना था, उनमें करदाता भी थे। उन्हें कर की एक-तिहाई राशि का जुर्माना भरना था। श्री बी.जे. पटेल, प्रसिद्ध बैरिस्टर और डॉ. कनूगा, प्रसिद्ध चिकित्सक उन लोगों में से थे जो जुर्माना भरने के योग्य नहीं थे। निश्चित ही उन्होंने दंगे शांत करने में अधिकारियों की मदद की थी। बेशक वे सत्याग्रही थे; परंतु उन्होंने अपनी जान जोखिम में डालकर जनाक्रोश को शांत करने का प्रयास किया था। लेकिन अधिकारी उनका कर माफ नहीं कर रहे थे। उन्हें अलग-अलग व्यक्ति के लिए विवेक का प्रयोग करने में कठिनाई हो रही थी। इन दोनों भद्र पुरुषों के लिए भी जुर्माना भरने में मुश्किल हो रही थी, जबकि उनका कोई दोष नहीं था। वे

अधिकारियों को परेशानी में नहीं डालना चाहते थे और अपने स्वाभिमान को भी बनाए रखना चाहते थे। उन्होंने कोई आंदोलन नहीं किया, सिर्फ ऊपर बताई गई परिस्थिति में जुर्माना भरने में अपनी असमर्थता सूचित कर दी। इसलिए कुर्की के आदेश जारी किए गए। डॉ. कनूगा एक व्यस्त चिकित्सक हैं, इसलिए उनकी गुल्लक (कैश बॉक्स) हमेशा भरी रहती है। तेज नजरवाले कुर्की अधिकारी ने उनकी गुल्लक की कुर्की की और दावे की पूरी रकम वसूल ली। एक वकील का पेशा इस प्रकार संचालित नहीं किया जा सकता। श्री पटेल के पास कोई गुल्लक नहीं दिखाई दी। इसलिए उनकी बैठक में पड़े सोफे की कुर्की की गई और उसे बेचने के लिए विज्ञापन देकर बेच दिया गया। इस प्रकार इन दोनों सत्याग्रहियों ने अपने स्वाभिमान की रक्षा की।

…अत: हम श्री पटेल और श्री कनूगा को उनके द्वारा एक उत्कृष्ट कार्य के लिए एक उत्कृष्ट भावना का उत्कृष्ट उदाहरण प्रस्तुत करने के लिए बधाई देते हैं।

95

सरदार पटेल के नेतृत्व में सत्याग्रह में गुजरात के योगदान पर गांधीज़ी के विचार

नवजीवन

5 सितंबर, 1920

गुजरात ने अपनी भूमिका अच्छी तरह निभाई है। सम्मेलन को न पहले कभी और न आगे सौ वर्षों तक ऐसे गंभीर मुद्दे से रू-बरू होना पड़ेगा, जिसमें एक निर्णय लिया गया। हमें इस कठिन समय में एक ऐसे नेता की जरूरत थी जो लौह संकल्पवाला हो, और जो हमें मिल भी गया। जो भी वल्लभभाई पटेल और सम्माननीय वृद्ध पुरुष अब्बास तैयबजी के भाषण पढ़ेगा, उसे स्वीकार करना होगा कि वे दृढ़ और स्पष्ट होते हुए भी विनम्र थे।…

…गुजराती भारत माता के स्वाभिमान के न्यास रक्षक हो गए हैं। ईश्वर उन्हें दृढ़ता प्रदान करे।

…यदि आप असहयोग के मुद्दे का समर्थन करना चाहते हैं तथा दुष्ट साम्राज्य के जुए को उतार फेंकना चाहते हैं, तो स्वयंसेवकों को देखकर चले मत जाइए, बल्कि थोड़े-बहुत धन का योगदान कीजिए। यदि कोई आपके पास मेरी

तरफ से या सरदार वल्लभभाई की ओर से या स्वराज्य सभा की तरफ से धन माँगने आता है तो सीधे कभी न दें। आप तभी कुछ दें, यदि आप व्यक्तिगत रूप से उनसे परिचित हैं। जिनके पास अभी पैसा नहीं है, वे अपना योगदान अहमदाबाद भेजें। आज से ईश्वर आपको निडर बनाए, आत्म-बलिदान की शक्ति दे, वह आपको सच्चा और विनम्र बनाए। आप केवल ईश्वर से डरें; वह दूसरों से भयभीत होने से आपको मुक्ति दिलाए।

96

गांधीजी द्वारा सरदार पटेल के भाषण की प्रशंसा

यंग इंडिया, 8 जून, 1921

तथा नवजीवन, 12 जून, 1921

गुजरात ने ब्रोच के ऐतिहासिक कस्बे में अपना प्रांतीय सम्मेलन एवं खिलाफत आंदोलन आयोजित किया। यह सम्मेलन नर्मदा के सुंदर तट पर आयोजित किया गया। इसमें खद्दर और चरखा प्रदर्शनी भी लगाई गई। चरखे की विविधता से पता चला कि भारत की खोजी प्रतिभा का प्रयोग फायदे के लिए किया गया··· स्वागत समिति के अध्यक्ष और सम्मेलन के अध्यक्ष के भाषण संक्षिप्त और सटीक थे। अध्यक्ष वल्लभभाई पटेल ने अपना भाषण पढ़ने में 30 मिनट से अधिक समय नहीं लगाया। मैं उनके भाषण की सरलता, दृढ़ता, प्रासंगिता एवं विनम्रता की प्रशंसा करता हूँ। इसमें असहयोग के विरोधियों के लिए एक भी कटु शब्द नहीं है। इसमें सरकार की आलोचना बहुत सीमित है। इसका अधिकांश भाग अहिंसा के रचनात्मक पहलू पर प्रकाश डालता है।···

···सम्मेलन की सजावट साधारण शैली में की गई और उसके लिए केवल स्वदेशी सामान का उपयोग किया गया। सबके लिए बैठने का प्रबंध जमीन पर किया गया। अध्यक्ष तथा कुछ अन्य लोग कुशन के गद्दों पर बैठे। झंडियाँ खादी की थीं। पंडाल के प्रवेश-द्वार पर स्वराज का ध्वज फहरा रहा था। लोग जोर-जोर से बातें करने से बच रहे थे और स्थान का अभाव नहीं था। महिलाओं के बैठने की व्यवस्था बहुत अच्छी थी। स्वागत समिति के अध्यक्ष का भाषण संक्षिप्त और उत्कृष्ट गुजराती में था। उन्हें इसे पढ़ने में केवल 15 मिनट लगे। अध्यक्ष का भाषण भी संक्षिप्त, सरल एवं विनम्र भाषा में था। इसमें साहस और विनम्रता का संचार एक साथ हो गया था।

हम अकसर यह मान लेते हैं कि स्पष्टवादिता और आग उगलनेवाली भाषा को साहस और संघर्षशील भावना से अलग नहीं किया जा सकता। सरदार वल्लभभाई पटेल ने सिद्ध कर दिया कि शुद्ध शक्ति और अति विनम्रता का मेल हो सकता है। उनको अपना भाषण पढ़ने में ठीक 30 मिनट लगे। दोनों भाषण संक्षिप्त होने के कारण लोगों का काफी समय बच गया, किसी पर कोई बोझ नहीं पड़ा और दो दिनों में बहुत सारा काम निपटाया गया। सुबह और शाम के समय के विचार से लोग गरमी से बच गए। प्रातः बैठकें करने का विचार हमारे बीच लोकप्रिय बनाया जाना चाहिए। वास्तव में गरमी में सभी सभाएँ प्रातः के समय में होनी चाहिए। मेरे जैसे बीमार व्यक्ति के लिए कुरसी का प्रबंध किया गया। हमें इस प्रथा को छोड़ना चाहिए और कुरसी के स्थान पर पुराने ढंग की बजाथ* को प्रचलित करना चाहिए।

---

* नीची चौकोर मेज।

97

गांधीजी द्वारा सरदार पटेल को पूर्ण हड़ताल और प्रिंस ऑफ वेल्स के बहिष्कार की सलाह[1]

सिलहट

30 अगस्त, 1921

प्रिय वल्लभभाई,

मुझे आपका पत्र मिला। मैं आपको तार की प्रति भेज रहा हूँ जो कि मैंने भेजा है। अगर हम शक्तिशाली हैं तो मैं कहूँगा कि जब तक वह अहमदाबाद में है, शहर में हड़ताल रहनी चाहिए और गरीबों की आवश्यकताओं हेतु किए गए प्रबंध उन तक पहुँचने चाहिए। हमारी इस काररवाई के परिणामस्वरूप मार्शल लॉ लगाया जा सकता है। हमें इसके लिए तैयार रहना चाहिए और आवश्यकता पड़ने पर मरने के लिए भी तैयार रहना चाहिए। लेकिन ऐसा लगता है कि यह नहीं कर पाएँगे, क्योंकि हम इसकी शक्ति अभी प्राप्त नहीं कर पाए हैं। हमें जो भी संभव हो, करना चाहिए और उन्हें बता देना चाहिए कि हम अंग्रेजों से अपने संबंध तोड़ सकते हैं। नगरपालिका को ब्रिटिश नियंत्रण से मुक्त करो। किसी को भी अंग्रेजों का अभिवादन नहीं करना चाहिए। विद्यार्थियों को विद्यालयों में या कक्षा में अंग्रेजों

के आने पर खड़े नहीं होना चाहिए। यदि हममें शक्ति है तो हमें सरकारी दफ्तरों के बाहर धरना देना चाहिए और लोगों को अंदर जाने से रोकना चाहिए। यदि हम नम्रतापूर्वक अपनी नाराजगी का प्रदर्शन करें तो उसके लिए कई तरीके हैं। हमें अपनी भावनाएँ इसी प्रकार व्यक्त करनी चाहिए। मैं समझता हूँ कि हमें अपना बहिष्कार आज से ही प्रारंभ कर देना चाहिए तथा लोगों को शांत एवं दृढ़ रहने की सीख देनी चाहिए। हमारे पास इतनी शक्ति होनी चाहिए कि प्रिंस ऑफ वेल्स[2] अहमदाबाद में अपनी शक्ति का प्रदर्शन न कर सकें।

यहाँ इससे अधिक मैं और क्या कह सकता हूँ। मैं केवल यह कहूँगा कि हमें कोई ऐसा काम शुरू नहीं करना चाहिए जिसे हम समाप्त न कर सकें। न ही हमें संघर्ष से भागना है। यदि मेरे बहिष्कार पर जोर देने से हिंसा होती है, तो कृपया मेरे आदेशों को स्थगित करके उनकी अवहेलना कीजिए।

यह अच्छी बात है कि आपने स्वागत समिति[3] की अध्यक्षता स्वीकार कर ली है। जब किसी पद को विनम्रता और सेवा-भावना से स्वीकार किया जाता है, तो ऐसा पद कोई अप्रिय घटना नहीं होने देता।

वंदे मातरम्,

भवदीय

मोहनदास

---

1. गुजराती में, भाग-2।

2. प्रिंस ऑफ वेल्स। इस पत्र में उनके बहिष्कार संबंधी आदेश हैं। प्रिंस ऑफ वेल्स नवंबर में भारत आए थे और कांग्रेस ने उनका बहिष्कार करने का निश्चय किया था। उनके बंबई बंदरगाह पहुँचने पर बंबई में दंगे हुए थे। दंगों में हुई हिंसा के विरोध में गांधीजी ने खाना-पीना छोड़ दिया था। प्रिंस जिस भी बड़े शहर में गए, उनका बहिष्कार किया गया। बहुत से स्थानों पर पुलिस ने लोगों पर लाठी चार्ज किया।

3. कांग्रेस सेशन की, जो अहमदाबाद में होना था।

98

गांधीजी का सरदार पटेल को सविनय अवज्ञा आंदोलन के पक्ष में लिखा पत्र[1]

बंबई

8 जुलाई, 1921

प्रिय वल्लभभाई,

मैं सोमवार प्रात: पहुँचूँगा और उसी शाम वापस आऊँगा। मैंने इंदुलाल[2] को लिखा है कि राजनीतिक समुदाय को क्या करना चाहिए। कृपया उस पत्र को पढ़ लीजिए। मुझे विश्वास है कि हम सविनय अवज्ञा आंदोलन के पक्ष में निर्णय लेंगे। परिषदों का पूरी तरह से बहिष्कार ही एकमात्र रास्ता है।

कृपया मावलंकर[3] व अन्य मित्रों को सूचित करें।

वंदे मातरम्,

भवदीय

मोहनदास

---

1. गुजराती में, भाग-2, मनीबेन पटेल द्वारा संपादित, नवजीवन पब्लिशिंग हाउस, अहमदाबाद, 1952, पृष्ठ 3।
2. इंदुलाल याग्निक, गुजरात प्रांतीय कांग्रेस समिति के सचिव, बाद में उन्होंने कांग्रेस छोड़ दी थी।
3. गणेश वासुदेव मावलंकर, अहमदाबाद के विख्यात वकील, सन् 1921-22 में गुजरात प्रांतीय कांग्रेस समिति के सचिव, जन कांग्रेस ने असेंबली में भाग लेना शुरू किया तो बंबई असेंबली के अध्यक्ष बने, बाद में लोकसभा के अध्यक्ष बने।

99

हिंदू-मुसलिम एकता के लिए रखे उपवास पर गांधीजी को सरदार पटेल द्वारा पत्र[1]

बी.वी.-3

16 सितंबर, 1924

प्रिय वल्लभभाई,

मेरा पत्र प्राप्त होने से पहले तुम्हें मेरे निर्णय का पता लग गया होगा। आप

शेर दिल हो और आपको हिम्मत नहीं हारनी चाहिए। आप जिस कार्य में लगे हुए हो, उसे दोगुने जोश से करो और किसी को भयभीत न होने दो। मैं यहाँ अपना उपवास[2] पूरा करना चाहता हूँ। मनीबेन इसलिए आशंकित हैं, कृपया उन्हें समझाइए कि इसमें डरने की कोई बात नहीं है। मैं उन्हें अलग से नहीं लिख रहा हूँ।

भवदीय

बापू

---

1. गुजराती में, भाग–2।
2. हिंदू–मुसलिम एकता के लिए 21 दिन का उपवास।

100

सरदार पटेल द्वारा गांधीजी के सत्याग्रह स्थगित करने के कदम का विरोध

गृह विभाग (विशेष) एफ संख्या 584/1921–22 बंबई पुरातत्त्व

23 नवंबर, 1921

गांधी ने प्रस्ताव किया कि सविनय अवज्ञा स्थगित किया जाना चाहिए। वल्लभभाई पटेल, एन.सी. केलकर, कोंडा वेंकटापैया और वी.जे. पटेल स्थगन के विरुद्ध थे और उनका कहना था कि गांधीजी को कार्य समिति की सलाह लिये बिना सविनय अवज्ञा को स्थगित करने की घोषणा समाचार–पत्रों द्वारा करने का अधिकार नहीं था।…

101

सरदार पटेल गुजरात के लोगों को गांधीजी के विश्वास के योग्य साबित करने के लिए प्रेरित करते हुए

नवजीवन

11 मार्च, 1922

आखिरकार सरकार ने भारतवर्ष के सबसे बड़े नेता को, जिसने विश्व के इतिहास में स्वाधीनता प्राप्त करने और नैतिक मूल्यों की रक्षा के लिए एक नई तकनीक का प्रयोग किया, जेल में डाल दिया। दो वर्षों से गांधीजी ने न तो पेट भर

खाना खाया और न ही शांति से सो पाए। उनकी आत्मा को भारी पीड़ा हो रही थी, जिसका कारण था—पंजाब का अपमान, खिलाफत के प्रति अन्याय, दासता के बंधनों का दर्द और शांति के लिए पुकार। वह व्यक्ति, जिसकी हिंदुस्तान में पूजा की जाती है, जिसके नैतिक व्यक्तित्व के कारण अनेक शताब्दियों के बाद पूरे विश्व का ध्यान भारतवर्ष की ओर आकर्षित हुआ है, जिसके क्षणिक स्पर्श ने हजारों के जीवन की दिशा को पूरी तरह बदल दिया, ऐसे देव-पुरुष को इस शासन में जेल के अतिरिक्त और कहाँ शांति मिल सकती है?

अनेक व्यक्तियों को, जो बारदोली प्रस्ताव के महत्त्व को नहीं समझते थे, उनकी कार्य-शैली के प्रति संदेह था। राजनीतिक मामलों में, संघर्ष करनेवालों की सुविधा हेतु धर्म और नैतिकता को सुविधाजनक ढंग से प्रयुक्त नहीं किया जा सकता, ऐसा उनका दृढ़ विश्वास था। अनेक लोग, जो उनके नैतिक आधार का महत्त्व नहीं समझते थे, लोगों के किसी वर्ग द्वारा किसी भाग में किए गए गलत व्यवहार के लिए स्वयं को नैतिक रूप से उत्तरदायी मानने की उनकी प्रवृत्ति की आलोचना करते थे। लेकिन अब उन लोगों ने जान लिया होगा कि गांधीजी की दृष्टि कितनी पैनी है, जो कि एक साधारण राजनीतिज्ञ की नहीं हो सकती।

उन्होंने सविनय अवज्ञा कार्यक्रम स्थगित कर दिया और रचनात्मक कार्यक्रमों पर ध्यान केंद्रित करने के लिए भगीरथ प्रयत्न किए, जिससे शांति का वातावरण बने; उसी समय सरकार ने उन्हें गिरफ्तार करने में अपनी अक्लमंदी समझी, इसलिए उनके तथा जनता के लिए इससे अधिक शुभ मुहूर्त और क्या हो सकता था।

ब्रिटिश शेर के सामने शिकार करने के लिए बहुत से जानवर हाजिर किए गए हैं। इतने बड़े शिकार का मौका उन्हें पहली बार मिला है। परंतु उनके लिए इस शिकार को हजम करना आसान नहीं है। अप्रैल 1919 में एक बार पहले भी उन्होंने इस शिकार पर शिकंजा कसने का प्रयास किया था; परंतु उसी क्षण उन्हें इसे छोड़ना पड़ा था। लेकिन इस बार हमने अपने दिल से शेर की परीक्षा ली है। इसकी आँखें गुस्से से लाल हैं। बहुत दिनों से यह अपनी गरदन के बाल भयंकर रूप से हिला रहा है। लेकिन भारत के ऋषि-मुनियों ने अपनी तपस्या की शक्ति से इस भयानक शेर को एक शांत मेमने में बदल दिया है। इसी प्रकार इस महान् पुरुष के तप का प्रभाव इस शेर को बकरी बनाने जा रहा है। इस बारे में कोई संदेह नहीं है।

उन्हें इस बात से बड़ी प्रसन्नता हुई कि अहमदाबाद में पूर्णतः शांति स्थापित हो गई। अप्रैल 1919 के हमारे पागलपन की तुलना में हमारी समझदारी के फल-स्वरूप इस बार शांति की स्थापना हमारे प्रगति तथा प्रशिक्षण के बारे में बहुत कुछ

बयान करती है। यह बहुत खुशी की बात है। यदि पूरा हिंदुस्तान इस प्रकार शांति स्थापित करना सीख ले तो सरकार को प्रत्येक व्यक्ति को जेल से रिहा करना पड़ेगा।

गुजरात के ऊपर बड़ा उत्तरदायित्व है। अब गुजरात की परीक्षा ली जाएगी। गांधीजी ने स्पष्ट शब्दों में बता दिया है कि उन्हें हमसे क्या अपेक्षा है। उनके प्रति हमारी वास्तविक भावनाएँ प्रकट करने का तरीका उनकी जय बोलना नहीं है और न ही उनके दर्शन के लिए दौड़ पड़ना है, अपितु हमें उनके चार सूत्रीय कार्यक्रम को सफल बनाने में स्वयं को लगा देना है।

यदि पूरे देश को यह समझने के लिए कुछ समय लगे तो गुजरात को, जहाँ उन्होंने अपनी पूरी जीवनशक्ति खपा दी, उनके हृदय से निकले स्पष्ट पारदर्शी शब्दों को आत्मसात् करने की अपनी योग्यता का परिचय देते हुए कार्यान्वित करना चाहिए।

102

'गांधीजी पूरे विश्व के लिए मार्गदर्शक प्रकाश हैं'–सरदार पटेल

नवजीवन

22 नवंबर, 1922

जो व्यक्ति सब कष्ट झेलने को तैयार हो, उसके लिए किसे सहानुभूति नहीं होगी? जब कोई व्यक्ति एक उत्तम आदर्श की प्राप्ति हेतु सभी प्रकार के कष्ट व दर्द सहने को तैयार हो तो लोगों के मन में उसके प्रति एक आदरयुक्त भय तथा पूज्य भाव पैदा होता है। जब हम महात्मा गांधी के बारे में सोचते हैं तो हमारे विचार अपने जीवन की ओर चले जाते हैं। महात्माजी एक मार्गदर्शक प्रकाश हैं, जो हमें खतरों की चेतावनी देता है। अपने संसार के अनुभव के कारण, कष्ट सहने की क्षमता और हर प्रकार का त्याग करने के कारण वे एक प्रकाशवान् व्यक्तित्व हैं। उनके कंधों पर जो जिम्मेदारियाँ हैं, उनके बारे में सोचना व्यर्थ है। क्या एक मोर अपने पंखों का बोझ महसूस करता है? यदि हम इस बात का कारण समझ सकें कि महात्माजी अपने ऊपर डाले गए कष्टों को कैसे सह लेते हैं, तो हम उनके जीवन के संदेश को समझ सकेंगे, जो वह अपने आस-पास रहनेवालों को देते रहते हैं। उनका जीवन एक खुली पुस्तक है, जिससे सुनहरे शब्दों में हमें शिक्षा मिलती है कि 'अनावश्यक सज-धज को अपने जीवन से दूर रखो तो तुम्हें सच्चे आध्यात्मिक जीवन का अनुभव होगा'। ऐसे जीवन का आदर्श अत्यंत महत्त्वपूर्ण है। उस आदर्श को प्राप्त

करने के लिए आत्मसंयम की आवश्यकता है।

आत्मतुष्टि से पतन होता है; आत्मनिरोध का मतलब आत्मानुभव है। जो समझते हैं कि इसका मतलब जीवन को नकारना है, वे गलत हैं। महात्माजी जिस आत्मसंयम की बात करते हैं वह निष्क्रियता की ओर नहीं ले जाता; लेकिन वह तुम्हें निष्काम कर्म के लिए प्रेरित करता है। एक आध्यात्मिक जीवन में शारीरिक और भौतिक नुकसान की चिंता नहीं होती। जब व्यक्ति अपनी आत्मा को पहचान लेता है, अनुभव कर लेता है तो उसका शरीर उसकी आत्मा का दास हो जाता है। वह अनैतिक मार्ग त्याग देता है। इस प्रक्रिया के द्वारा शारीरिक कष्ट आत्मा की विजय में परिवर्तित हो जाता है।

103

बलपूर्वक मजदूरी करानेवालों की सरदार पटेल द्वारा भर्त्सना

बोर्साद सत्याग्रह बुलेटिन

20 दिसंबर, 1923

नाइयों, कुम्हारों, बाघरियों, ढेड़ों तथा ऐसे ही अन्य विनीत भाइयों को सदियों पुरानी जबरदस्ती मजदूरी करने की प्रथा छोड़ देनी चाहिए। वे सरकारी अधिकारी, जो इन लोगों से बलपूर्वक मजदूरी करवाते हैं, स्वयं ही सरकारी कानून तोड़ रहे हैं। जब लोगों को बेगार करनी पड़ती है तो उनका व्यक्तित्व दबा रहता है, उनके बच्चे गुलामी में पलते हैं। इन लोगों को संबोधित करते समय जिस तिरस्कारपूर्ण भाषा का प्रयोग किया जाता है, उसे सुनकर कष्ट होता है। किसी को जबरदस्ती मजदूरी नहीं करनी चाहिए, लेकिन यदि उनकी मरजी हो तो स्वेच्छा से कुछ कार्य कर सकते हैं। किसी भी हालत में उन्हें बलपूर्वक मजदूरी नहीं करनी चाहिए। यह बहुत खुशी की बात है कि अनेक गाँवों के दस्तकारों ने बलपूर्वक मजदूरी करना छोड़ दिया है और उसके लिए वे बधाई के पात्र हैं। गाँवों में आदान-प्रदान का मित्रवत् व्यवहार चलता रहना चाहिए। लोगों को गाँव का सब प्रकार का कार्य करना चाहिए, लेकिन सरकारी अफसरों का कोई कार्य नहीं करना चाहिए। यदि वे मुखी और मातादार से बलपूर्वक चोरा करने को कहते हैं तो उन्हें मना कर देना चाहिए। यदि मुखी और मातादार जबरदस्ती मजदूरी के लिए मना कर देते हैं तो सरकारी नौकर इन लोगों को डराने-धमकाने की कोशिश करेंगे। वे उन्हें धमकी देंगे, गाली देंगे और यहाँ तक कि उनके बच्चों और औरतों को परेशान करेंगे। लेकिन उन्हें

सरकार से भयभीत नहीं होना चाहिए। सरकारी अधिकारियों द्वारा जो भी जुल्म उनके ऊपर ढाया जाए, उसे शांतिपूर्वक सहने के लिए तैयार रहना चाहिए और बोर्साद के सत्याग्रह कैंप को सरकारी अफसरों द्वारा किए जानेवाले जुल्मों की पूरी जानकारी देनी चाहिए।

104

सरदार पटेल ने बोर्साद के लोगों से कहा, 'गांधीजी का कार्यक्रम व्यावहारिक है।'

नवजीवन

20 जनवरी, 1924

…ऐसा लगता है कि हमारा संघर्ष तब तक पूरा नहीं होगा जब तक हम गांधीजी द्वारा बताए गए मार्ग पर नहीं चलते । सरकार ने बोर्साद सत्याग्रह में हमारी शक्ति की परीक्षा कर ली है। वह जानती है कि देर-सवेर उसे हारना ही है और अपना नुकसान कम करना चाहती है। यदि हम उस प्रकार का संघर्ष नहीं करते, जिसका उदाहरण हमने बोर्साद में दिया था तो हम लड़ाई हार जाएँगे।

बापू ने हमारे ऊपर बारदोली का दायित्व सौंपा है, यह कार्यक्रम उनके अनुभव के आधार पर बनाया गया है। बहुत से लोग सोचते हैं कि उनका तरीका व्यावहारिक नहीं है, लेकिन मैं उनसे सहमत नहीं हूँ। बापू जो कहते हैं वह पूरी तरह से व्यावहारिक है। मुझे इस बात पर गर्व है कि मैं शायद आप सबसे अधिक झगड़ालू हूँ, फिर भी मैं दूसरे लोगों को रोकता हूँ, क्योंकि हममें बहुत सी कमियाँ हैं। अब जबकि संघर्ष समाप्त हो चुका है, मैं एक भी सैनिक खोना नहीं चाहता।

…हमें अकारण अपनी शक्ति नष्ट नहीं करनी चाहिए। अब समय है कि वह उमंग भरें जो हमारी आत्माओं में व्याप्त है। इस संघर्ष ने लोगों को दिखा दिया है कि वे सरकार से लड़ सकते हैं। पिछली लड़ाई में सरकार ने अपनी पूरी ताकत झोंक दी थी। हमारे शासक व्यापारी हैं, इसलिए बहुत चालाक हैं।

एक व्यापारी या सौदागर ही उनको काबू में कर सकता है। इसलिए ईश्वर ने हमें एक नेता दिया, जो जन्म से ही व्यापारी है। यदि हम उनके द्वारा सुझाए गए कार्यक्रम का 75 प्रतिशत भी लागू कर पाते हैं तो हम अंतिम संघर्ष में भी विजयी होंगे।

जब एक संघर्ष के लिए जोश की जरूरत होती है, तो बहुत से सैनिक मिल

जाते हैं। उत्तेजना की स्थिति में व्यक्ति एक अच्छा सैनिक बन सकता है; परंतु एक निर्जीव साहसिक कार्य में शामिल होना बहुत कम देखने को मिलता है। दूसरे व्यक्ति दूर भागते हैं। आप लोग, जो संघर्ष का नशा चख चुके हैं, को रचनात्मक कार्यों की ओर मुड़ना चाहिए, जो कि निर्जीव लग सकता है; लेकिन इसका स्थायी मूल्य है। पूरी तहसील में कार्य करने के केंद्र स्थापित किए जाने चाहिए। हमें लोगों के मन में झाँकना होगा; अपराधों के कारण खोजने होंगे; देखना होगा कि सभी शराब की दुकानें बंद हो जाती हैं; इस क्षेत्र से अपराध का पूरी तरह सफाया करना होगा और आयातित कपड़ों का पूर्ण बहिष्कार करना होगा। इस सबको संभव करने के लिए हमें गांधीजी द्वारा निर्मित हथियार का प्रयोग करना होगा। इसलिए मैं सभी कार्यकर्ताओं से कहता हूँ कि यदि आप गांधीजी के सच्चे शिष्य हैं, तो आप अपना स्थान नहीं छोड़ेंगे। आप अपने उत्तरदायित्व से नहीं भागेंगे। आप ऐसा मत सोचिए कि मैं आपसे कम थका हुआ हूँ। यही वह भावना है जिसने मुझे आपको डाकोर में दो वर्ष पूर्व बड़ा संघर्ष करने के लिए प्रेरित करने की प्रेरणा दी थी। लेकिन मैं यह जानकर भयभीत था कि हमारे हाथ से सबकुछ निकला जा रहा था; सब ओर आपसी मन-मुटाव बढ़ाया जा रहा है और बड़े संघर्ष के लिए कोई स्थान नहीं था। हमें बिना किसी शर्म के बापू के पास चलना चाहिए। जब वह वापस आते हैं तो हम साथ बैठेंगे और इस बात को सहजता से लेंगे। आज कार्य करने का समय है। मैं आपको एक वर्ष का समय दे रहा हूँ। यदि हम इस अवधि के भीतर वह सब कर पाते हैं जैसा मैंने बताया। मैं पहले बता चुका हूँ, जैसे कि अदालतों में ताले डालना, शराब की दुकानों को बंद करवाना, पंचायतें स्थापित करना, क्षेत्रों से अपराध का सफाया करना, खादी को जनता में लोकप्रिय बनाना। इस प्रकार बड़े संघर्ष के लिए सरकार को चुनौती देने में पर्याप्त सशक्त हो जाएँगे।

105

सरदार पटेल के विचार में गांधीजी की कांग्रेस सत्र में अनुपस्थिति से अनुशासन पैदा होगा

टाइम्स ऑफ इंडिया

29 सितंबर, 1934

वल्लभभाई पटेल का महात्मा गांधी के साथ उनके विचार-विमर्श पर साक्षात्कार लिया गया तो उन्होंने बताया—''गांधीजी के वक्तव्य पर मेरे विचार

सर्वज्ञात हैं। एक पखवाड़े पूर्व मैंने उनसे कहा था तथा मैं विश्वास करने लगा हूँ कि अब उपयुक्त समय है जब गांधीजी को कांग्रेस से संन्यास लेना चाहिए, जैसा कि उन्होंने अपने वक्तव्य में कारण बताते हुए स्पष्ट किया है। अतः यदि वे कांग्रेस सत्र में शामिल न होने का निर्णय लेते हैं तो मुझे दुःख नहीं होगा। यह कहना मूर्खतापूर्ण होगा कि उन्हें यह सब सुझाने के लिए मैं वर्धा गया था। मैं जानता हूँ कि यदि वह ऐसा कोई निश्चय करते हैं तो उसे गुप्त नहीं रखेंगे। वे देश के सम्मुख भ्रम पैदा करने में विश्वास नहीं करते।

श्री पटेल ने सोचा कि यदि गांधी इस सत्र में अनुपस्थित रहते हैं तो कांग्रेस में शुचिता एवं अनुशासन पुनःस्थापित करने में सुविधा हो। गांधीजी कांग्रेस में वर्तमान धड़ेबंदी से पूरी तरह घृणा करते थे और इसलिए उन्होंने सक्रिय नेतृत्व से संन्यास लेने का फैसला किया था।

यह विश्वस्त सूत्रों से ज्ञात हुआ है कि वह 20 अक्तूबर को बंबई में होनेवाली कांग्रेस कार्य समिति की बैठक में भाग लेंगे।

106

'गांधीजी अपने सिद्धांतों पर अडिग हैं, चाहे कुछ भी हो जाए'—सरदार पटेल

गुजरात समाचार

30 सितंबर, 1934

गांधीजी के वक्तव्यों पर उनके मित्रों एवं आलोचकों द्वारा जो विचार प्रकट किए गए हैं उनसे मेरी यह धारणा पक्की हो गई है कि वर्धा में कांग्रेस कार्य समिति के समक्ष लिया गया उनका संन्यास लेने का फैसला पूर्ण रूप से सही था। उन्होंने सदैव सिद्धांतों को नीतियों एवं व्यक्तित्वों से पहले रखा और अपने अनुयायियों से भी उन्हें यही अपेक्षा थी।…

लेकिन जो भी उनका अंतिम निर्णय होगा, इसमें कोई संदेह नहीं है कि वह कांग्रेस एवं देश को पूरी तरह सामने रखकर ही किया जाएगा। यदि उन्हें लगता है कि उनके संन्यास लेने से इन हितों को हानि पहुँचेगी, तो वे किसी हालत में कांग्रेस से संन्यास नहीं लेंगे; लेकिन यदि उन्हें पूरा विश्वास है कि उनके संन्यास लेने से कांग्रेस सशक्त एवं शुद्ध होगी तो उन्हें बिना किसी हिचक के ऐसा करने देना चाहिए।

107

सरदार पटेल गांधीजी और कांग्रेस नेताओं के बीच मतभेदों की व्याख्या करते हुए*

गुजरात समाचार

10 अक्तूबर, 1934

अपने भाषण के दौरान सरदार ने गांधीजी के वक्तव्य पर प्रकाश डाला और कारण स्पष्ट किया कि उन्होंने ऐसा वक्तव्य क्यों दिया था। बताया गया कि बहुत से ऐसे बुद्धिमान् कांग्रेसी हैं, जो खादी वस्त्र पहनने की उनकी शर्त के प्रति पूरी तरह से गंभीर नहीं हैं। इसलिए उन्होंने कांग्रेस का नेतृत्व छोड़ने का निश्चय कर लिया है। गांधीजी अभी भी इस विषय पर विचार कर रहे हैं कि वह इस कार्यक्रम को कांग्रेस में रहकर या उससे बाहर रहकर लागू करें। फिर भी, गांधीजी कार्य समिति में तथा विषय समिति में भाग लेने के लिए 29 तारीख को बंबई पहुँच रहे हैं।

सरदार ने हाथ से कताई और हाथ से बुनाई करने के औचित्य पर काफी बल दिया, क्योंकि उनके विचार से भारत जैसे देश में गाँवों के पुनर्गठन एवं उनकी पुनर्स्थापना के प्रश्न का हल औद्योगिक विकास के माध्यम से खोजना असंभव होगा। लेकिन उक्त प्रश्न का हल निश्चय ही हाथ-कताई और हाथ-बुनाई में निहित है।

---

* 30 सितंबर, 1934 को बंबई में गांधी जयंती के समारोह के संबंध में सरदार का भाषण।

108

गांधीजी द्वारा सरदार पटेल के प्लेग सहायता कार्यों की प्रशंसा

बॉम्बे क्रॉनिकल

15 अप्रैल, 1935

सरदार वल्लभभाई द्वारा हमें एक विशेष पाठ पढ़ाया जा रहा है, बर्साद में जहाँ प्लेग फैला हुआ है, वहाँ उन्होंने स्वयं को पूरी तरह खपा दिया है। डॉ. भास्कर पटेल और उनके स्वयंसेवकों की टीम की सहायता से वे जरूरतमंदों को चिकित्सा सहायता प्रदान कर रहे हैं। इस जोखिम भरे काम में सफाई कार्य भी शामिल है।

एक के बाद एक, वह रोग-संक्रमित गाँवों की सफाई कर रहे हैं; वे लोगों को अंधकार भरे घरों से बाहर ला रहे हैं और खुले में रहने, खेतों में रहने के लिए प्रेरित कर रहे हैं, साथ ही छतों को प्रकाश—सूर्य का प्रकाश—वायु का प्रवेश कराने के लिए खोल रहे हैं, कूड़ा-कचरा हटा रहे हैं, गंदगी साफ कर रहे हैं, गंदगीवाले स्थानों को संक्रमण मुक्त कर रहे हैं और रोग फैलानेवाले कीटाणुओं को नष्ट कर रहे हैं। वे ग्रामीणों में बचाव के उपाय निर्देशित करनेवाले परचे बँटवा रहे हैं। उन्होंने धन के लिए या स्वयंसेवकों के लिए कोई अपील नहीं की। स्वयंसेवकों की भरती स्थानीय लोगों में से ही की गई।

109

गांधीजी, संभावित कांग्रेस अध्यक्ष से विचार-विमर्श हेतु सरदार पटेल का वर्धा का आकस्मिक दौरा

बॉम्बे क्रॉनिकल

18 सितंबर, 1935

…ऐसा समझा जाता है कि सरदार पटेल का दौरा अगले कांग्रेस अध्यक्ष के चुनाव से संबंध रखता है। ऐसा संभव है कि श्रीयुत सी. राजगोपालाचारी भी कुछ दिनों में वर्धा जा सकते हैं। ऐसी संभावना है कि गांधीजी और सरदार पटेल देश के आवाहन पर श्रीयुत राजगोपालाचारी से कांग्रेस की गद्दी स्वीकार करने का आग्रह करेंगे।

110

सरदार पटेल गांधी जयंती पर जनता को उनकी नीतियों का अनुसरण करने के लिए प्रेरित करते हुए*

गुजरात समाचार

24 सितंबर, 1935

…गांधी शपथ मात्र एक पवित्र धार्मिक उत्सव नहीं है, वरन् इसका ऐतिहासिक महत्त्व भी है और गांधीजी के जन्मदिन, रंतिया वर्ष (हिंदी कलेंडर के अनुसार) से उनके जन्मदिन जयंती ग्रेगोरियन कलेंडर के अनुसार (2 अक्तूबर) तक मनाए जाने की परंपरा स्थापित की गई है। इस सप्ताह में हम हाथ से खादी तैयार करेंगे और

बेचेंगे तथा उसे लोकप्रिय बनाने का प्रयत्न करेंगे। इसका मुख्य कारण यह है कि खादी गांधीजी को अत्यंत प्रिय है।

खादी में लोगों की प्रगति, कल्याण, एकता, अस्पृश्यता का उन्मूलन, देश का तथा हरिजनों का कल्याण निहित है। पूरे दिन के कार्य की व्यवस्था के बावजूद, किसी भी परिस्थिति में गांधीजी सूत कातने के लिए आधा घंटा निकाल ही लेते हैं।…

* 23 सितंबर, 1935 को गांधी जयंती के संबंध में ज्योति संघ में सरदार द्वारा दिया भाषण।

111

सरदार पटेल गांधीजी की वृद्धावस्था में उन्हें किसी झंझट में डालने के पक्ष में नहीं

द हिंदुस्तान टाइम्स

1 अक्तूबर, 1935

"लोग मुझसे पूछते हैं कि गांधीजी कांग्रेस में कब वापस आएँगे, तो मैं उत्तर देता हूँ कि महात्मा गांधी 67 वर्ष के हैं। हम उनसे कितनी अपेक्षाएँ और रख सकते हैं? अब हमें उनके अधूरे कार्य को पूरा करना चाहिए।" गत रात्रि को सरदार वल्लभभाई पटेल ने एक बैठक को संबोधित करते हुए यह घोषणा की।

112

मोरारजी तथा चंदूलाल द्वारा सरदार पटेल पर तानाशाही का आरोप लगाए जाने पर गांधी द्वारा खंडन

गृह विभाग (विशेष) : एम.एस.ए.

…गांधीजी के पांडिचेरी से वर्धा वापस आने पर डॉ. चंदूलाल देसाई और मोरारजी देसाई, गुजरात के दोनों प्रमुख कांग्रेस नेता उनसे मिले और वल्लभभाई के तानाशाही रवैए की शिकायत करते हुए कहा कि यह देश के लिए, विशेष रूप से गुजरात के लिए घातक सिद्ध होगा। यह ज्ञात हुआ है कि गांधीजी ने वल्लभभाई के कान में कुछ फुसफुसाकर उन्हें बाहर भेज दिया, लेकिन इन दोनों से बहुत सहानुभूतिपूर्वक चर्चा की, साथ-ही-साथ उन्होंने दृढ़ता से यह स्पष्ट कर दिया कि

उन्हें वल्लभभाई को सहन करना होगा, गुंजाइश करनी होगी। आगे कहा कि वह गुजरात के किसानों की प्रतिमूर्ति हैं। किसानों पर उनका अद्वितीय प्रभाव है। इसलिए यह आवश्यक है कि कांग्रेस उन्हें न खोए। यह निश्चित रूप से विदित है कि वल्लभभाई सक्रिय राजनीति से तिलांजलि नहीं दे रहे हैं। इस सूचना को उनकी इस टिप्पणी से और बल मिलता है, जो उन्होंने बंबई में पिछले सप्ताह कहा था कि जिन्हें उनके तौर-तरीके रास नहीं आते, वे मैदान छोड़कर चले जाएँ, वह अकेले ही काम आगे बढ़ाएँगे।

सरदार वल्लभभाई पटेल ने आगे कहा, "मैं आपको विश्वास दिलाता हूँ कि मैं जो कुछ भी करता हूँ, यदि गांधीजी के कहने से नहीं तो उनकी रजामंदी से अवश्य करता हूँ। यदि इस संबंध में मेरा या संघ के सदस्यों पर विश्वास नहीं करते तो हमारी संस्था धराशायी हो जाएगी।"

फिर उन्होंने कहा, "जब 1934 में गांधीजी अधिकारपूर्वक कांग्रेस से निकलना चाहते थे, तो मैं ही एकमात्र व्यक्ति था जिसने कहा था कि हमें उन्हें जाने देना चाहिए, जिससे देश को यह जानने का मौका मिले कि क्या हम उनके बिना कार्य कर सकते हैं? मैं आपको यह समझाना चाहता हूँ कि जो लोग उनके साथ काम करते हैं, उनमें से एक भी कोई ऐसा कार्य नहीं करेगा, जिसमें उनकी रजामंदी न हो।"

"आपसी फूट और असामंजस्य से हम अपना ही अहित करते हैं। इसलिए महात्मा गांधी कहते रहे हैं कि कांग्रेस कार्य समिति, जो सरकार से संघर्ष कर सकने का एकमात्र संगठन है, में वास्तविकता और कार्यों में समरूपता होनी चाहिए। इससे कोई फर्क नहीं पड़ता कि कौन सा दल शक्तिशाली है, जब तक वह अपने कंधों पर सारा दायित्व वहन करने को तैयार हैं, लेकिन जब एक दल संपूर्ण उत्तरदायित्व स्वयं उठाने को तैयार नहीं होता तो दूसरे दल को विवश होकर दायित्व स्वीकार करना पड़ता है। इसी परिप्रेक्ष्य में हमें एक बार फिर कांग्रेस के कार्यों का दायित्व सँभालने को बाध्य होना पड़ा है।

"हाल ही में, इसी एकता की कमी ने कांग्रेस की शक्ति और सम्मान को ठेस पहुँचाई है। जब हमने संसदीय बोर्ड गठित किया था, हमारा संगठन एक कुशल तंत्र था। यदि हमारे विरोधी हमें प्यार नहीं करते, तो हमसे भयभीत अवश्य थे। हमने जब पद स्वीकार किया था, तो हमारा एकमात्र उद्देश्य प्रभावी सेवा की शक्ति एवं सामर्थ्य में वृद्धि करना था। आप जानते हैं कि प्रत्येक व्यक्ति यह महसूस करता है कि महात्मा गांधी इस कार्य के लिए परमावश्यक हैं। लेकिन आप जादू से उनकी

सहानुभूति और सहयोग प्राप्त नहीं कर सकते। इसके लिए कोई ताबीज या जंतर-मंतर नहीं है। जब गांधी सेवा संघ ने अपने सदस्यों को इसके रचनात्मक कार्यक्रम को बढ़ावा देने के उद्देश्य से प्रशासकीय तंत्र के प्रयोग की अनुमति प्रदान की, तो हमने सोचा कि हम कार्यक्रम तेज गति से आगे बढ़ाएँगे। लेकिन दुर्भाग्यवश छोटी-छोटी बातों पर मतभेद उभरने लगे। इसका प्रभाव यह हुआ कि आज शत्रु अधिक विश्वासपूर्ण और आक्रामक हो गया है और हम कमजोर हो गए हैं। इसका प्रमुख कारण अंतर्कलह है।''

सरदार पटेल ने आगे कहा, ''यदि हम इस तंत्र को सही दिशा प्रदान करें तो हम बिना संघर्ष के भी शक्ति पर विजय प्राप्त कर सकते हैं। वर्तमान स्थिति का सबसे दुःखद पहलू यह है कि हमने अपने शत्रु से संघर्ष करना छोड़ दिया है और आपस में लड़ना शुरू कर दिया है। मुझे महात्मा गांधी के साथ कार्य करने का सौभाग्य प्राप्त है और मैं उनके नाम को कलंकित नहीं करूँगा।''

अंत में सरदार वल्लभभाई पटेल ने कहा, ''जब कभी हमें अपने किसी साथी के किसी कार्य पर संदेह हो, तो हम यह नियम बना लें कि हम उससे इस संबंध में बात करें या उसे लिखकर बताएँ।''

113

गांधी और पटेल के बीच सबकुछ मुसलमानों को समर्पित कर देने के प्रस्ताव को लेकर उपजे विवाद पर महादेव का जी.डी. बिड़ला को पत्र

गुजरात स्टेट पुरातत्त्व, राजनीतिक विभाग

नई दिल्ली

20 अप्रैल, 1939

प्रिय घनश्यामदासजी,

...सुशीला आज सुबह राजकोट होते हुए कुंजा (राजकोट) आ गईं, जहाँ वह भाई की शादी में शामिल होने आई हैं। उन्होंने बताया कि एक दिन वल्लभभाई और बापू के बीच जोरदार वाद-विवाद हुआ। उन्होंने मुसलमानों के सामने सबकुछ समर्पण कर देने के लिए तीन पत्र लिखे थे। वल्लभभाई इससे नाराज थे। बापू ने कहा, 'मैं जानता हूँ कि तुम्हें मेरे कई मूर्खतापूर्ण कार्यों के परिणामों को झेलना होगा।' इस पर वल्लभभाई ने कहा था, 'नहीं, अभी तक कोई मूर्खतापूर्ण कार्य नहीं हुआ है, लेकिन ये तीन पत्र, जिन्हें आपने भेजने का प्रस्ताव किया है, ये मूर्खतापूर्ण

हैं।' बापू हँसे, लेकिन फिर गंभीरता से बोले, 'क्या मुझे सक्रिय नेतृत्व छोड़कर तपस्या में लीन होकर जीवन बिताना चाहिए?'...

भवदीय
महादेव

114

सरदार पटेल ने गांधीजी को स्नेह व धैर्य से शासन करनेवाला तानाशाह बताया

द हिंदुस्तान टाइम्स

9 मई, 1939

"लोग मुझे हिटलर कहते हैं, लेकिन मैं कहता हूँ कि गांधीजी सबसे बड़े हिटलर हैं, जिन्हें मैंने देखा है। परंतु वह जो प्रभाव डालते हैं, वह अनंत प्रेम और धैर्य से पैदा होता है। उनके और जर्मनी के हिटलर के बीच यह खास फर्क है। महात्मा गांधी और अन्य लोगों के बीच अंतर इतना विशाल है, जो उन्हें लोगों का एकमात्र नेता बनाता है। मैं नहीं जानता कि उनके साथ कार्य करने के लायक हूँ, लेकिन हमने उनका विश्वास जीत लिया लगता है। जो भी द्वेषपूर्ण आलोचनाएँ उन्हें सहनी पड़ती हैं, वास्तव में उसका कारण हमारी कमियाँ हैं। लेकिन देश में दूसरा कोई नेता नहीं है, जो चाहे कितना भी प्रमुख हो, पर उनके बिना कार्य करने का साहस नहीं कर सकता। कितना भी कद्दावर नेता हो, उनका सहयोग चाहता है।...

उनके विरुद्ध हुई आलोचनाओं के संबंध में सरदार पटेल ने कहा, "दो या तीन प्रांतों में और अब कुछ राज्यों में मेरे विरुद्ध घातक मिथ्या प्रचार जान-बूझकर किया जा रहा है। परंतु मैंने जान-बूझकर कोई गलत या असम्मानजनक कार्य नहीं किया है। मैं इस प्रकार के प्रलोभन के सामने झुकने के बजाय आत्महत्या कर लूँगा। मुझे महात्मा गांधी के साथ कार्य करने का गौरव प्राप्त हुआ है। मैं आपको विश्वास दिलाता हूँ कि मैं उनके नाम पर अपने कार्यों के द्वारा कलंक नहीं लगने दूँगा "....

115

सरदार पटेल किसानों को सलाह देते हैं कि वे गांधीजी की सलाह अपने हित के लिए मानें

बॉम्बे क्रॉनिकल

10 मई, 1939

''यदि सभी जमींदारों को अंडमान भेज दिया जाए तथा जमींदारी प्रथा का पूर्ण उन्मूलन कर दिया जाए, तो भी स्थिति में बहुत सुधार नहीं आएगा। वास्तव में देश की संपत्ति में बढ़ोतरी होनी चाहिए।'' सरदार पटेल ने कुआरबाग में गत संध्या एक जनसभा को संबोधित करते हुए कहा।

किसानों का जिक्र करते हुए सरदार पटेल ने कहा कि उन्हें जमींदारों के खिलाफ अपनी शिकायतें कांग्रेस अध्यक्ष डॉ. राजेंद्र प्रसाद और कांग्रेस मंत्री के सामने रखनी चाहिए। उन्होंने कहा कि आखिरकार गांधीजी ने चंपारन में नील की खेती करनेवाले किसानों के खिलाफ ताकत का प्रयोग नहीं किया और जब विदेशियों के विरुद्ध ताकत का इस्तेमाल नहीं किया गया, तो हमारे देशवासियों के विरुद्ध इसका प्रयोग क्यों आवश्यक होना चाहिए। सरदार ने किसानों को चेतावनी दी, यदि उन्होंने गांधीजी की राय नहीं मानी तो जो कुछ उन्होंने पाया है, उसे वे खो देंगे। ''आप अपना ही गला काटेंगे,'' सरदार ने आगे कहा, ''अगर आप अपने मंत्रियों को गाली देते हो, क्योंकि वे आपके लोग हैं, तो उनसे लड़ने की जरूरत नहीं है। वे उतना अवश्य करेंगे जितना वे कर सकते हैं। दूसरों के बहकावे में आना ठीक नहीं।''...

116

'गांधी सेवा संघ को राजनीति में नहीं फँसना चाहिए।'—सरदार पटेल

बॉम्बे क्रॉनिकल

10 मई, 1939

''जब हमने संसदीय बोर्ड का गठन किया तो हमारा संगठन एक कुशल तंत्र था। यदि हमारे विरोधी हमसे प्यार नहीं करते तो डरते अवश्य थे। जब हमने पद स्वीकार किया, तो हमारा उद्देश्य प्रभावी सेवा हेतु कांग्रेस की शक्ति एवं सामर्थ्य

बढ़ाना था। प्रत्येक व्यक्ति महसूस करता है कि महात्मा गांधी के बिना इसमें काम नहीं चल सकता, लेकिन आप जादू से उनकी सहानुभूति और सहयोग प्राप्त नहीं कर सकते। शुरू में हम अपने विदेशी शासकों की तुलना में देश का शासन अधिक कुशलता और कम खर्च में चलाने में असफल नहीं हुए, परंतु दुर्भाग्यवश छोटी-छोटी बातों पर अंतर्कलह के कारण संसदीय तंत्र छिन्न-भिन्न होना शुरू हो गया जिसके परिणामस्वरूप हमारा शत्रु अधिक आक्रमक हो गया है तथा हम कमजोर और दुर्बल-हृदय होते जा रहे हैं।''

आपसी फूट पर विरोध प्रकट करते हुए वल्लभभाई ने कहा, ''अगर हम तंत्र को सही भावना और ढंग से चलाएँ तो संघर्ष किए बिना ही शासन पर विजय प्राप्त कर सकते हैं। मैंने जान-बूझकर कभी भी कोई गंदा या असम्मानजनक कार्य नहीं किया है। मैं किसी प्रलोभन के सम्मुख समर्पण करने के बजाय आत्म-हत्या कर लूँगा। मुझे महात्मा गांधी के साथ कार्य करने का गौरव प्राप्त है और मैं आपको विश्वास दिलाता हूँ कि मैं अपने किसी कार्य से उनके शुभ नाम को कलंकित नहीं करूँगा। इसके बजाय मैं उनका साथ छोड़ दूँगा या अपने जीवन का अंत कर लूँगा।''

117

'गांधीजी कांग्रेस और देश के लिए अनिवार्य'—सरदार पटेल

बॉम्बे क्रॉनिकल

28 अगस्त, 1939

...''कुछ लोगों को संदेह है कि देश के नेतृत्व में गांधीजी का स्थान कौन लेगा? जब तिलक का देहांत हुआ तो इसी प्रकार के संदेह व्यक्त किए गए थे। लेकिन तिलक की मृत्यु के बाद गांधीजी ने नेतृत्व सँभाला; उसी प्रकार गांधीजी के बाद एक और महान् गांधी इस देश का नेतृत्व सँभालेगा। कुछ लोगों ने ब्रिटिश सरकार को छह महीने का अल्टीमेटम (चेतावनी) देने का सुझाव दिया है। लेकिन इसकी आवश्यकता तो नहीं है। हमारा उद्देश्य वही है—स्वराज्य की प्राप्ति।''

सरदार पटेल ने आगे कहा, ''कुछ समाचार-पत्र गांधीजी को बुरा-भला कहते हैं, लेकिन गांधीजी को गाली या प्रशंसा से कोई फर्क नहीं पड़ता। उनकी एकमात्र चिंता यह है कि कांग्रेस की शक्ति में कमी न आने पाए। कांग्रेस ने एक ऐसे समुद्र का मंथन किया है जो 150 वर्षों से राजनीतिक दृष्टि से शांत था। मंथन से विष

और अमृत दोनों ही निकले थे और यह आवश्यक था कि कांग्रेस इतनी सशक्त बने कि वह विष को पचा सके, जो कि वह लोगों के विश्वास और एकता द्वारा ही कर सकती थी।''

118

'केवल गांधीजी ही हमारी ताकत हैं'—सरदार पटेल

बॉम्बे क्रॉनिकल

12 सितंबर, 1939

...''गांधीजी द्वारा बताए गए मार्ग पर चलकर उन्हें गत 20 वर्षों में कुछ हासिल हुआ है। यदि किसी अन्य व्यक्ति ने कोई दूसरा मार्ग दिखाया हो तो वह सामने आए और हमें बताए।''

आगे सरदार ने कहा कि ''गांधीजी की अंगुलियाँ लगातार देश की नब्ज पर रहती थीं और उन्हें पता था कि यह कैसे धड़कती है। देश को उनके नेतृत्व पर भरोसा होना चाहिए और उनके दिशा-निर्देशों का पालन करना चाहिए।''...

119

अहिंसा-पालन के तरीके पर सरदार पटेल और गांधीजी में मतभेद*

19 मार्च, 1940

जब हम मालीकंडा में मिले थे, तो मैंने कहा था कि वर्तमान परिस्थिति में अहिंसा का पूरी तरह से पालन करना संभव नहीं है। हमारी ऊर्जा सीमित है। देश की शक्ति के आकलन में हमारे और गांधीजी के बीच मतभेद है। यह एक व्यक्ति द्वारा ऊपर तक चढ़ जाने का प्रश्न नहीं है अपितु पूरी संस्था, पूरे देश को साथ लेकर चलने का प्रश्न है।

मैं नहीं समझता कि जो लोग समाज पर अत्याचार करते हैं, उनके साथ हम आवश्यक हिंसा के बिना व्यवहार कर पाएँगे।

अब बहस करने का न तो स्थान है और न ही सिद्धांतों पर विचार-विमर्श करने का समय। आप सब लोगों को सोचना है कि आंतरिक अव्यवस्था और विदेशी आक्रमण होने की स्थिति में क्या हिंसा का प्रयोग करना चाहेंगे।...

हमारी अहिंसा कमजोर अहिंसा है। आज हम आगे नहीं बढ़ सकते। हम

अहिंसक रहकर देश की रक्षा और सुरक्षा का भार नहीं उठा सकते। यही समिति के प्रस्ताव का उद्देश्य है। इसका यह मतलब नहीं कि कांग्रेस ने अहिंसा के सिद्धांत को छोड़ दिया है। इसका मतलब केवल यह है कि हम इस मार्ग पर आगे नहीं बढ़ सकते। दो वर्ष से बापू लिख रहे हैं कि कांग्रेस और देश में हिंसा का वातावरण है, गंदगी और सड़न व्याप्त है।

यदि हम सोचते हैं कि आपसी विश्वास प्राप्त कर पाएँगे, जो कि पहले था, पर अब तिरोहित हो रहा है।

बापू ने माँग की है कि उन्हें अपने प्रयोग करने की पूरी स्वतंत्रता और स्थान दिया जाना चाहिए। इसका मतलब है कि उन्होंने हमें छोड़ दिया है। हमने उन्हें बता दिया है कि यदि हम उनके साथ तेज गति से नहीं चल पाते हैं तो हम उन पर बोझ नहीं बनेंगे।

आज हमें निश्चय करना है कि यदि हमें स्वतंत्रता और बिना प्रतिबंध के सत्ता मिलती है तो भी क्या हम सेना के बिना शासन करने की स्थिति में होंगे? यदि हम ऐसा कहते हैं तो वे सत्ता का हस्तांतरण नहीं करेंगे। मुख्यतः मुसलमान इसके विरुद्ध हैं, वे मुसलमान जो बाहर हैं। कांग्रेस को अहिंसा से प्रेम है। यदि हम अहिंसा को कुछ समय के लिए वृहत् रूप में नहीं ले जाते तो इसका यह मतलब नहीं है कि कांग्रेस स्वयंसेवकों द्वारा की गई अहिंसा की शपथ में कोई परिवर्तन आ गया है। तब भी मैं आपसे कोई बहस नहीं करना चाहता तथा आपके विचार नहीं बदलना चाहता; न ही मैं अहिंसा में आपके विश्वास को कम करना चाहता हूँ।

बाहर के लोग मुझे अंधा अनुयायी बता रहे हैं। मैं कह रहा हूँ कि यदि ऐसा है तो मेरे लिए गर्व की बात है। लेकिन में ऐसा व्यक्ति नहीं हूँ। आज मैं कहता हूँ कि यदि वह नेतृत्व करते हैं तो मैं अनुसरण करूँगा; लेकिन वह कहते हैं कि हम अपनी आँखें बंद करके अपनी आत्मा की आवाज को मानें।

हमने सबकुछ त्याग दिया है, कूद पड़े हैं और तैरकर यहाँ तक पहुँचे हैं। इसलिए अब हम आपसे अलग क्यों हैं? परंतु यह एक अप्रत्याशित स्थिति है। यह असंभव है कि इसकी गूँज देश में सुनाई न दे। पिछले दो-तीन सप्ताह में दस या बारह देश गायब हो गए।

कार्य समिति ने आठ पंक्तियों का एक प्रस्ताव पास किया है। इसमें सरकार लोगों या किसी की आलोचना नहीं की गई है। इसकी भाषा अस्पष्ट नहीं है। इसका मतलब है कि यदि भारत स्वतंत्र होता है और इंग्लैंड भी स्वतंत्र रहता है तो हम उनकी सहायता करेंगे।

यदि आप सोचते हैं कि बापू जो कहते हैं वह उचित है, तो आप बापू के प्रस्ताव के समर्थन में एक प्रस्ताव पास कीजिए और उनके प्रस्ताव का पालन कीजिए; लेकिन उन्हें बाद में धोखा मत दीजिए। किसी को यह नहीं सोचना चाहिए कि यह बापू के प्रति निष्ठा का प्रश्न है। यदि आप सोचते हैं कि अहिंसा का पालन कर पाएँगे, जो बापू की आपसे अपेक्षा है, तो तदनुसार एक प्रस्ताव पास कीजिए। लेकिन गांधीजी की यह इच्छा नहीं है कि हम उनका अंधे की भाँति अनुसरण करें। हमें उनको अपनी सामर्थ्य के बारे में स्पष्ट बता देना चाहिए। यह कहने से कि कांग्रेस के पास वह सब है जो कि वास्तव में उसके पास नहीं है, काम नहीं चलनेवाला। यह नुकसानदेह है। मैं एक डरपोक को अहिंसा कैसे सिखा सकता हूँ। यदि मैं उनके सामने कोई हलकी बात रखता हूँ तो वे समझ लेते हैं, लेकिन यदि मैं भारी बात उनके सामने रखता हूँ तो वे भयभीत हो जाएँगे। इसलिए यदि हम उन्हें एक आम आदमी के रास्ते पर चलने को कहते हैं तो वे आसानी से चल सकेंगे और आगे बढ़ते जाएँगे।

यह अच्छी बात है कि अब तक हमने अहिंसा पर प्रयोग किए हैं, लेकिन लोग डरपोक हैं; जहाँ से तिरछा जाना है वहाँ से आगे जाने में कतराते हैं। इसके लिए क्या किया जाए? यह समय नहीं है कि उन्हें वहाँ खड़ा रहने दिया जाए जहाँ पर वे खड़े हैं। अब समय आ गया है कि हमें विकल्प चुनना होगा।

आपमें से जो लोग रचनात्मक कार्यक्रम को लागू करने में लगे हुए हैं तथा किसी भी परिस्थिति में अहिंसा का साथ नहीं छोड़ना चाहते, और अपने ऊपर अधिक उत्तरदायित्व लिये हुए हैं। यदि आप समझते हैं कि कांग्रेस गलत मार्ग पर ज़ा रही है, तो किसी भी परिस्थिति में आपको अधिक-से-अधिक दायित्व वहन करना होगा। मैं अवश्य ही आपको दायित्व दूँगा।

---

* 19 मार्च, 1940 को गुजरात प्रांतीय कांग्रेस कमेटी में दिया गया भाषण।

120

सरदार पटेल का पत्र—गांधीजी से आग्रह कि उन्हें सरकारी काम-काज से मुक्त किया जाए

नई दिल्ली

(प्रात: 4 बजे)

12 जनवरी, 1948

पूज्य बापू,

···काम का बोझ इतना अधिक है कि उसे उठाते हुए मैं दबा जा रहा हूँ। मैं समझ चुका हूँ कि अब और अधिक समय तक बोझ उठाने से देश का भला नहीं होगा, बल्कि इसके विपरीत देश का नुकसान ही होगा।

जवाहरलाल पर और भी अधिक बोझ है। उनके हृदय में दर्द जमा हो रहा है। मेरी आयु के कारण मैं उनका बोझ हलका करने में सहायक नहीं हो पाऊँगा। मौलाना मेरे कार्य से नाखुश हैं तथा मुझे यह विचार सहन नहीं हो पा रहा कि हर बार आपको मेरा बचाव करना पड़े।

इन परिस्थितियों में यदि आप मुझे शीघ्र मुक्त कर दें तो इससे मेरा और देश का भला होगा। मैं वर्तमान में जिस ढंग से कार्य कर रहा हूँ, उससे भिन्न रूप से कार्य नहीं कर सकता तथा ऐसा करते हुए मैं अपने जीवनपर्यंत सहयोगियों पर बोझ बनूँगा। यदि मैं पद नहीं छोड़ता और आँख बंद कर इससे चिपका रहता हूँ तो लोग यह सोचेंगे कि मैं सत्ता-सुख के लिए ऐसा कर रहा हूँ।

ऐसी स्थिति से मुझे मुक्ति दिलाई जानी चाहिए। मैं जानता हूँ कि आपके उपवास के समय इन बातों पर विचार नहीं किया जा सकता; लेकिन मैं आपका उपवास समाप्त करने में सहायक नहीं हो पा रहा हूँ, इसलिए मैं किंकर्तव्यविमूढ़ हो रहा हूँ। यदि आप शीघ्र उपवास समाप्त कर दें और इस संबंध में निर्णय करें तो आपके उपवास के कारण भी दूर हो जाएँगे। अत: मैं आपसे विनम्र प्रार्थना करता हूँ कि आप उपवास तोड़ दें।

वल्लभभाई का प्रणाम

महात्मा गांधी
दिल्ली

121

सरदार पटेल द्वारा पं. नेहरू और मौलाना आजाद के व्यवहार पर नाराजगी व्यक्त करते हुए गांधीजी को लिखा पत्र

नई दिल्ली

16 जनवरी, 1948

पूज्य बापू,

···कार्य का बोझ इतना अधिक है कि इसके भार के नीचे मैं दबा जा रहा हूँ। लेकिन मुझे ऐसा प्रतीत होता है कि अब पद पर रहते हुए मैं देश की सेवा करने में असमर्थ हूँ।

जवाहरलाल मुझसे अधिक भार वहन कर रहे हैं और अपना दर्द अपने भीतर जमा कर रहे हैं। हो सकता है, मेरी वृद्धावस्था के कारण, मैं उनके लिए उपयोगी नहीं रह गया हूँ।···

इन परिस्थितियों में, यदि आप मुझे मेरे दायित्व से मुक्त कर देते हैं तो यह मेरे लिए और देश के लिए लाभकारी सिद्ध होगा। मैं आज जिस ढंग से काम कर रहा हूँ, उससे भिन्न प्रकार से काम नहीं कर पाऊँगा। यदि मैं जीवनपर्यंत अपने सहयोगी पर बोझ बन रहा हूँ और आपके लिए चिंता का विषय हूँ, उसके बावजूद पद पर बने रहता हूँ तो मैं अपने बारे में यही समझूँगा कि मैं सत्ता के मोह की वजह से पद पर बना हुआ हूँ। कृपया मुझे इस घृणास्पद स्थिति से मुक्ति दिलाइए।···

वल्लभभाई का प्रणाम

महात्मा गांधी

122

सरदार पटेल की दिल्ली के लोगों से सौहार्द बढ़ाने की अपील, ताकि गांधीजी उपवास समाप्त करें

द हिंदुस्तान टाइम्स

16 जनवरी, 1948

उप-प्रधानमंत्री सरदार पटेल ने भावनगर प्रस्थान से पहले एक वक्तव्य में कहा, ''मैं ऐसे समय में बड़े भारी मन से जा रहा हूँ, जबकि गांधीजी उपवास कर रहे हैं। मुझे अपनी पूर्व प्रतिबद्धताएँ पूरी करनी हैं। मुझे विश्वास है कि गांधीजी की

मुझसे यही अपेक्षा होगी, इसलिए मुझे जाना ही चाहिए। इसके अतिरिक्त मैं जानता हूँ कि शारीरिक उपस्थिति उनका दुःख हलका करने में सहायक नहीं होगी।''

उन्होंने आगे कहा, ''हम सबको हर संभव ऐसे प्रयत्न करने चाहिए जिससे शांति, समरूपता और सौहार्दता का वातावरण बने तथा यथासंभव अविश्वास एवं कड़वाहट दूर हो, यही एकमात्र ऐसा कार्य है जिससे उपवास टूटने की प्रक्रिया शीघ्रता से होगी और गांधीजी को मानसिक व शारीरिक कष्ट से मुक्ति मिलेगी। मैं दिल्ली के लोगों से अपील करता हूँ कि वे अधिकारियों की इस कार्य में मदद करें। यह कहने का मौका न दें कि हम संसार के महानतम व्यक्ति के नेतृत्व के योग्य नहीं हैं।''

123

गांधीजी के उपवास पर सरदार पटेल लाखों लोगों के सुर में सुर मिलाते हुए[1]

16 जनवरी, 1948

···16 जनवरी, 1948 को बंबई निगम द्वारा किए गए नागरिक अभिनंदन के उत्तर में इस महत्त्वपूर्ण भाषण में गांधीजी द्वारा एकता और शांति की वेदी पर जीवन के उस क्षण में दी गई उपवास की कठिन परीक्षा पर सरदार ने अपने हृदय की व्यथा व्यक्त की। सरदार ने फूट की उत्पत्ति के कारण खोजते हुए व्यावहारिकता के स्तर पर इसकी समीक्षा की कि मुसलमानों को इस एकता हेतु क्या करना चाहिए? यह इस अर्थ में प्रकट करनेवाला भाषण है कि यद्यपि गुरु और शिष्य के लक्ष्य-प्राप्ति के मार्ग अलग-अलग थे, फिर भी अपने समय के निकायों के प्रकाश में वे एक ही लक्ष्य की प्राप्ति के लिए कार्य कर रहे थे।···

···हमने अभी लोगों को चिल्लाते हुए सुना कि मुसलमानों को भारतवर्ष से बाहर निकाल देना चाहिए। जो लोग ऐसा कहते हैं वे क्रोध से पागल हो गए हैं। साथ-ही-साथ, हमें इन लोगों से सहानुभूति रखनी होगी, जो अपने निकट संबंधियों तथा बहुमूल्य वस्तुओं को खो चुके हैं। हजारों लोग उनके पास जो कुछ था उसे खोकर काठियावाड़ पहुँच रहे हैं। उनके हृदयों में क्रोधाग्नि धधक रही है तथा उनके मन अत्यंत त्रस्त हैं; परंतु हमें यह बरदाश्त करना होगा। साथ ही, जब तक हम सरकार में हैं, हमें शासन भी सँभालना है। यदि हम न्यासी के रूप में सभी लोगों के साथ बिना धर्म, जाति या सांप्रदायिक भेदभाव के व्यवहार नहीं कर सकते, तो जहाँ हम हैं वहाँ बने रहने का हमें कोई अधिकार नहीं है। मैं स्वयं से भी साफ-साफ

पूछता हूँ, 'क्या हम विश्व के सामने स्वीकार करें कि हम शासन करने के लायक नहीं हैं?'

गांधीजी के उपवास के संबंध में अनेक तरह के अनुमान लगाए जा रहे हैं। गांधीजी का कहना है कि दिल्ली, बंबई या पूरे हिंदुस्तान में जो शांति है, सत्य तो यह है कि वह बलपूर्वक स्थापित की गई शांति है; वह हृदयों की एकता की परिचायक नहीं है। गांधीजी के बोलने, सोचने और कार्य करने में जो श्रेष्ठता रहती हैं वह हमारे लिए असाध्य है। हम उसे प्राप्त करने की इच्छा करते हैं, परंतु हम उतने समर्थ नहीं हैं। वह जिस ऊँचाई पर पहुँच चुके हैं वहाँ उन्हें कोई क्रोध या दुर्भावना विचलित नहीं करती। वह प्रेम और अनुराग से परिपूर्ण हैं। यदि हमारा हृदय भी उनके हृदय जैसा निर्दोष होता तो हमें अंतर पता चलता। इसलिए हम उनकी अपेक्षा के अनुसार शासन नहीं कर सकते। इसके विपरीत, हमें पुलिस एवं सशक्त सेनाएँ रखनी पड़ती हैं। दोषियों को दंड देना पड़ता है तथा गलत कार्य करनेवालों की भर्त्सना करनी पड़ती है।

…इस समय सबसे महान् कार्य है सच्ची भावना को जीवन में उतारना। इसी भावना के अनुरूप हमने 55 करोड़ रुपए अपने शेष रोकड़ से पाकिस्तान को देने के लिए आवंटित किए थे, वह देने का निर्णय लिया है। मैं आपको विश्वास दिलाता हूँ कि जब हमने यह धनराशि देने का समझौता किया था तो हम उदारता और सद्भावना से काम कर रहे थे। पाकिस्तान सरकार के वित्तीय सलाहकार[2] ने स्वीकार किया था कि यह समझौता उदार था। 'द लंदन इकोनॉमिस्ट' का भी यही विचार था। मैंने उस समय यह स्पष्ट कर दिया था कि मैं एक भी मद के लिए ट्रिब्यूनल[3] में नहीं जाऊँगा; लेकिन उसी समय, मैंने इस तथ्य पर जोर दिया था कि संपूर्ण समझौता दूसरे मुद्दों पर हुए समझौतों के साथ एकमुश्त लागू किया जाएगा। मैं इस प्रस्ताव से कभी सहमत न होता कि सभी लाभ उनके हों और हानियाँ केवल हमारी। तथापि उन्होंने पृथक् रूप से दावे पेश किए। हम सबने यह निर्णय किया कि यह पूरी तरह गलत है और इसका प्रतिरोध किया जाना चाहिए। पाकिस्तानी अखबारों और प्रवक्ताओं ने जब यह सुना तो जहर उगलने लगे। जब गांधीजी ने उपवास शुरू किया तो हमने सोचा था कि हम इस स्थिति को साफ कर पाएँगे। क्योंकि आखिरकार जब हम पानी की तरह पैसा फेंक रहे थे तो हम 55 करोड़ रुपए के भुगतान पर नुक्ताचीनी क्यों करें, यदि इससे गांधीजी की मानसिक व्यथा को कुछ राहत मिलती? हम आशा करते हैं पाकिस्तान में इसकी कुछ अनुकूल प्रतिक्रिया होगी। परंतु यदि ऐसा नहीं होता तो दोष हमारे भाग्य का है। यह सच है कि हमें

लोगों को साथ लेकर चलना है; लेकिन हमें गांधीजी के बारे में भी सोचना है। हमारी दृष्टि केवल नजदीक का देखती है, परंतु उनकी सोच दूरगामी होती है।

1. उपवास 13 से 18 जनवरी, 1948 तक चला तथा गांधीजी ने विभिन्न समुदायों के प्रतिनिधियों द्वारा आश्वासन प्राप्त करने के पश्चात् ही उसे समाप्त किया।
2. सर आर्किवाल्ड रोलैंड्स।
3. आर्विट्रल ट्रिब्यूनल।

124

सरदार पटेल को गांधीजी के उपवास से गहरा दुःख हुआ और उन्होंने जनता से सांप्रदायिक सद्भाव बनाए रखने की अपील की

द हिंदुस्तान टाइम्स

17 जनवरी, 1948

भारत के उप-प्रधानमंत्री सरदार पटेल ने बंबई निगम द्वारा उनका नागरिक अभिनंदन किए जाने के उत्तर में कहा, ''यदि स्वतंत्रता प्राप्त करने के बावजूद गांधीजी को सच्ची हिंदू-मुसलिम एकता प्राप्त करने के लिए उपवास रखना पड़ता है, तो यह हमारे लिए बड़ी शर्म की बात है।''

सरदार पटेल ने आगे कहा, ''जब तक हम सरकार में हैं, हमें शासन करना होगा। यदि हम न्यासी के रूप में सभी लोगों के साथ बिना धर्म, जाति या संप्रदाय के भेदभाव का व्यवहार नहीं कर सकते तो जहाँ हम हैं वहाँ बने रहने का हमें कोई अधिकार नहीं है।''

...''गांधीजी के उपवास के संबंध में नाना प्रकार के अनुमान लगाए जा रहे हैं। गांधीजी का कहना है कि दिल्ली, बंबई या भारत में कहीं भी जो शांति है, सत्य तो यह है कि वह बलपूर्वक स्थापित की गई शांति है और वह दिलों में मेल-जोल की परिचायक नहीं है।

''गांधीजी के बोलने, सोचने और कार्य करने में जो श्रेष्ठता है वह हमारे लिए दुर्लभ है। हम उसे प्राप्त करने की इच्छा करते हैं, परंतु हममें वह सामर्थ्य नहीं है। वह जिस उच्चता के शिखर पर पहुँच चुके हैं, उन्हें क्रोध या दुर्भावना विचलित नहीं कर सकती। वह स्नेह और अनुराग से ओत-प्रोत हैं। यदि हमारा हृदय भी उनके हृदय की भाँति निर्दोष होता तो हमें इसका अंतर पता चलता। इसलिए हम

वैसा शासन नहीं कर सकते जैसा कि वह हमसे अपेक्षा करते हैं। इसके विपरीत, हमें पुलिस और सशक्त सेना रखनी पड़ती है। दोषियों को दंड देना पड़ता है और गलत कार्य करनेवालों की भर्त्सना करनी पड़ती है, इसलिए जो लोग शोरगुल कर रहे हैं, उन्हें यह समझ लेना चाहिए कि कानून तोड़ने के परिणाम क्या होंगे?

125

महात्मा गांधी की हत्या पर सरदार पटेल लाखों लोगों के सुर में सुर मिलाते हुए

30 जनवरी, 1948

(गांधीजी और सरदार के दिल मिले हुए थे। यद्यपि इस विकट महा विपदा में, जिसमें महात्मा के बहुमूल्य जीवन का अंत हो गया, सरदार को तथा देश को महानतम दुःख पहुँचा, उन्होंने निराशा में एक भी आँसू नहीं बहाया, अंतर्मन से शोकग्रस्त होते हुए भी उन्होंने हिम्मत नहीं हारी। 30 जनवरी, 1948 की उस दुर्भाग्यपूर्ण संध्या पर शोक संतप्त राष्ट्र को संबोधित करने में यह प्रकट होता है)

मेरा हृदय शोक और दुःख से भरा हुआ है; मैं नहीं जानता कि आपसे क्या कहूँ। आज जो कुछ हुआ वह दुःख और शर्म की बात है।

आज चार बजे शाम को मैं महात्माजी से मिलने गया था और एक घंटे उनके साथ रहा। पाँच बजे उन्होंने अपनी घड़ी देखी और मुझसे कहा कि उनकी प्रार्थना का समय हो गया है। उन्होंने प्रार्थना-स्थल की ओर प्रस्थान किया, मैं बिड़ला भवन से अपने घर की ओर चल दिया। जैसे ही मैं घर पहुँचा, मुझे यह दुःखद समाचार बताया गया।

तुरंत बिड़ला हाउस वापस आने पर मैंने इस दुःखद घटना के बाद उनके दर्शन किए। उनके चेहरे पर वही शांति और अविक्षुब्ध भाव थे। दया और क्षमा उनके मुखमंडल पर मुखरित हो रही थी।

हाल ही में गांधीजी देश के हालात से असंतुष्ट थे। कुछ समय पूर्व उन्होंने जो उपवास रखा था, इसी का परिणाम था। कितना अच्छा होता, यदि उपवास के दौरान उन्होंने अपना जीवन बलिदान कर दिया होता; परंतु उन्हें शेष कार्य करना था और वह जीवित रहे। उस दिन एक पथभ्रष्ट नवयुवक* के द्वारा उनपर बम फेंका गया, परंतु वह बच गए; लेकिन आज हमारे लिए उन्हें जीवन-दान न मिल सका।

आज क्रोध प्रदर्शित करने के स्थान पर दुःख प्रकट करने का मौका है। क्रोध

करने से हम गांधीजी के उन महान् उपदेशों को भुला देंगे जो उन्होंने जीवन भर दिए। उनके जीवनकाल में हमने उनके उपदेशों का पालन नहीं किया और उनकी मृत्यु के पश्चात् भी हमने पालन नहीं किया—ऐसा न कहलवाएँ। वह हमारे नाम पर बड़ा कलंक होगा।

हम जो कुछ भी सोचें, हमें यह नहीं भूलना चाहिए कि यह हमारी परीक्षा की घड़ी है। हमें बिना आपसी फूट के, दृढ़ता तथा मजबूती के साथ खड़े रहना चाहिए। हाल में हमारे ऊपर बहुत बड़ी जिम्मेदारी आ गई है। इस बोझ से हमारी कमर ही टूट जाती यदि हमें उस महान् व्यक्ति का संबल न मिला होता, अब वह सहारा नहीं रहा। लेकिन गांधीजी सदैव हमारे साथ रहेंगे। कल शाम चार बजे उनका शरीर राख हो जाएगा, लेकिन उनकी आत्मा सदैव हमारे साथ रहेगी, क्योंकि वह शाश्वत है।

जो उनके जीवनकाल में प्राप्त न हो सका वह अब पूरा किया जा सकता है; इस दारुण विपदा से भारत के नौजवानों की आत्मा जागकर उन्हें उनके कर्तव्य के प्रति जागरूक बना सकती है। हिम्मत मत हारो। मिलकर खड़े रहो और महात्मा गांधी द्वारा शुरू किए गए कार्यों को पूरा करो।

---

* एक सनकी और पथभ्रष्ट शरणार्थी नवयुवक, मदनलाल पाहवा ने नाथूराम गोडसे और अप्ति के साथ षड्यंत्र करके 21 जनवरी, 1948 को प्रार्थना-स्थल पर बम का धमाका किया था। उसे तुरंत पकड़ लिया गया और पुलिस को सौंप दिया गया था। अगले ही दिन गांधीजी ने उस व्यक्ति को छोड़ दिए जाने की वकालत की।

126

सरदार पटेल की गांधीजी को श्रद्धांजलि

2 फरवरी, 1948

(गांधीजी के निधन से पूरे देश में दुःख की छाया के नीचे, लोगों की दुःखद निराशा कुछ स्थानों पर महात्मा के विचारों का विरोध करनेवालों पर गुस्से में प्रकट हुई, परिणामस्वरूप विध्वंसक और हिंसा के कार्य होने लगे। 2 फरवरी, 1948 को सरदार द्वारा की गई अपील का प्रसारण महात्माजी की हत्या के सदमे से पूरी तरह न उबर पाए देश में हिंसा की लहर से संबद्ध था।)

मुझे यह जानकर बहुत दुःख हुआ है कि कुछ स्थानों में, विशेषकर बंबई तथा कोल्हापुर प्रांतों में जनता के कुछ भटके हुए लोग हिंदू महासभा और राष्ट्रीय

स्वयंसेवक संघ के सदस्यों और कार्यालयों के विरुद्ध गुंडागर्दी के कार्यों में लिप्त हो रहे हैं। कुछ घटनाओं की दिल्ली से भी रिपोर्ट प्राप्त हुई है। यदि हम क्रोध और प्रतिशोध की भावना के सामने समर्पण करते हैं तो हम स्वयं को गांधीजी के उपदेशों और विश्वास के अयोग्य प्रमाणित करेंगे। मैं जनता को आश्वस्त करना चाहता हूँ कि सरकार पूरी तरह से उन लोगों के विरुद्ध कानूनी काररवाई करने की अपनी जिम्मेदारी के प्रति सचेत है जो इस कायरतापूर्ण अपराध के दोषी हैं। इस अत्यंत दुःखद घटना तथा क्रूर हिंसा के पीछे यदि कोई षड्यंत्र होगा तो उसका पता लगाने के लिए पूरी ताकत लगा देंगे।

तथापि जनता को यही शोभा देता है कि यह कार्य वह सरकार पर छोड़ दे तथा कितना भी उकसाए जाने पर कानून अपने हाथ में न ले। मुझे आशा है कि 30 जनवरी के मेरे प्रसारण में दी गई सलाह पर वे अमल करेंगे और अपने विवेक पर क्रोध को हावी नहीं होने देंगे। इस अवसर पर हिंसा का प्रदर्शन अत्यंत अशोचनीय है और हमारे महान् एवं आदरणीय नेता द्वारा जिंदगी भर दी गई शिक्षाओं के विरुद्ध है—जिस नेता को खोने का दुःख हम मना रहे हैं।

मैं जनता के प्रत्येक वर्ग से अपील करता हूँ कि वे शांति बनाए रखें और शीघ्रातिशीघ्र प्रत्येक व्यक्ति को सहज हो जाने दें, जिससे कि हम दैनिक कार्य यथावत कर सकें। कानून को अपना कार्य करने दें तथा व्यक्तिगत प्रतिशोध के गैर-कानूनी कार्य या उन्माद का सार्वजनिक प्रदर्शन न करें।

127

गांधीजी की रक्षा के लिए किए गए सुरक्षा उपायों के संबंध में सरदार पटेल का समाजवादियों को दिया गया प्रत्युत्तर

4 फरवरी, 1948

(सरदार को जिस बात से सबसे अधिक आघात पहुँचा, वह था समाजवादी नेताओं द्वारा उनके विरुद्ध दिया गया लंबा निंदापूर्ण भाषण, कि वह महात्मा की रक्षा करने में असफल रहे। इस आरोप तथा प्रधानमंत्री के साथ उनके तथाकथित मतभेद के उत्तर में सरदार ने 4 फरवरी, 1948 को संसद् में कांग्रेस विधायक दल की सभा के समक्ष अपने जोशीले भाषण के दौरान अत्यंत अर्थपूर्ण मुँहतोड़ जबाव दिया। उनके इस भाषण ने सभी उपस्थित लोगों में खलबली मचा दी और सरदार स्वयं भी इतने भावुक हो गए कि वह अपना भाषण पूरा किए बिना ही अचानक घर चले गए।)

मैं सभी राष्ट्रीय मुद्दों पर प्रधानमंत्री से सहमत हूँ। एक-चौथाई शताब्दी से अधिक समय हम दोनों अपने गुरु के चरणों में बैठे और भारतवर्ष की आजादी के लिए संघर्ष किया। अभी तक हमारे बीच कोई सुस्पष्ट मतभेद नहीं है तथा आज जबकि महात्मा नहीं रहे तो हम लड़ेंगे—यह अकल्पनीय है।

समाजवादी कहते हैं कि मैं महात्मा की रक्षा करने में असफल रहा। मैं महात्मा गांधी की सुरक्षा में किए गए अनेक उपाय, जो मानव मस्तिष्क में आ सकते हैं, का ब्योरा देते हुए उनके आरोप को अस्वीकार करता हूँ।

बम विस्फोट की घटना के पूर्व* बिरला हाउस की सशस्त्र सैनिकों द्वारा घेराबंदी की गई थी। बम विस्फोट के बाद प्रत्येक कमरे में एक पुलिस अधिकारी तैनात था। मैं जानता था कि महात्मा गांधी को यह पसंद नहीं था और उन्होंने इस संबंध में कई बार मुझसे बहस की।

अंत में गांधीजी झुके; परंतु सख्ती से जोर देकर कहा कि किसी भी परिस्थिति में उन लोगों की, जो प्रार्थना में शामिल होने आएँ, तलाशी न ली जाए।

उनको लगभग पूर्वाभास हो गया था—क्योंकि उन्होंने कहा था कि यदि कोई मेरी हत्या करना चाहे तो प्रार्थना सभा में कर सकता है। ईश्वर की इच्छा पूरी हो गई; अतः पुलिस द्वारा प्रार्थना सभा में आनेवाली भीड़ की तलाशी लेने का प्रश्न ही नहीं था।

फिर भी, 30 पुलिस अधिकारी सादे कपड़ों में तैनात थे; जो गांधीजी की हत्या के दिन प्रार्थना सभा की भीड़ में सम्मिलित थे। हत्यारा महात्मा गांधी के सामने झुका और जैसे ही उठा, उसने उनपर पिस्तौल तान दी और इससे पहले कि कोई उसे पकड़े, उसने गोलियाँ चला दीं। यह दुःखद दुर्भाग्य था, जिसे नियंत्रित नहीं किया जा सका।

---

* 20 जनवरी, 1948।

128

बिड़ला भवन में गांधीजी की सुरक्षा के उपायों पर सरदार पटेल का उत्तर

5 फरवरी, 1948

(5 फरवरी, 1948 को संविधान सभा (विधायिका) में बिड़ला भवन में

गांधीजी की सुरक्षा के लिए किए गए सुरक्षा उपायों के संबंध में उनपर प्रश्नों की बौछार हो गई। उस बहस के सबसे प्रासंगिक अंश को तथा सरदार पटेल ने जो कुछ कहा, उसे यहाँ प्रस्तुत किया जा रहा है। इस दुःखद घटना पर सरदार का निर्णय था कि हत्यारे ने उसी स्थिति का फायदा उठाया जिसपर गांधीजी के आग्रह के कारण सरकारी स्तर पर काररवाई नहीं की जा सकी।)

सरदार पटेल : (अ) और (ब) बम विस्फोट के पूर्व, बिड़ला भवन, जहाँ गांधीजी ठहरे हुए थे, में एक मुख्य कांस्टेबल तथा चार पैदल सिपाही तैनात थे। बम दुर्घटना के बाद बिड़ला भवन में तैनात गार्डों के कर्तव्य और कार्य क्रमशः निम्न प्रकार से थे—

1. एक सहायक उप-निरीक्षक पुलिस, दो प्रधान सिपाही और सोलह पैदल सिपाही प्रवेश-द्वार पर तथा मुख्य भवन के अनेक महत्त्वपूर्ण बिंदुओं पर तथा जहाँ सभा होती थी, तैनात किए गए। उन्हें संदेहास्पद व्यक्तियों को रोकने के आदेश दिए गए थे।
2. सादा वेषभूषा में स्टाफ था—एक उप-निरीक्षक, चार प्रधान सिपाही तथा दो सिपाही, सभी रिवाल्वरों से लैस, व्यक्तिगत सुरक्षा हेतु तैनात किए गए थे। उनका कार्य था, प्रार्थना सभा में संदेहास्पद व्यक्तियों पर ध्यान देना तथा किसी गड़बड़ी का संकेत मिलने पर या जीवन को खतरा होने पर तुरंत काररवाई करना। वे प्रार्थना सभा की भीड़ में घुल-मिलकर तैनात थे।
3. तीन व्यक्ति सादा वेषभूषा में प्रार्थना सभा को जानेवाले स्थान के मुख्य भवन के मार्ग में तैनात किए गए थे। उन्हें संदेहास्पद लोगों से निपटना था या आक्रमण करनेवाली भीड़ से गांधीजी की रक्षा करनी थी, जब वह प्रार्थना सभा के मंच की ओर जाएँ या वापस आएँ।
4. सेना की एक छोटी सी टुकड़ी, जिसमें एक गैर-कमीशन अधिकारी तथा बीस जवान शामिल थे, जो परिसर की गश्ती ड्यूटी में और चारदीवारी फाँदकर आनेवाले आगंतुकों को रोकने के लिए लगाए गए थे।

इन सावधानियों को और अधिक प्रभावी बनाने के लिए पुलिस का विचार था कि प्रार्थना सभा में शामिल होनेवाले प्रत्येक अजनबी की परिसर में जाते समय तथा अन्य समय पर तलाशी ली जाए। नई दिल्ली के पुलिस अधीक्षक ने गांधीजी के स्टाफ के समक्ष यह प्रस्ताव रखा, लेकिन उन्हें बताया गया कि गांधीजी इससे

सहमत नहीं थे।

उप-महानिरीक्षक ने भी गांधीजी के स्टाफ से संपर्क किया था, लेकिन परिणाम वही रहा। तब उप-महानिरीक्षक स्वयं व्यक्तिगत रूप से गांधीजी से मिले और उन्हें समझाया कि उनके जीवन को खतरा है। उन्हें माँगी गई सुविधाओं की अनुमति दी जानी चाहिए, अन्यथा कोई अप्रिय घटना होने पर उनकी बदनामी होगी। लेकिन गांधीजी सहमत नहीं हुए। उन्होंने कहा कि उनका जीवन ईश्वर के हाथ में है, यदि उनकी मृत्यु आ गई है तो कोई सावधानी उन्हें नहीं बचा पाएगी तथा प्रार्थना सभा में आने से किसी को रोकने या उनके व उनके श्रोताओं के बीच में किसी के आने से वह सहमत नहीं थे।

मैंने स्वयं गांधीजी से पुलिस को उनकी रक्षा के लिए कर्तव्य-पालन की अनुमति देने के लिए वकालत की थी; परंतु हम असफल रहे। मुझे बड़ा पश्चात्ताप तथा चरम दु:ख देते हुए और राष्ट्र व विश्व को अपूरणीय क्षति पहुँचाते हुए, मेरी और पुलिस की आशंकाओं के अनुसार हत्यारे ने छलपूर्वक तथा सफलतापूर्वक कमजोर स्थान का फायदा उठाया और गांधीजी की भविष्यवाणी—'यदि उनकी मृत्यु आ गई है तो कोई सावधानी उन्हें नहीं बचा सकती'—सत्य सिद्ध हुई।

□□